本书出版得到教育部人文社会科学研究项目"税收优惠激励企业自主创新的传导路径及其绩效评估"（项目号：16YJC630091）、浙江省软科学项目"外部审计提升科技创新财政补贴效率的有效性研究"（项目号：2019C35079）、浙江省社会科学界联合会研究课题"浙江省绿色技术创新的财政补贴精准化研究"（项目号：2019Z05）的资助

科技创新税收优惠政策的效应评估研究

潘孝珍　著

中国财经出版传媒集团

经济科学出版社
Economic Science Press

图书在版编目（CIP）数据

科技创新税收优惠政策的效应评估研究/潘孝珍著.
—北京：经济科学出版社，2019.9
ISBN 978 - 7 - 5218 - 1004 - 2

Ⅰ.①科…　Ⅱ.①潘…　Ⅲ.①技术革新 - 税收优惠 -
税收政策 - 研究 - 中国　Ⅳ.①F124.3②F812.422

中国版本图书馆 CIP 数据核字（2019）第 217471 号

责任编辑：白留杰　刘殿和
责任校对：郑淑艳
责任印制：李　鹏

科技创新税收优惠政策的效应评估研究
潘孝珍　著
经济科学出版社出版、发行　新华书店经销
社址：北京市海淀区阜成路甲 28 号　邮编：100142
教材分社电话：010 - 88191355　发行部电话：010 - 88191522
网址：www.esp.com.cn
电子邮件：esp@ esp.com.cn
天猫网店：经济科学出版社旗舰店
网址：http://jjkxcbs.tmall.com
北京季蜂印刷有限公司印装
710×1000　16 开　12.5 印张　220000 字
2019 年 9 月第 1 版　2019 年 9 月第 1 次印刷
ISBN 978 - 7 - 5218 - 1004 - 2　定价：45.00 元
（图书出现印装问题，本社负责调换。电话：010 - 88191510）
（版权所有　侵权必究　打击盗版　举报热线：010 - 88191661
QQ：2242791300　营销中心电话：010 - 88191537
电子邮箱：dbts@ esp.com.cn）

前　言

2018 年 3 月开始不断升级的中美贸易战表明,美国政府已经将中国视为战略竞争对手,并企图采取贸易战等非常规措施遏制中国发展。究其原因,除了美国部分政客的冷战思维作崇外,中国日益发展的综合国力和科技水平,也已经给他们带来了一定的危机感。但是,贸易战本身是一场没有赢家的"负和博弈",对于中美两个世界大国而言,合作共赢才是大势所趋。当前,面对美国政府的步步紧逼,中国政府除了采取必要的反制措施外,进一步加强综合国力,不断提升科技水平,才能积累不惧美国贸易霸凌的厚实底气。正如华为面对美国的技术封锁和打压,之所以能够较为从容地应对,是以华为每年巨额研发投入和充足技术储备作为强力后盾的。一直以来,我国政府主要以税收优惠和财政补贴作为政策工具,积极运用财税政策激励企业开展科技创新,而科技创新税收优惠政策是否真正发挥了预期的政策效应,则是本书的研究焦点。

税收优惠从形式上可以分成税率式优惠、税基式优惠和税额式优惠,企业要想获得税收优惠政策必须满足政策规定的一系列前置条件。例如,高新技术企业所得税 15% 的名义税率优惠政策,要求企业在研发人员比例、研发费用比例、新产品收入比例等方面符合特定要求,理论上企业有动力为了获得税收优惠利益而开展更多的科技创新活动。但是,税收优惠政策的实际实施效果却受到诸多外部因素影响,如税收征管部门对于优惠政策的理解和实施力度,企业创新素质和创新意识,会计信息披露政策和外部审计,地区法律制度环境等。本书从中国税收优惠水平及其减税效应、中国税制改革与企业税费负担演变、税收优惠政策的激励效应评估、外部审计的创新调节效应、税收优惠政策的经济后果、税制改革展望等方面,对我国实施科技创新税收优惠政策的实际效果进行多维度评估,为进一步完善我国的科技创新税收优惠政策,全面提升科技软实力提供有价值的政策建议。

2008 年,笔者进入中南财经政法大学跟随导师庞凤喜教授攻读财政学专业硕士、博士学位，研究兴趣逐渐聚焦于"宏观财税政策的微观经济效应"这一主题，一直到 2014 年进入杭州电子科技大学会计学院工作，研究视角更加微观化，但 10 年来始终坚持以税收优惠政策效应评估作为长期的研究方向，本书正是笔者围绕税收优惠开展研究的成果结晶。本书原文基本都已发表在学术期刊，除了大部分章节由自己独撰外，部分章节与合作者共同完成（具体合作情况见期刊原文），他们包括我的导师庞凤喜教授，我的同门师兄燕洪国副教授，以及我的学生高媛、王郑颖、张心怡，感谢他们对本书出版的支持和帮助。感谢经济科学出版社白留杰女士在本书出版过程中付出的辛勤劳动。

由于笔者学术水平、专业知识结构等方面的局限，且各章节写作时间跨度较大，书中难免会有纰漏、错误之处，恳请读者批评指正。

潘孝珍

2019 年 8 月 30 日于钱江之滨

目　录

第一章　中国税收优惠水平及其减税效应

第一节　中国税收优惠水平的演变趋势

一、引言

税收优惠政策是各国政府调控经济的重要手段，它指的是政府在基本税收制度以外，给予部分纳税人或征税对象税收激励和照顾措施的特殊规定。实际上，我国政府在不同时期，基于不同的经济发展战略目标，出台了大量有针对性的税收优惠政策，如我国政府在改革开放以来相继出台的吸引外商投资的税收优惠措施、促进西部地区经济发展的税收优惠措施、促进产业升级换代的税收优惠措施等。它们都是以政府提出一定的经济发展战略目标为制度背景，也都在一定程度上促进了相应经济发展战略目标的实现。然而，尽管我国税收优惠政策在不同时期都广泛存在，但无论是宏观还是微观层面上的税收优惠水平，一直以来都是一笔糊涂账，我国政府统计部门并没有历年总体税收优惠规模的统计数据，学术界用以衡量微观个体企业税收优惠水平的指标也存在诸多不足，这就给准确评估我国税收优惠政策的实施效果带来很大的障碍。本节拟在对学术界提出的各种微观企业税收优惠水平衡量方法进行总结的基础上，构建一个更为合理的企业税收优惠衡量指标体系，并以此为基础对我国 2008~2014 年的企业税收优惠水平变化情况进行实证分析。

二、文献述评

从现有文献来看，学术界主要通过四种方法来衡量微观企业享受到的税收优惠水平。

第一种方法是以企业所得税的名义税率或实际税率作为税收优惠水平的衡量指标，这也是最广为使用的方法。吴联生（2009）、李增福（2010）等以上市公司年报附录中公布的企业所得税名义税率作为企业是否享受税收优惠的衡量指标，企业的名义税率越低则表明享受的税收优惠水平越高。Wilkie（1988）、陈涛和吕万革（2004）、闫龙飞和张天舒（2010）、潘孝珍（2012）等以实际税率作为企业税收优惠水平的衡量指标，认为企业享受的税收优惠政策并不是只有税率优惠一项，还包括税收减免、再投资退税、先征后返、加速折旧、税收抵免等多种形式，名义税率无法有效反映企业享受到的全部税收优惠政策，而实际税率作为企业享受各项税收优惠政策以后实际负担的税负水平，可以有效地衡量企业所享受的全部税收优惠水平。至于实际税率的计算方法，Stickney 和 McGee（1982）、Porcano（1986）、Shevlin（1987）等以"实际税率＝所得税费用÷息税前利润"这一公式为基础，通过对分子和分母的变化，获得不同的实际税率计算公式。

第二种方法是以抽样调查获得微观企业税收优惠规模数据作为企业税收优惠水平的衡量指标。孙磊（2011）抽样调查了青岛市两家高新技术企业2009 年的财务数据，对两家企业享受的税收优惠水平以及可持续增长指标进行分析；邵诚和王胜光（2010）使用结构方程模型，以 2008 年深圳市 102 家软件企业为样本，分析了增值税优惠、所得税优惠和营业税优惠与企业研发投入的关系。

第三种方法是设计特定类型的指数作为微观企业税收优惠水平的衡量指标。Warda（2001）、Warda（2005）设计了 B 指数，用以衡量企业科技研发活动享受的税收优惠水平；戴晨和刘怡（2008）运用该指数对我国企业研发行为的税收优惠水平进行实证研究。

第四种方法是指除以上三种方法以外的其他较少使用的税收优惠水平衡量方法。李俊杰和刘渝（2011）、Wu（2012）等在企业实际税率的基础上构建虚拟变量来衡量税收优惠，当实际税率小于 15% 时认定企业享受税收优惠，否则认定企业没有享受税收优惠。王素荣和刘宁（2012）等以企业"税费返还额"作为税收优惠水平的衡量指标，通过"应纳税所得额乘以法定税率，减当期所得税"进行估算。

实际上，尽管以上四种衡量微观企业税收优惠水平的方法都有各自的优点，但其缺点也非常明显。第一种衡量方法的优点是可以使用上市公司的数据，而上市公司样本量大，企业财务数据公开程度高，非常有利于进行实证研究；其缺点是名义税率或实际税率并不代表税收优惠水平本身，它们与企业的税收优惠水平成反比，在实证分析过程中对指标的解释比较复杂，实证分析结果并不直观。第二种衡量方法的优点是企业税收优惠规模的数据比较直观；其缺点是要对企业展开抽样调查，获得数据的成本非常高昂，样本数据非常有限，并且企业涉税信息作为商业信息，并不是所有企业都愿意如实报告，导致实证分析结果偏差。第三种衡量方法的优点是指标的针对性强，但也导致指标使用上的局限性较大，并且计算出来的税收优惠指标往往是一个行业或地区性指标，并不能真正代表微观企业所享受到的税收优惠水平。在第四种方法中，如果是以构造虚拟变量的方法作为企业税收优惠水平的衡量指标，尽管克服了第一种方法的缺点，但也损失了企业税收优惠水平的细节信息，而且将临界点设定为15%的依据并不充分；如果是采用税费返还额的方法，实际上这个指标可以直接查阅上市公司的现金流量表获得，通过公式计算近似值显然是舍本逐末，同时也忽略了企业规模对税费返还额的影响。

三、企业税收优惠水平衡量指标构建

面对现有文献关于企业税收优惠水平衡量方法的不足，本节构建一组更加合理的企业税收优惠水平衡量指标体系。需要特别指出的是，企业享受的税收优惠规模是可以通过纳税申报表得到反映的，如国家税务总局公布的2014年版《企业所得税纳税申报表》就要求企业填写"免税、减计收入及加计扣除优惠明细表""所得减免优惠明细表""抵扣应纳税所得额明细表"等相关税收优惠信息。但是，纳税申报表作为企业向税务机关申报纳税的依据，税务机关有责任为企业涉税信息保密，并且企业纳税申报表并不包含企业其他信息数据，即使税务机关违规披露相关企业的涉税信息，我们也难以就我国税收优惠政策对微观企业经营绩效、企业市场行为等方面的影响进行评估。因此，为了使构建的税收优惠水平衡量指标更具实际应用价值，本节以上市公司公开报告的年度财务报表作为数据来源，构建微观企业的税收优惠水平衡量指标。

上市公司由于其股票在证券交易所上市交易，需要每年向社会公布资产负债表、利润表、现金流量表等财务报表，根据数据的可得性，本节构建了名义税收优惠水平和实际税收优惠水平两个指标，它们的计算公式为：

$$名义税收优惠水平 = 法定税率 - 名义税率 \qquad (1.1)$$

$$实际税收优惠水平 = 法定税率 - 实际税率 \qquad (1.2)$$

上述两个公式中，名义税收优惠水平和实际税收优惠水平都是针对企业所得税而言的，主要原因是，企业所得税是企业享受税收优惠的主要税种，并且从上市公司财务报表中只能获得企业所得税优惠的相关数据信息。名义税收优惠水平指的是企业在名义上享受到的税收优惠水平，它由当年度企业所得税法定税率减去名义税率计算得到，其数值越大表明企业当年度在名义上享受的税收优惠水平越高。实际税收优惠水平指的是企业在实际上享受到的税收优惠水平，它由当年度企业所得税的法定税率减去实际税率计算得到，其数值越大则表明企业当年度在实际上享受的税收优惠水平越高。显然，对同年度的同一家企业而言，名义税收优惠水平和实际税收优惠水平一般是有所差异的，因为企业的所得税名义税率与实际税率并不一致。

本节提出的微观企业税收优惠水平衡量方法的优点主要有：（1）名义税收优惠水平与实际税收优惠水平是企业享受到的税收优惠水平的直接反映，这两个指标数值越高的企业，享受的税收优惠水平也越高，指标数值能够真实体现企业享受的税收优惠水平。（2）可以使用上市公司公开的财务报表数据进行指标测算，数据获取成本较低，样本数量庞大，且上市公司财务报表经过会计师事务所审计，数据的可靠性相对较高。（3）可以根据上市公司报表中的其他数据，对政府税收优惠政策的实施效果进行评估。

四、我国企业税收优惠水平的实证分析

使用本节提出的企业税收优惠水平衡量指标的计算公式，结合我国具体的税收法律制度，本节测算了 2008 ~ 2014 年我国企业税收优惠水平的变化情况。我国在 2008 年起实施内外资企业所得税法合并，企业所得税名义税率由原先的 33% 降低到 25%，为了保持整体税收政策环境的一致性，本节选择样本时间起始于 2008 年，此时企业所得税的法定税率为 25%。对于企业的名义税率，主要通过查询上市公司财务报表附注中的"所得税名义税率项"获得，但是由于上市公司往往是一家规模较大的集团公司，财务报表则是包含了子公司财务数据的合并报表，导致财务报表附注中报告的所得税名义税率不止一个，所以本节取全部名义税率的算术平均值作为该企业名义税率的数值。对于企业的实际税率，主要由"所得税费用÷利润总额"公式计算得到。本节在测算企业税收优惠水平时剔除如下样本：（1）所得税费用小于零或利润总额小于零的上市公

司；（2）税收优惠水平小于 0 或大于 25% 的上市公司；（3）相关数据缺失的上市公司。经过上述处理，最终得到样本 9955 个。

（一）我国企业名义税收优惠水平的实证分析

表 1－1、表 1－2 分别报告了 2008～2014 年我国企业分区域和分行业的名义税收优惠水平变化情况。

表 1－1　　　　　　2008～2014 年我国各区域名义税收优惠水平

		2008 年	2009 年	2010 年	2011 年	2012 年	2013 年	2014 年
区域	东部（%）	5.15	4.79	4.60	7.18	7.37	7.72	5.21
	东北部（%）	3.11	3.66	3.61	5.36	5.03	5.16	3.59
	中部（%）	4.43	4.48	4.07	7.29	7.65	8.12	4.71
	西部（%）	5.13	5.73	5.04	7.59	7.42	7.72	5.24
	平均值（%）	4.91	4.85	4.54	7.16	7.29	7.65	5.07
离散系数		0.69	0.79	0.75	0.64	0.66	0.64	0.73

表 1－2　　　　　　2008～2014 年我国各行业名义税收优惠水平

		2008 年	2009 年	2010 年	2011 年	2012 年	2013 年	2014 年
行业	农林牧渔业（%）	2.37	4.83	2.38	6.04	9.30	9.91	5.04
	采掘业（%）	4.35	3.55	4.21	6.59	6.04	7.40	4.07
	制造业（%）	5.34	5.27	4.92	8.02	7.92	8.33	5.48
	电煤水生产供应业（%）	4.08	4.04	4.11	3.93	4.19	3.00	3.20
	建筑业（%）	4.75	4.40	5.07	6.78	5.86	6.48	5.41
	交通运输仓储业（%）	3.81	3.51	2.65	1.91	2.30	2.41	2.41
	信息技术业（%）	7.10	6.41	6.14	8.80	9.55	10.32	6.52
	批发和零售贸易业（%）	2.82	3.04	2.52	2.16	2.50	2.21	2.55
	金融保险业（%）	1.53	1.46	1.53	0.28	0.18	0.00	0.34
	房地产业（%）	3.38	1.88	1.44	0.31	0.88	0.00	1.11
	社会服务业（%）	4.44	4.89	3.73	5.74	5.35	6.00	3.95
	传播与文化产业（%）	1.93	2.86	1.98	6.45	11.22	12.89	4.37
	综合类（%）	3.84	3.33	2.91	2.06	1.25	1.78	2.84
平均值（%）		4.91	4.85	4.54	7.16	7.29	7.65	5.07
离散系数		0.69	0.79	0.75	0.64	0.66	0.64	0.73

从表 1 - 1 可以看到，由于企业所得税法定税率的降低，我国各区域名义税收优惠水平从 2008 ~ 2014 年呈现下降→上升→下降的走势，平均值由 2008 年的 4.91% 降低到 2010 年的 4.54%，此后由 2011 年的 7.16% 上升到 2013 年的 7.65%，但 2014 年时突然降低到 5.07%。从区域间的差别来看，在 2008 年时，东部地区企业的名义税收优惠水平最高，西部地区次之，中部地区再次之，东北部地区最低；而到 2014 年时，尽管各地区的名义税收优惠水平经过 6 年时间的演变，但它们关于名义税收优惠水平的排名与 2008 年完全一致。离散系数由标准差除以平均值计算得到，用以衡量样本在单位均值上的离散程度，从表 1 - 1 可以看到，在 2008 年时我国各区域间名义税收优惠水平的离散程度是 0.69，此后经历了上升→降低→上升的趋势。

从表 1 - 2 可以看到，我国各行业名义税收优惠水平从 2008 ~ 2014 年，也在总体上呈现下降→上升→下降的趋势。从行业间的差别来看，在 2014 年时名义税收优惠水平最高的三个行业依次为信息技术业、制造业、建筑业，最低的三个行业依次为金融保险业、房地产业、交通运输仓储业，这一结果与我国当前的产业政策基本一致。可见，我国政府积极运用税收优惠政策对我国产业结构进行宏观调控。

（二）我国企业实际税收优惠水平的实证分析

表 1 - 3、表 1 - 4 分别报告了 2008 ~ 2014 年我国企业在分区域和分行业的实际税收优惠水平变化情况。

表 1 - 3   **2008 ~ 2014 年我国各区域实际税收优惠水平**

		2008 年	2009 年	2010 年	2011 年	2012 年	2013 年	2014 年
区域	东部（%）	10.66	10.44	10.46	10.15	10.02	9.89	10.01
	东北部（%）	12.63	13.27	13.43	11.70	11.30	10.67	11.38
	中部（%）	11.13	10.93	10.81	10.44	10.80	10.84	10.95
	西部（%）	12.29	11.12	11.48	10.12	11.01	10.65	10.55
平均值（%）		11.16	10.78	10.82	10.26	10.33	10.16	10.28
离散系数		0.61	0.61	0.58	0.56	0.57	0.58	0.59

从表 1 - 3 可以看到，我国各区域实际税收优惠水平从 2008 ~ 2010 年呈下降趋势，2011 ~ 2014 年保持相对稳定。从区域间差异来看，在 2008 ~ 2014 年的绝大部分年份里，尽管东北部地区的名义税收优惠水平都很低，但实际

税收优惠水平却是最高的，其可能的原因在于东北部地区作为我国的老工业基地，国有企业数量比较多，尽管在名义税率上享受的优惠比较少，但其他如先征后返、税收减免等类型的优惠政策比较多。而在大部分年份里，尽管西部地区的名义税收优惠水平是最高的，但实际税收优惠水平却往往是最低的，这可能与西部地区的经济发展水平较低，地方政府财政收支压力较大有关。此外，2008～2014 年各区域实际税收优惠水平的离散系数在总体上保持稳定，表明我国各区域间的实际税收优惠水平差距基本上未有重大变化。

表 1 - 4 　　　　　 2008～2014 年我国各行业实际税收优惠水平

		2008 年	2009 年	2010 年	2011 年	2012 年	2013 年	2014 年
行业	农林牧渔业（%）	17.09	16.64	16.72	17.16	17.51	15.41	16.81
	采掘业（%）	5.88	4.98	8.02	6.89	8.21	7.82	7.21
	制造业（%）	11.85	11.34	11.06	10.42	10.44	10.16	10.54
	电煤水生产供应业（%）	9.93	8.38	9.81	9.24	10.08	9.14	8.24
	建筑业（%）	7.37	6.96	7.59	6.71	6.39	7.33	6.30
	交通运输仓储业（%）	10.06	9.26	8.66	7.23	7.55	7.87	6.87
	信息技术业（%）	13.39	13.19	13.53	11.95	11.84	12.78	13.22
	批发和零售贸易业（%）	7.25	7.80	6.38	6.68	6.25	8.70	7.00
	金融保险业（%）	5.98	5.50	3.80	4.66	3.80	3.63	2.40
	房地产业（%）	8.15	7.40	6.25	7.88	8.40	6.10	7.21
	社会服务业（%）	10.36	10.94	9.43	8.21	9.30	8.91	8.19
	传播与文化产业（%）	16.32	14.68	16.25	14.82	13.66	12.83	12.18
	综合类（%）	8.81	8.98	10.22	11.07	11.26	10.29	9.83
平均值（%）		11.16	10.78	10.82	10.26	10.33	10.16	10.28
离散系数		0.61	0.61	0.58	0.56	0.57	0.58	0.59

在表 1 - 4 中，我国各行业实际税收优惠水平在 2008～2014 年，也整体上保持了先下降、后稳定的变化趋势。从行业间的差别来看，2014 年实际税收优惠水平最高的三个行业依次是农林牧渔业、信息技术业、传播与文化产业，其中农林牧渔业的名义税收优惠水平要远小于其享受的实际税收优惠水平，表明它享受除税率优惠以外的其他类型的税收优惠政策比较多；实际税收优惠水平最低的三个行业依次是金融保险业、建筑业、交通运输仓储业。

五、结论

当前学术界提出的各种衡量微观企业税收优惠水平的方法，或多或少都存在一些问题。本节在综述相关研究成果的基础上，尝试构建一组更为合理的企业税收优惠水平衡量指标体系。它包括名义税收优惠水平和实际税收优惠水平两个指标，并以2008～2014年我国上市公司财务数据为样本，从区域和行业两个维度对上市公司的名义税收优惠水平和实际税收优惠水平进行实证分析。本节研究得出如下结论：（1）2008～2014年，我国名义税收优惠水平整体呈现下降→上升→下降的变化趋势，实际税收优惠水平则整体呈现下降→稳定的变化趋势。（2）无论是从区域还是行业的维度来分析，我国企业的名义税收优惠水平都要低于实际税收优惠水平，表明企业的所得税名义税率要高于实际税率，即我国企业的所得税实际负担并不如名义税率显示得那么重，原因在于企业的所得税实际税率还会受到其他类型税收优惠政策、企业避税策略、税务机关税收征管能力等因素影响。（3）各地区的名义税收优惠水平与实际税收优惠水平并不一致，东北部地区的名义税收优惠水平是所有地区中最低的，但实际税收优惠水平却是最高的，这与各地区自身的经济结构特征有着密切的联系；从行业的角度来看，各行业的税收优惠水平基本上与我国产业政策相一致。

（原载《生产力研究》2016年第3期）

第二节　中国税收优惠政策的减税效应研究

一、引言

宏观调控是现代政府的一项基本职能，税收优惠政策则是政府在宏观调控过程中可以使用的一项重要政策工具。改革开放以来，税收优惠政策在中国政府的宏观调控实践中得到了越来越广泛的应用。但是，税收优惠政策在使部分纳税人减轻税负或免于征税的同时，也意味着政府税收收入的降低，即从理论上讲，税收优惠政策具有减税效应。因此，在合理平衡不同纳税人之间的税负公平，综合考虑税收优惠政策的总成本总收益分析的基础上，有必要将税收优惠作为中国推进实施结构性减税政策的重要路径（庞凤喜和张念明，2013）。

　　然而，中国实施税收优惠政策的减税效果究竟如何，这从来都是一个极具现实意义的研究课题。在绝大部分早期研究中，由于数据来源的限制，学术界往往侧重于对税收优惠政策减税效应的理论分析。安体富（2002）、马国强（2003）等都指出，中国实施的各种税收优惠和减免措施将会减少国家财政预算收入。安体富等（2004）则从国际税收竞争的角度分析认为，发展中国家向流入本国的外资提供税收优惠政策，将会减少发展中国家的税收收入，这是发展中国家向发达国家让渡税收利益。不过，刘蓉（2005）也指出，尽管税收优惠以牺牲一定的税收利益为代价，减少了当期政府的财政收入规模，但它也具有"收入自偿"效应，即从长期来看，实施税收优惠政策有利于提高社会投资和消费倾向，扩大了社会总需求，从而反过来增加政府的财政收入规模。

　　近年来，也有部分文献尝试从微观视角，研究中国税收优惠政策对企业税费负担水平的影响。吴联生（2009）、李增福（2010）、Wu（2012）等使用中国沪深 A 股上市公司的财务报表数据研究发现，享受税收优惠政策的企业在所得税实际税负上要明显低于未享受税收优惠政策的企业。不过，从宏观视角对中国税收优惠政策的减税效应展开实证研究的文献仍然比较欠缺，主要原因是宏观层面的税收优惠数据难以获得。尽管中国税收优惠政策繁多，每年实施的税收优惠规模庞大，但其实际规模却从来没有一个准确的统计数据。Demurger（2002）、钟炜（2006）等根据中国经济特区、沿海开放城市等不同区域享受税收优惠程度的差异，分别给予不同的权重，由此建立中国各省市的税收优惠衡量指标，但该方法也存在主观性比较强的缺点。本节在潘孝珍（2014）提出微观层面的企业税收优惠衡量指标基础上，构建省级层面的税收优惠衡量指标，并进一步使用省级面板数据，就中国各省市税收优惠水平对地方政府收入的影响进行实证分析，进而从宏观视角探讨中国税收优惠政策的减税效应。

二、研究框架

（一）省级层面税收优惠衡量指标的构建

　　构建各省市税收优惠水平的衡量指标，是从宏观视角分析税收优惠政策减税效应的关键。在微观层面上，潘孝珍（2014）提出使用所得税名义税收优惠和实际税收优惠作为企业享受税收优惠水平的衡量指标，它们的计算公式为：

$$名义税收优惠 = 法定税负 - 名义税负 \qquad (1.3)$$

$$实际税收优惠 = 法定税负 - 实际税负 \qquad (1.4)$$

上述指标通过计算企业所得税的名义税负、实际税负与法定税负的偏离程度，来衡量企业享受到的所得税优惠水平。其中，根据 2008 年开始实施的《中华人民共和国企业所得税法》，企业所得税的法定税负为 25%；名义税负可由企业所得税的名义税率表示，它可以通过查阅上市公司财务报表附注中列示的企业所得税名义税率项获得；实际税负通过"所得税费用 ÷ 利润总额"计算得到。可以看出，名义税收优惠和实际税收优惠的数值越大，则企业的名义税负、实际税负与法定税负的偏离程度越高，进而表明企业享受的所得税优惠水平越高。在此基础上，可以使用这两个微观层面上的指标，来构建宏观层面的省级税收优惠指标。具体方法是，对各省市各年度的上市公司所享受的税收优惠水平取算术平均，所得到的平均值即为该省市该年度的税收优惠水平。其合理性在于，企业个体享受的税收优惠水平也代表了企业所在省市的税收优惠水平，而且由于上市公司的样本规模比较大，通过对它们的税收优惠水平取平均值，可以消除样本的个体偏差，从而得到更加稳健的省级税收优惠衡量指标。并且，与 Demurger（2002）、钟炜（2006）等所构建的指标相比，本节构建的各省市税收优惠衡量指标显得更加客观。当然，一省市的名义税收优惠和实际税收优惠并不一致，因为它们的经济含义有着较大差别：前者表示该省市在名义上为企业提供的所得税优惠水平，是该省市企业在名义上获得的税收优惠利益；后者表示该省市在实际上为企业提供的所得税优惠水平，是该省市企业获得的实实在在的税收优惠利益。

（二）研究假设

中国作为单一制国家，税收法律法规由中央政府统一制定，因此各省市实施的税制体系也基本上一致。但是，各省市的税收优惠水平却有着较大差异，主要有两个方面的原因：第一，中央政府基于经济发展战略制定具有地域导向的税收优惠政策，或者地方政府为了发展本地区经济而向中央政府索要税收优惠政策；第二，不同地区的地方政府在具体的税收优惠政策执行力度上有较大差异。因此，中国各地区的税收优惠实施状况各不相同，而实施税收优惠政策意味着部分纳税人减轻税负或免于征税，将会导致地方政府收入减少，政策本身蕴含着减税机制。具体到本节构建的税收优惠衡量指标：一个省市的名义税收优惠水平越高，意味着该省市企业适用的企业所得税税率越低，那么该省市获得的企业所得税收入也将会越低；同样，一个省市的实际税收优惠水平越高，意味着该省市企业实际负担的企业所得税税负越低，那么该省市获得的企业所得税收入也必然会越低。

然而，政府的收入来源除了企业所得税外，还包括增值税、消费税、营业税、个人所得税等其他十几个税种，以及行政事业收费等多个渠道，本节由于数据来源限制，构建的各省市企业所得税的名义税收优惠和实际税收优惠衡量指标，是否在理论上也对政府的其他收入项目存在影响呢？Bond 和 Samuelson（1986）提出的"税收优惠信号理论"认为，实施税收优惠政策的意义不仅在于政策本身减轻了企业税费负担，更在于政策所发出的本国政府期望加快本国经济发展的信号。而且，流转税基于保持税收中性的要求，其在税收优惠上的规定相对较少，企业所得税则是实施税收优惠政策的主要税种类型。因此，就本节提出的名义税收优惠和实际税收优惠这两个指标来说，它们作为本地区政府发出的期望加快本地区经济发展的信号，不仅可以反映一个地区的企业所得税优惠水平，也可以在一定程度上反映该地区整体上的税收优惠水平。综上所述，本节假设一个地区的名义税收优惠水平、实际税收优惠水平不仅与该地区政府的企业所得税收入成反比，也与其全部收入成反比。

（三）模型设定

为了验证上述研究假设，本节提出如下多元回归模型：

$$Income = \alpha + \beta_1 Taxpre + \beta_2 Employ + \beta_3 Invest + \beta_4 Fexpend + \varepsilon \tag{1.5}$$

$$Income = \alpha + \beta_1 L.\,Income + \beta_2 Taxpre + \beta_3 L.\,Taxpre + \beta_4 Employ +$$
$$\beta_5 Invest + \beta_6 Fexpend + \varepsilon \tag{1.6}$$

式（1.5）是基础模型，可以对其进行混合数据模型和静态面板数据模型估计。同时，为了考察税收优惠对地方政府收入的动态影响效应，进一步提出式（1.6）作为扩展模型，对它进行动态面板数据模型估计。被解释变量 *Income* 是政府收入，具体包括地方政府获得的企业所得税收入 *Bitincome*、税收收入 *Taxincome* 和财政收入 *Fincome*，其中：企业所得税收入是地方政府税收收入的重要来源，而税收收入则是地方政府财政收入的主要来源。核心解释变量 *Taxpre* 是税收优惠，具体包括本节构建的名义税收优惠 *Ntaxpre* 和实

际税收优惠 *Rtaxpre*。根据本节的研究假设，预期税收优惠 *Taxpre* 与地方政府收入 *Income* 成反比，即无论被解释变量是 *Bitincome*、*Taxincome* 或 *Fincome*，都预期 *Ntaxpre* 和 *Rtaxpre* 的系数符号为负。同时，在式（1.6）中，*L. Income* 是被解释变量 *Income* 的一阶滞后项，它反映地方政府上期收入对本期收入的影响。因为地方政府收入在时间上往往存在连续性，对一个地区的地方政府而言，如果上期收入越高，则本期收入也将会比较高，因此预期 *L. Income* 的系数符号为正，即在动态面板数据模型中，*L. Bitincome*、*L. Taxincome* 和 *L. Fincome* 的系数都为正。*L. Taxpre* 是核心解释变量 *Taxpre* 的一阶滞后项，它反映了一个地区上期税收优惠水平对本期地方政府收入的影响，即衡量一个地区的税收优惠政策对本地区地方政府收入的影响是否存在连续性。本节预期上期税收优惠水平依然会影响本期政府收入，*L. Taxpre* 的系数符号为负，即在动态面板数据模型中，*L. Ntaxpre* 和 *L. Rtaxpre* 的系数符号都为负。

同时，本节在式（1.5）和式（1.6）中进一步引入如下控制变量：就业人员数 *Employ*，它指的是一个地区 16 周岁及以上，从事一定社会劳动并取得劳动报酬或经营收入的人员数量，就业人员数越高的地区意味着劳动力资源越丰富，从而有利于提高本地区的税源规模，因此预期 *Employ* 的系数符号为正。固定资产投资 *Invest*，它指的是以货币形式表现的，在一定时期内全社会建造和购置固定资产的工作量以及相关费用的总称。一个地区的固定资产投资规模越大，则意味着经济发展动力越充沛，从而也就有更多的税源，因此预期 *Invest* 的系数符号为正。实际上，劳动力和资本是形成国内生产总值的主要投入要素，本节选择就业人员数和固定资产投资两个控制变量，可以较为全面地衡量社会经济系统在供给方面对政府收入的影响。此外，为了衡量社会经济系统在需求方面对政府收入的影响，本节进一步引入财政支出 *Fexpend* 作为控制变量，因为政府筹集收入的目的是为了满足财政支出需要，而政府在财政支出上往往具有刚性，越高的财政支出规模意味着政府需要筹集越多的财政收入，因此预期 *Fexpend* 的系数符号为正。

三、描述性统计

本节样本的时间范围是 2008 ~ 2012 年，其中，名义税收优惠和实际税收优惠的数据，来自对微观层面的上市公司财务报表数据的统计分析，其他数据则来自历年《中国统计年鉴》，并对相关数据以 2008 年为基期进行价格指数调整。表1-5报告了变量的描述性统计结果。

表1-5 　　　　　　　　　　**变量的描述性统计结果**

变量	解释	平均值	最大值	最小值	标准差
Bitincome	企业所得税收入（万元）	172.5	803.3	1.9	188.3
Taxincome	税收收入（万元）	1078.0	4574.1	15.2	961.6
Fincome	财政收入（万元）	1361.1	5615.6	24.9	1113.7
Ntaxpre	名义税收优惠（％）	4.8	11.4	1.4	1.6
Rtaxpre	实际税收优惠（％）	11.6	19.4	7.3	2.0
Employ	就业人员数（万人）	448.0	1304.0	20.3	269.7
Invest	固定资产投资（万元）	8425.0	28177.1	309.9	5803.8
Fexpend	财政支出（万元）	2410.9	6660.1	324.6	1267.3

从表1-5可以看到，中国地方政府的企业所得税收入平均值是172.5万元，分别占地方政府税收收入的16.0%、财政收入的12.7%。同时，各省市名义税收优惠的平均值是4.8%，实际税收优惠的平均值是11.6%，表明中国各省市的名义税收优惠水平要明显低于实际税收优惠水平，主要原因为名义税收优惠是所得税名义税率上的优惠形式，而实际税收优惠除了名义税率外，还包括税基、税额等方面的优惠形式。从控制变量的描述性统计结果来看，各省市在就业人员数、固定资产投资、财政支出等变量指标上也存在较大差异。

四、实证结果分析

（一）混合数据模型的估计结果

表1-6报告的是对式（1.5）进行混合数据模型估计的结果，其中，模型1和模型4对应的被解释变量为企业所得税收入，模型2和模型5对应的被解释变量为税收收入，模型3和模型6对应的被解释变量为财政收入。同时，考虑到可能存在的异方差或自相关问题，模型使用不需要球型扰动项假设的稳健标准误进行假设检验，从而得到更加稳健可靠的模型估计结果。

表 1 – 6 混合数据模型的估计结果

变量	模型 1	模型 2	模型 3	模型 4	模型 5	模型 6
ln_Ntaxpre	− 0. 252 * (− 1. 81)	− 0. 185 * (− 1. 84)	− 0. 132 (− 1. 57)	— —	— —	— —
ln_Rtaxpre	— —	— —	— —	− 1. 121 *** (− 4. 10)	− 0. 727 *** (− 3. 71)	− 0. 553 *** (− 3. 38)
ln_Employ	0. 824 *** (5. 92)	0. 699 *** (7. 27)	0. 584 *** (7. 44)	0. 871 *** (7. 06)	0. 735 *** (8. 17)	0. 609 *** (7. 97)
ln_Invest	− 0. 382 ** (− 2. 02)	− 0. 110 (− 0. 84)	0. 023 (0. 21)	− 0. 264 (− 1. 58)	− 0. 027 (− 0. 23)	0. 084 (0. 84)
ln_Fexpend	1. 129 *** (4. 76)	0. 816 *** (4. 72)	0. 757 *** (5. 10)	0. 817 *** (4. 42)	0. 599 *** (4. 17)	0. 597 *** (4. 74)
C	− 5. 131 *** (− 7. 85)	− 2. 513 *** (− 5. 08)	− 2. 350 *** (− 5. 99)	− 1. 701 (− 1. 58)	− 0. 292 (− 0. 39)	− 0. 658 (− 1. 05)
样本数	150	150	150	150	150	150
Adj_R^2	0. 785	0. 866	0. 898	0. 806	0. 877	0. 905
估计方法	OLS + 稳健 标准差	OLS + 稳健 标准差	OLS + 稳健 标准差	OLS + 稳健 标准差	OLS + 稳健 标准差	OLS + 稳健 标准差

注: ***、**、* 分别表示系数在 0.01、0.05、0.1 的显著性水平上显著。

从表 1 – 6 可以看到，在模型 1 和模型 2 中名义税收优惠的系数都是负数，且都在 0.1 的显著性水平上显著，其系数值表明：如果中国各省市的名义税收优惠水平提高 1%，将会导致地方政府的企业所得税收入减少 0.252%、税收收入减少 0.185%。在模型 3 中，名义税收优惠的系数尽管也为负，但在统计上不显著，表明在本模型中名义税收优惠对地方政府财政收入不存在显著的影响。在模型 4、模型 5 和模型 6 中，实际税收优惠的系数都是负数，且都在 0.01 的显著性水平上显著，表明中国各省市的实际税收优惠与地方政府收入存在显著的负相关关系。从具体系数值来看，如果中国各省市的实际税收优惠水平提高 1%，将会导致地方政府的企业所得税收入减少 1.121%、税收收入减少 0.727%、财政收入减少 0.553%。通过名义税收优惠和实际税收优惠系数值的对比可以看到，在各个模型中实际税收优惠的系数绝对值都要大于名义税收优惠，进而表明实际税收优惠比名义税收优惠的减税效应更强。从控制变量的估计结果来看，就业人员数和财政支出的系数在所有模型中都为正，且都在 0.01 的显著性水平上显著，表明各省市的就业人员数、财政支出规模与地方政府收入显著正相关。不过，固定资产投资的系数在大部分模型中都不显著，表明固定资产投资对于地方政府收入不存在显著的影响。

（二）静态面板数据模型的估计结果

表 1 - 7 报告的是对式（1.5）进行静态面板数据模型估计的结果，其中模型 7 和模型 10 对应的被解释变量为企业所得税收入，模型 8 和模型 11 对应的被解释变量为税收收入，模型 9 和模型 12 对应的被解释变量为财政收入。根据 Hausman 检验结果对模型采用固定效应还是随机效应进行选择，结果显示模型 8 和模型 10 应选择固定效应模型，其他模型则选择随机效应模型。同时，考虑到核心解释变量名义税收优惠和实际税收优惠可能存在的内生性问题，在模型估计时采用一阶滞后项作为它们自身的工具变量。

表 1 - 7 　　　　　　　　静态面板数据模型的估计结果

变量	模型 7	模型 8	模型 9	模型 10	模型 11	模型 12
ln_ Ntaxpre	-0.907 ** (-2.26)	-0.549 (-1.15)	-0.434 * (-1.81)	— —	— —	— —
ln_Rtaxpre	— —	— —	— —	-4.027 *** (-3.20)	5.489 (0.41)	-2.199 *** (-2.91)
ln_Employ	0.072 (0.36)	-0.164 (-0.49)	0.188 * (1.78)	0.672 *** (2.88)	-2.376 (-0.46)	0.501 *** (3.62)
ln_Invest	-0.648 ** (-2.15)	-0.312 (-0.87)	-0.164 (-0.80)	-0.117 (-0.48)	-1.268 (-0.37)	0.163 (1.12)
ln_Fexpend	2.685 *** (4.46)	2.002 *** (3.10)	1.666 *** (4.33)	0.698 ** (2.09)	3.752 (0.61)	0.547 *** (2.75)
C	-9.358 *** (-8.25)	-4.234 * (-1.66)	-4.918 *** (-6.44)	6.132 (1.55)	-10.431 (-0.46)	3.657 (1.53)
样本数	120	120	120	120	120	120
within R²	0.779	0.853	0.908	0.358	0.558	0.475
Hausman 检验	7.56 (0.18)	11.16 (0.05)	6.55 (0.26)	8.42 (0.13)	10.43 (0.06)	7.07 (0.22)
估计方法	随机效应+工具变量法	固定效应+工具变量法	随机效应+工具变量法	随机效应+工具变量法	固定效应+工具变量法	随机效应+工具变量法

注：*** 、** 、* 分别表示系数在 0.01、0.05、0.1 的显著性水平上显著。

从表 1 - 7 可以看到，模型 7 和模型 9 中名义税收优惠的系数都显著为负，表明静态面板数据模型的估计结果是，名义税收优惠与地方政府的企业所得税收入和财政收入显著负相关。模型 8 中名义税收优惠的系数未通过显著性检验，表明静态面板数据模型中名义税收优惠对地方政府的税收收入不存在显著影响。同样，在模型 10 和模型 12 中实际税收优惠的系数显著为负，模型 11 中实际税收优惠的系数未通过显著性检验，表明实际税收优惠与地方政府的企业所得税收入和财政收入显著负相关，但与税收收入不相关。此外，对比名义税收优惠与实际税收优惠的系数可以发现，前者的系数绝对值要明显小于后者，进而表明在静态面板数据模型中，实际税收优惠依然比名义税收优惠具有更强的减税效应。对于控制变量的估计结果，就业人员数和财政支出的系数在大部分模型中显著为正，固定资产投资的系数不显著，与表 1 - 6 所显示的结果基本一致。

（三）动态面板数据模型的估计结果

为了进一步考察税收优惠政策的减税效应在时间上是否存在连续性，表 1 - 8 报告了对式（1.6）进行动态面板数据模型估计的结果，其中，模型 13 和模型 16 对应的被解释变量为企业所得税收入，模型 14 和模型 17 对应的被解释变量为税收收入，模型 15 和模型 18 对应的被解释变量为财政收入。动态面板数据模型一般可以采用 Arellano 和 Bond（1991）提出的差分 GMM 方法与 Blundell 和 Bond（1998）提出的系统 GMM 方法进行估计，而蒙特卡罗模拟显示，在有限样本条件下，后者比前者的估计效率更高，因此本节选择系统 GMM 方法对模型进行估计。同时，本节使用 Arellano-bond 检验对模型扰动项是否存在自相关进行检验，使用 Sargan 检验对工具变量进行过度识别检验。

表 1 - 8   动态面板数据模型的估计结果

变量	模型 13	模型 14	模型 15	模型 16	模型 17	模型 18
l. ln_*Bitincome*	0.579 ***	—	—	- 0.041	—	—
	(17.55)	—	—	(- 0.49)	—	—
l. ln_*Taxincome*	—	0.869 ***	—	—	0.696 ***	—
	—	(49.03)	—	—	(23.85)	—
l. ln_*Fincome*	—	—	0.978 ***	—	—	- 0.078
	—	—	(20.72)	—	—	(- 0.67)

续表

变量	模型 13	模型 14	模型 15	模型 16	模型 17	模型 18
ln_Ntaxpre	−0.058 *** (−8.57)	−0.032 *** (−13.85)	−0.027 *** (−3.70)	—	—	—
l. ln. Ntaxpre	−0.091 *** (−39.31)	−0.039 *** (−23.22)	−0.045 *** (−9.40)	—	—	—
ln. Rtaxpre	— —	— —	— —	−0.056 *** (−4.22)	−0.018 *** (−13.38)	−0.030 *** (−3.87)
l. ln. Rtaxpre	—	—	—	0.028 *** (2.69)	−0.016 *** (−9.18)	0.024 ** (2.29)
ln_Employ	−0.364 *** (−9.06)	−0.259 *** (−9.61)	−0.293 *** (−6.35)	0.272 *** (3.03)	0.112 *** (6.29)	0.352 *** (3.18)
ln_Invest	−0.088 * (−1.88)	−0.009 (−0.58)	−0.096 * (−1.93)	0.132 (1.53)	0.091 *** (5.38)	0.470 *** (5.09)
ln_Fexpend	1.398 *** (14.47)	0.496 *** (16.37)	0.510 *** (9.81)	1.290 *** (10.88)	0.186 *** (8.68)	0.804 *** (7.04)
C	−5.080 *** (−14.19)	−0.863 *** (−9.96)	−0.697 *** (−4.09)	−7.624 *** (−9.40)	−0.358 *** (−2.64)	−4.951 *** (−6.44)
样本数	120	120	120	120	120	120
Arellano-bond AR (1)	0.40 (0.69)	−1.41 (0.16)	−2.14 (0.03)	−0.85 (0.39)	−1.81 (0.07)	−0.56 (0.58)
Arellano-bond AR (2)	−1.43 (0.15)	−1.22 (0.22)	−0.91 (0.36)	−1.35 (0.18)	−2.70 (0.01)	−1.02 (0.31)
Sargan test	23.12 (0.45)	23.62 (0.43)	13.47 (0.26)	13.97 (0.23)	28.88 (0.22)	11.39 (0.41)
估计方法	系统 GMM	系统 GMM	系统 GMM	系统 GMM	系统 GMM	系统 GMM

注：***、**、* 分别表示系数在 0.01、0.05、0.1 的显著性水平上显著。

从表 1−8 可以看到，除模型 17 未通过 Arellano-bond 检验外，其他模型都通过了 Arellano-bond 检验和 Sargan 检验。结果显示，模型 13 中企业所得税收入滞后项的系数显著为正，模型 14 和模型 17 中税收收入滞后项的系数显著为正，模型 15 中财政收入滞后项的系数显著为正。这些结果表明政府收入在时间上具有连续性，上期政府收入的增加也会导致本期政府收入的相应增加。对于核心解释变量的估计系数，可以看到模型 13 到模型 15 中名义税收优惠的系数显著为负，模型 16 到模型 18 中实际税收优惠的系数也显著为负，从而表明在动态面板数据模型中税收优惠对政府收入依然存在负的影响，即税收优惠政策的减税效应依然明显。此外，名义税收优惠滞后项的系数在模型 13 到模型 15 中都显著为负，表明不仅本期名义税收优惠会降低本期政府收入规模，而且上期名义税收优惠也同样会降低本期政府收入规模。然而，可以看到实际税收优惠滞后项的系数在模型 16 和模型 18 中都显著为正，尽管在模型 17 中显著为负，但模型 17 并未通过扰动项自相关检验，因此模型估计结果表明实际税收优惠滞后项与地方政府收入正相关，即尽管本期实际税收优惠会降低本期政府收入规模，但上期实际税收优惠却会提高本期政府收入规模。名义税收优惠和实际税收优惠的滞后项对于政府收入规模的影响差异，主要原因在于前者是地方政府在名义上提供的税收优惠水平，而后者体现的是地方政府在实际上提供的税收优惠水平。政府税收优惠政策的实施更多的是为了吸引企业投资，促进本地区社会经济发展，因此即使地方政府提供较高的名义税收优惠，但如果税收优惠政策的实施并没有给企业带来实实在在的税收负担的减轻，那么税收优惠政策也难以实现其预期的政策目标。因此，名义税收优惠和实际税收优惠尽管都降低了地方政府的本期收入规模，但实际税收优惠水平的提高可以为本地区培育和吸引税源，而名义税收优惠水平的提高却未能有相同效果。从控制变量的估计结果来看，就业人员数和固定资产投资的系数符号并不稳定，财政支出的系数显著为正，与前文的估计结果一致。

五、简要的结论和建议

本节使用中国上市公司财务报表数据，构建名义税收优惠和实际税收优惠作为各省市的税收优惠衡量指标，进而对中国税收优惠政策的减税效应进行实证分析。研究结果表明：（1）从混合数据模型和静态面板数据模型的估计结果来看，名义税收优惠和实际税收优惠都会减少中国地方政府的企业所得税收入、税收收入和财政收入，表明中国税收优惠政策的减税效果显著，而且实际税收优惠比名义税收优惠具有更强的减税效应。（2）从动态面板数据模型的估计结果来看，本期名义税收优惠和实际税收优惠都会减少本期地方政府收入，但上期税收优惠对于本期地方政府收入的影响却存在差异。具体而言，实际税收优惠由于为企业提供了实实在在的税收优惠利益，有利于吸引和培育税源，从而提高地方政府将来的收入规模，而名义税收优惠由于只是名义上的税收优惠水平，依然会降低地方政府将来的收入，这一实证研究结论也在一定程度上验证了刘蓉（2005）提出的税收优惠"收入自偿"效应。（3）尽管各省市的名义税收优惠和实际税收优惠主要是通过企业所得税数据进行构建，但实证研究结果却表明，它们不仅降低了地方政府的企业所得税收入，也降低了地方政府的税收收入和财政收入，从而验证了 Bond 和 Samuelson（1986）提出的"税收优惠信号理论"。

本节的政策含义有：（1）税收优惠政策具有显著的减税效应，在中国当前实施结构性减税的大背景下，政府不仅应该从长期税制结构优化入手，不断完善中国的税制体系，也应该基于制定税收优惠政策的灵活性，根据宏观经济形势和政府政策导向，将税收优惠作为结构性减税的重要实施路径。（2）税收优惠政策实施过程中，实际税收优惠往往比名义税收优惠更为重要，中国政府在审慎合理地制定税收优惠政策的同时，也应该努力让政策落到实处，为企业提供实实在在的税收优惠利益，从而有利于税收优惠政策目标的真正实现。

（原载《税务与经济》2015 年第 2 期）

第二章 中国税制改革与企业税费负担演变

第一节 新企业所得税法与企业税费负担

一、引言

企业是我国经济发展的动力源泉，也是政府财政收入的重要承载主体，政府的财税政策直接影响企业税费负担水平，进而对国民经济发展产生重大影响。一般而言，降低企业税费负担有利于促进企业发展，但政府出台减税政策却面临自身财政收支状况的约束。2008年我国开始实施新企业所得税法，主要内容包括实现内外资企业两税合并、降低名义税率、完善税前扣除标准等，这无疑是我国1994年建立分税制财政管理体制以来的一项重大税制改革措施。从理论上讲，实施新企业所得税法必然对我国企业税费负担产生重大影响，在新企业所得税法实施五年以后的今天，极有必要对其实施效果进行评估，分析其对我国企业税费负担存在的实际影响。

学术界对企业税费负担的研究主要有微观和宏观两个视角。许多研究从宏观视角来分析企业的税费负担，即从地区、行业或全国等多个层面对我国企业的税费负担进行总体上的分析，如宋春平（2011）对我国企业所得税总税负的归宿进行一般均衡分析，认为总体上来说，企业要承担76.94%的现行企业所得税总负担，并将剩余部分转嫁给劳动者承担；张伦俊和李淑萍（2012）使用统计年鉴公布的相关数据对我国规模以上工业企业的行业税负进行实证分析，认为我国规模以上工业企业的税费负担偏重；张阳和胡怡建（2006）、梁东黎和刘和东（2012）等也都从宏观视角对我国企业税费负担进行深入研究。微观视角主要研究个体企业所承担的税费水平，对于个体企业税费水平的衡量，Siegfried（1974）较早定义并计算了企业的实际税率，并研究了名义税率对企业实际税率的影响。然而，刘孝诚和王景文（1998）指出，由于难以获得企业实际缴纳税费的真实资料，只能通过间接资料和样本企业的个案调查来推算企业的税费负担水平，因此，在早期要准确测算微观企业的税费负担水平是比较困难的。对于 2008 年开始实施的新企业所得税法对企业税费负担的影响，随着上市公司样本数据库的广泛使用，近年来有学者开始从微观视角对其展开深入研究。谭光荣和黄慧（2010）使用我国上市高新技术企业的数据分析新企业所得税法对高新技术企业成长存在的激励效应；李增福（2010）使用上市公司的经验数据研究表明，我国实施新企业所得税法后，上市公司的总体所得税负下降 2.21%，法定税率的降低减轻了企业的实际税负；罗党论和杨玉萍（2011）以上市公司为样本，实证分析了我国实施新企业所得税法前后不同产权和地区之间的企业税费负担差异；Wu等（2012）以我国上市公司的经验数据，研究了名义税率对企业所得税税负的影响。

与现有文献相比，本节主要在如下几个方面有所拓展：首先，我国新企业所得税法的实施时间较短，绝大部分文献使用的数据都只到 2009 年，本节使用 2004～2011 年我国上市公司的相关数据进行实证研究，从而大大增加了样本数，使得分析结果更加可靠。其次，本节综合运用统计分析和计量分析的方法，对我国新企业所得税法与企业税费负担进行深入研究，从而使实证分析的结果更加稳健可靠。最后，现有的文献主要关注新企业所得税法对企业所得税负担的影响，却几乎没有就新企业所得税法对企业所得税以外的其他税种以及全部税费负担的影响进行分析，这直接导致学术界对新企业所得税法的实施效果评估存在很大偏差，因为本节的研究发现，尽管新企业所得税法确实降低了企业所得税税负，但却提高了企业的流转税税负，企业总体上的税费负担并没有降低，反而有一定程度的上升。

二、研究假设

2008 年新企业所得税法改革之前，我国内外资企业适用两套不同的所得税体系，外资企业在名义税率、税前扣除等项目上要比内资企业享受更加优惠的政策，这在一定程度上适应了我国当时吸引外资的需要。但是，随着社会经济的发展，特别是加入世贸组织以后，我国内资企业面临的竞争压力越来越大，内外资企业亟须一个平等的竞争环境，在这样的背景下，我国第十届全国人民代表大会第五次会议于 2007 年审议通过了《中华人民共和国企业所得税法》。与旧企业所得税法相比，新企业所得税法的法律地位进一步提高，纳税主体涵盖了内外资企业，名义税率由 33% 降低到 25%，并对应纳税所得额准予扣除项目的具体支出标准进行更加合理地调整。税费法规体系是影响企业税费缴纳规模的决定性因素，我国目前征收的大小税种共 19 个，列入财政预算的各项政府性基金收费项目近 40 个，企业所得税作为我国企业需要缴纳的一项重要税种，新企业所得税法的出台必然对我国企业各税种的负担产生影响。

从企业总体税费负担来看，尽管新企业所得税法降低了名义税率，但对政府税收收入的宏观数据分析发现，2008～2011 年我国政府的全部税收收入 4 年时间里年均增长 18.3%，始终处于高速增长的态势，Cai（2011）、Spengel 等（2011）、Wang 和 Xing（2012）、陈旭东（2012）等也得出相同的结论，而从小口径的宏观税负来看，政府税收收入占国内生产总值的比重由 2004 年的 15.12% 上升到 2008 年的 17.27%，此后又持续上升到 2011 年的 18.98%。再回到微观的视角，由于企业是政府财政收入的主要来源，根据我国政府税收收入的宏观变化趋势，本节提出假设 1：实施新企业所得税法以后，我国企业所承担的总体税费负担有可能上升，或者至少保持不变。

对于企业所得税而言，随着企业所得税法定税率的降低，企业的所得税负将会下降。企业当年度缴纳的所得税总额由名义税率乘以应纳税所得额计算得到，我国实施新企业所得税法后，内资企业的名义税率降低了 8%，应纳税所得额的扣除标准也更加合理，并取消了许多地区性优惠政策。因此，我国实施新企业所得税法以后，尽管企业应纳税所得额的增减变化并不确定，但名义税率的大幅降低必然在一定程度上减轻我国企业所得税负担，李增福（2010）、梁东黎和刘和东（2012）等从宏观视角得出了类似的结论。基于此，本节提出假设 2：实施新企业所得税法以后，我国企业的所得税税负降低。

如果本节的假设 1 和假设 2 成立的话，我国政府必然需要从其他税种收入增长中获得企业所得税收入减少的补偿，以保持政府总体税收收入水平的稳定。流转税是我国政府财政收入的重要组成部分，尽管我国流转税政策保持了相对稳定，但税收征管也是影响政府税收收入的重要因素，如吕冰洋和郭庆旺（2011）以税务机关的税收能力和税收努力来解释我国税收收入的高速增长，税务机关可以调整自身的税收努力程度来获得更多的流转税收入。

因此本节提出假设 3：实施新企业所得税法以后，我国企业的流转税税负上升。

三、研究设计

（一）模型设定

根据上述理论分析，构建如下计量模型检验本节提出的研究假设：

$$Tax = \alpha + \beta_1 Newtax + \beta_2 State + \beta_3 Profit + \beta_4 Revenue +$$

$$\beta_5 \ln size + \beta_6 (\ln size)2 + \sum_{i=2}^{12} \delta_i Trade_{2-12} + \varepsilon \qquad (2.1)$$

在式（2.1）中，*Tax* 是被解释变量企业税费负担，上市公司分别在现金流量表中报告"支付的各项税费"，利润表中报告"所得税费用"和"营业税金及附加"等三个企业税费负担数据。其中，"支付的各项税费"指的是企业经营过程中产生的包括所得税、增值税、营业税、消费税等在内的所有税费总额，"所得税费用"指的是企业当年度缴纳的所得税总额，"营业税金及附加"指的是企业当年度缴纳的营业税、消费税、城建税、教育费附加、土地增值税等税费总额。因此，本节构建如下三个指标来反映企业当年度的税费负担水平：各项税费比重 *Alltax*，它由企业当年度支付的各项税费除以营业总收入计算得到；企业所得税税负 *Incometax*，它由企业当年度缴纳的所得税费用除以利润总额计算得到；营业税金及附加比重 *Revenuetax*，它由企业当年度缴纳的营业税金及附加除以营业总收入计算得到。

我国从 2008 年起开始实施新企业所得税法，实现内资企业与外资企业所得税法的合并，将名义税率从原先的 33% 降低到现在的 25%，并提高和完善了各项税前扣除标准，因此本节的核心解释变量是新企业所得税法实施 *Newtax*，它实际上是一个年度哑变量，在 2008 年以前该变量值为 0，2008 年及以后该变量值为 1，该变量系数 β_1 可以反映实施新企业所得税法后我国企业税费负担水平的变化情况，根据本节的研究假设，当被解释变量为 *Incometax* 时，β_1 的符号预期为负，当被解释变量为 *Alltax* 和 *Revenuetax* 时，β_1 的符号预期为正。

为了获得更加稳健的估计结果，参照吴联生（2009）、罗党论和杨玉萍（2011）等文献，本节在模型中加入如下控制变量：国有股权比重 *State*，它由企业的国有股股数除以总股数计算得到，国有企业在政府筹集财政收入过程中扮演着非常重要的角色，本节预计其符号为正，即国有股权比重越高的企业税费负担越重；利润率 *Profit*，它由企业的利润总额除以营业总收入计算得到，反映了企业的盈利能力，一般而言盈利能力越强的企业承担的税费负担越重，因此本节预计其符号为正；营业总收入比重 *Revenue*，它由企业的营业总收入除以资产总额计算得到，衡量的是企业总资产的周转率水平，一般而言营业总收入比重越高的企业，全部资产经营质量和利用效率越高，从而由于规模效应的存在，企业承担的税费负担水平越低，因此预期其符号为负；资产负债率 *Debt*，它由企业负债总额除以资产总额计算得到，由于负债的利息具有税盾效应，资产负债率水平高的企业可以通过利息抵税的方式降低税负水平，因此预计其符号为负；资产总额对数 ln*size*，它由企业资产总额取对数得到，用以衡量企业规模大小；为了考察企业税费负担与企业规模是否存在非线性关系，本节进一步引入 ln*size* 的二次项作为控制变量，预期符号不确定；此外，按照证监会的行业分类标准，我国 A 股上市公司共分成 13 个行业类别，剔除金融保险业企业样本，剩余样本可以分成 12 个行业类别，由于我国各行业间的税费负担有着很大差异，因此本节以农林牧渔业作为基准行业类别，在此基础上引入 11 个行业哑变量，以控制行业差异对企业税费负担的影响。

（二）样本选择

为了检验我国新企业所得税法实施前后企业税费负担的变化情况，选取 2004 ~ 2011 年我国沪深 A 股上市公司作为样本，并对样本数据作如下处理：（1）由于金融保险类企业的资产结构、会计准则等与其他企业不同，所以按照研究惯例剔除 37 家金融保险类公司数据；（2）将所得税费用小于零、利润总额小于零、资不抵债的样本企业作为反常样本剔除；（3）企业实际数据会由于各种原因出现极端值，这将严重破坏统计与计量分析的稳健性，因此对所有连续变量左右两端各 1% 的数值进行 Winsor 缩尾处理。本节使用的数据全部来自国泰安 CSMAR 系列数据库，经过上述处理，各年度的样本数量如表 2 - 1 所示。

表 2 - 1　　　　　　　　　**2004 ~ 2011 年度样本数**　　　　　　　单位：家

	2004 年	2005 年	2006 年	2007 年	2008 年	2009 年	2010 年	2011 年
样本数	1342	1296	1572	1904	1960	2196	2290	2195

四、实证结果分析

(一) 样本数据统计分析

通过对样本数据的统计分析，可以获得新企业所得税法实施前后企业税费负担的直观感受，表 2 - 2 显示了各变量的描述性统计结果。

表 2 - 2　　　　　　　　　　变量的描述性统计

变量	变量解释	平均值	最大值	最小值	标准差
Alltax	各项税费比重（%）	7.77	33.68	0.41	5.75
Incometax	企业所得税税负（%）	20.08	76.67	0.00	13.14
Revenuetax	营业税金及附加比重（%）	1.53	13.75	0.00	2.42
Newtax	新企业所得税法实施（数值）	0.59	1.00	0.00	0.49
State	国有股权比重（%）	19.88	75.00	0.00	24.32
Profit	利润率（%）	14.00	90.74	0.00	13.45
Revenue	营业总收入比重（%）	78.04	280.90	2.33	51.93
Debt	资产负债率（%）	47.07	99.00	5.22	19.48
lnsize	资产总额对数（数值）	21.26	26.12	18.01	1.37

注：尽管 *Alltax*、*Incometax* 和 *Revenuetax* 三个变量计算公式的分子都是企业缴纳的各项税费规模，但为了使变量更具经济含义，*Incometax* 计算公式的分母是利润总额，*Alltax* 和 *Revenuetax* 计算公式的分母是营业总收入，因此它们在数值上并不具有直接可比性。

从表 2 - 2 可以看到，我国上市公司 2004 ~ 2011 年各项税费比重 *Alltax* 平均为 7.77%，企业所得税税负 *Incometax* 平均为 20.08%，营业税金及附加比重 *Revenuetax* 平均为 1.53%，尽管本节已经对数据进行了 winsor 缩尾处理，但不同企业税费负担水平的差异还是非常大，如 *Incometax* 的最大值为 76.67%，超过了所得税名义税率，主要原因是上市公司往往拥有许多子公司，不同下属企业的盈亏水平不一，而财务报表是所有企业的合并报表，这导致不同下属企业的盈亏相抵，从而使 *Incometax* 值超出了名义税率值。核心解释变量 *Newtax* 的平均值为 0.59，表明有 59% 的观测样本来自新企业所得税法实施以后，而其他解释变量在不同企业间的差异也非常大。

由于主要考察的是实施新企业所得税法对企业税费负担的影响，所以须进一步对企业承担的税费负担从时间和行业两个维度进行更为详细的描述性统计分析。表 2 - 3 显示的是我国 2004 ~ 2011 年上市公司税费负担水平的变化情况。

表2-3　　　　　　我国2004~2011年上市公司税费负担水平　　　　单位:%

变量	2004年	2005年	2006年	2007年	2008年	2009年	2010年	2011年
Alltax	7.41	7.49	7.30	7.55	8.33	8.09	7.65	8.00
Incometax	22.93	23.91	22.32	20.69	18.49	18.41	18.31	19.09
Revenuetax	1.35	1.36	1.40	1.47	1.52	1.60	1.63	1.75

从表2-3可以看到，各项税费比重Alltax在2008年时达到最高值，尽管此后稍微有所下降，但都明显高于2008年以前的水平；在实施新企业所得税法以前，我国上市公司企业所得税税负都保持在20%以上，而在2008年实施新企业所得税法后，Incometax立刻降低到18.49%，此后保持相对稳定，不过与名义税率从33%降到25%相比，Incometax的实际降幅有限；营业税金及附加比重Revenuetax则从2004~2011年一直保持着缓慢上升的态势。因此，根据表2-3数据可以发现，尽管我国实施新企业所得税法降低了企业所得税负担，但政府转而通过增加其他税费来提高自身的财政收入，在总体上提高了企业的税费负担。

为了比较新企业所得税法实施前后各行业税费负担差异，表2-4报告了2004~2007年、2008~2011年两个时间段里我国上市公司分行业的平均税费负担情况。

表2-4　　　　我国2004~2011年上市公司分行业税费负担水平　　　单位:%

变量	2004~2007年平均			2008~2011年平均		
	Alltax	Incometax	Revenuetax	Alltax	Incometax	Revenuetax
农林牧渔业	2.91	11.49	0.53	3.14	9.91	0.79
采掘业	13.25	25.06	1.73	14.34	21.87	2.18
制造业	6.83	21.11	0.82	7.30	17.38	0.81
电煤水的生产和供应业	12.38	23.11	0.98	10.08	22.53	1.18
建筑业	4.51	25.70	2.67	4.72	22.41	2.86
交通运输仓储业	10.64	22.10	3.09	9.55	20.56	3.01
信息技术业	6.44	15.86	1.07	8.16	13.96	1.61
批发和零售贸易业	4.30	30.55	0.83	5.30	25.11	1.17
金融保险业	14.79	27.10	6.64	19.43	21.47	5.93
房地产业	12.22	29.87	6.31	15.80	27.24	8.86
社会服务业	9.84	24.48	3.34	9.61	20.25	3.11

续表

变量	2004~2007 年平均			2008~2011 年平均		
	Alltax	*Incometax*	*Revenuetax*	*Alltax*	*Incometax*	*Revenuetax*
传播与文化产业	9.17	21.07	2.57	7.08	13.49	2.66
综合类	6.99	28.20	2.23	9.36	25.66	3.74
各行业平均	7.54	22.34	1.48	8.19	18.62	1.70

注：为了行业间税费负担比较的完整性，本表保留了金融保险业的相关数据。

从表 2-4 可以看到，就各项税费比重 *Alltax* 而言，电煤水的生产和供应业、交通运输仓储业、社会服务业、传播与文化产业有所降低，而其他行业都有不同幅度的上升，其中金融保险业、房地产业的上升幅度较大。就企业所得税税负 *Incometax* 而言，实施新企业所得税法以后，*Incometax* 在各个行业都有不同程度的下降，其中传播与文化业、金融保险业、批发和零售贸易业的下降幅度最大；就营业税金及附加比重 *Revenuetax* 而言，除个别行业外，绝大部分行业的 *Revenuetax* 都有不同程度的提高，其中房地产业、综合类两个行业的提高幅度最大；从样本数据的统计分析结果来看，本节提出的假设1、假设 2 和假设 3 得到了经验数据的初步验证。

(二) 模型回归结果分析

对于估计模型的选择，由于本节使用 2004~2011 年我国上市公司的数据，具有横截面很大，但时间序列相对较短的特点，因此首先参照吴联生 (2009)、吴文锋和吴冲锋 (2009) 等的做法建立多元线性回归模型作为基准模型，在此基础上为了进一步充分利用数据信息，建立面板数据个体效应模型作为扩展模型。但是，由于数据的短面板特性，无论哪一种模型，普通的 OLS 估计方法都可能存在异方差问题，而且可能存在的扰动项自相关问题，都将会导致用普通标准误计算的 t 检验失效。因此本节使用稳健标准误，它无需假定扰动项不相关或异方差就能计算得到，可以获得更为有效的估计结果。表 2-5 报告了模型的回归结果。

在表 2-5 中，模型 1、模型 3 和模型 5 是多元线性回归模型的估计结果，F 检验显示固定效应模型要优于多元线性回归模型，但本节仍保留多元线性回归模型的结果作为对照；模型 2、模型 4 和模型 6 是面板数据固定效应模型的估计结果，Hausman 检验的结果显示，在固定效应和随机效应模型中，应该选择固定效应模型。结合 F 检验和 Hausman 检验的结果，本节选择固定效

表 2 - 5   模型回归结果

变量	Alltax		Incometax		Revenuetax	
	模型 1	模型 2	模型 3	模型 4	模型 5	模型 6
$Newtax$	-0.097 (-0.95)	0.414 *** (3.61)	-2.975 *** (-9.93)	-2.531 *** (-5.56)	0.265 *** (6.03)	0.331 *** (6.75)
$State$	0.006 *** (2.90)	0.004 (1.42)	0.001 (0.21)	0.009 (0.90)	0.003 *** (3.16)	0.002 (1.54)
$Profit$	0.183 *** (24.33)	0.114 *** (10.44)	-0.170 *** (-13.23)	-0.257 *** (-10.42)	0.033 *** (12.33)	0.018 *** (4.16)
$Revenue$	-0.024 *** (-26.66)	-0.025 *** (-9.43)	-0.005 * (-1.66)	-0.018 ** (-2.35)	-0.006 *** (-15.46)	-0.004 *** (-4.56)
$Debt$	-0.010 *** (-3.02)	-0.025 *** (-4.18)	0.080 *** (8.98)	0.055 *** (2.80)	0.009 *** (7.17)	0.001 (0.29)
$\ln size$	-0.413 (-0.55)	2.053 (0.84)	-1.244 (-1.22)	-0.818 (-0.24)	-1.879 *** (-5.41)	-1.865 ** (-2.38)
$\ln size^2$	0.013 (0.78)	-0.051 (-0.91)	0.010 (0.44)	0.024 (0.33)	0.044 *** (5.62)	0.047 *** (2.68)
C	10.267 (1.22)	-11.760 (-0.44)	49.196 *** (4.13)	29.38 (0.76)	22.21 *** (5.75)	20.097 ** (2.30)
行业效应	控制	控制	控制	控制	控制	控制
模型选择检验	6.68 ***	210.62 ***	2.80 ***	122.93 ***	9.76 ***	243.53 ***
R^2	0.423	0.376	0.127	0.048	0.416	0.432
估计方法	OLS + 稳健 标准差	固定效应 + 稳健标准差	OLS + 稳健 标准差	固定效应 + 稳健标准差	OLS + 稳健 标准差	固定效应 + 稳健标准差

注：*** 、** 、* 分别表示系数在 0.01、0.05、0.1 的显著性水平上显著。"模型选择检验"一栏中，多元线性回归模型报告的是 F 检验结果，面板数据模型报告的是 Hausman 检验结果。

应模型的估计结果进行解释。模型 2 报告的是当被解释变量为各项税费比重 *Alltax* 时变量系数的估计结果，*Newtax* 的系数为 0.414，且在 0.01 的显著性水平上显著，因此，实施新企业所得税法以后，我国企业的总体税费负担水平有一定程度的上升，本节提出的假设 1 得到了计量模型结果的进一步验证。模型 4 报告的是当被解释变量为企业所得税税负 *Incometax* 时变量系数的估计结果，*Newtax* 的系数为 -2.531，且在 0.01 的显著性水平上显著，这表明在实施新企业所得税法后，我国企业的所得税税负显著降低，这与本节统计分析的结果一致，也进一步验证了本节提出的假设 2。模型 6 报告的是当被解释变量为营业税金及附加比重 *Revenuetax* 时变量系数的估计结果，*Newtax* 的系数为 0. 331，且在 0. 01 的显著性水平上显著，这表明我国实施新企业所得税法后，政府为了弥补企业所得税收入的减少，通过增加流转税的方式来保持自身财力水平的稳定，从而导致企业营业税金及附加比重提高，因此本节提出的假设 3 得到了验证。

在面板数据固定效应模型中，控制变量的系数估计结果显示，国有股权 *State* 对企业的税费负担水平影响不显著。企业的利润率 *Profit* 与 *Incometax* 显著负相关，表明利润率高的企业所得税负担水平反而越低，*Profit* 与 *Revenuetax*、*Alltax* 显著正相关，则与本节预期符号一致。营业总收入比重 *Revenue* 的系数符号显著为负，表明由于规模效应的存在，全部资产经营质量和利用效率越高的企业，承担的税费负担水平越低。资产负债率 *Debt* 的系数符号不稳定，它与 *Alltax* 显著负相关，与 *Incometax* 显著正相关，与 *Revenuetax* 不相关，可能的原因是负债的税盾作用只对企业所得税负担起作用。当被解释变量为 *Revenuetax* 时，资产总额对数 ln*size* 的一次项系数显著为负，二次项系数显著为正，这表明企业规模与企业流转税负担水平呈非线性关系，具体来说两者间呈现一种 U 形关系。

（三）进一步讨论

本节主要研究实施新企业所得税法对企业税费负担水平的影响，为了获得更加稳健的实证结果，本节选取普遍采用的 0. 1、0. 25、0. 5、0. 75、0. 9 五个分位数，对模型进行分位数回归，以考察实施新企业所得税法对不同税费负担水平的企业在影响上的差异，表 2 - 6 显示了分位数回归的结果。

表 2 - 6　　　　　　　　　　　　　分位数回归结果

被解释变量	解释变量	分位数				
		0. 1	0. 25	0. 5	0. 75	0. 9
Alltax	*Newtax*	- 0. 009 (- 0. 13)	0. 012 (0. 17)	- 0. 271 *** (- 3. 49)	- 0. 283 *** (- 2. 73)	- 0. 131 (- 1. 00)
Incometax	*Newtax*	0. 773 ** (2. 13)	0. 301 (1. 24)	- 2. 613 *** (- 12. 58)	- 7. 173 *** (- 22. 24)	- 7. 33 *** (- 10. 50)

续表

被解释变量	解释变量	分位数				
		0.1	0.25	0.5	0.75	0.9
Revenuetax	*Newtax*	0.022 **	0.019 **	0.042 ***	0.097 ***	0.238 ***
		(2.21)	(2.48)	(3.15)	(3.36)	(2.68)

注：***、**、*分别表示系数在0.01、0.05、0.1的显著性水平上显著。

从表2-6可以看到，*Newtax* 对各项税费比重 *Alltax* 的分位数回归结果中，只有当分位数为0.5和0.75时，*Newtax* 的系数显著为负，而其他分位数结果都不显著，但在表2-5的结果却显示 *Newtax* 在总体上与 *Alltax* 正相关，可能的原因是由于随着处于不同分位数样本的加入，*Newtax* 的估计系数随之发生了改变，即 *Newtax* 对 *Alltax* 的估计结果可能不够稳健。*Newtax* 对企业所得税税负 *Incometax* 的分位数回归结果中，随着分位数的增加，*Newtax* 的系数逐渐由正变为负，且系数的绝对值逐渐增大，这表明新企业所得税法的实施提高了 *Incometax* 较低企业的所得税负担，但降低了 *Incometax* 较高企业的所得税负担，并且 *Incometax* 越高则减税效果越明显，从而使不同企业的所得税负担水平趋同。*Newtax* 对营业税金及附加比重 *Revenuetax* 的分位数回归结果显示，在所有的分位数中，*Newtax* 的系数都显著为正，这表明实施新企业所得税法显著提高了所有分位数水平的企业营业税金及附加比重。

五、简要的结论

本节使用我国上市公司的微观数据，就我国实施新企业所得税法对企业税费负担的影响进行统计与计量分析。从统计分析结果来看，实施新企业所得税法以后，我国上市公司的企业所得税税负有所降低，但各项税费比重和营业税金及附加比重都有一定程度的提高，并且新企业所得税法对企业税费负担的影响在不同行业有较大差异。从计量分析结果来看，新企业所得税法的实施导致我国上市公司企业所得税税负水平显著降低，总体税费负担水平和流转税负水平都在一定程度上显著地提高，并且从分位数回归的结果来看，新企业所得税法的实施对不同税费负担的企业所承担的税费负担水平也有着明显差异。因此，本节提出的假设1、假设2和假设3都得到了经验数据的支持，而本节对其他控制变量所预期的系数符号也基本上得到了实证结果的验证。

本节的政策含义有：（1）从统计分析和计量分析结果中可以看到，实施新企业所得税法以后，我国上市公司总体上企业所得税税负有所下降，但从分位数回归结果来看，新企业所得税法显著降低了企业所得税税负较高的企业的所得税税负水平，提高了所得税税负较低的企业的所得税税负水平，从而使企业所得税在不同企业间的负担水平更加均衡。因此，我国新企业所得税法的减税效果显著，对不同企业的所得税税负调整效果合理，应该继续坚持并完善当前的企业所得税制度。（2）从统计分析和计量分析结果中可以发现，尽管新企业所得税法的实施降低了企业的所得税税负，但企业的营业税金及附加比重和各项税费比重却都有了不同程度的上升，这表明我国的新企业所得税法改革实际上是在保持企业整体税费负担不变或增加的前提下实施的。因此，在当前结构性减税的大背景下，我国在实施新企业所得税法的同时，应该注意保持企业其他方面税费负担的稳定，进而减轻企业总体税费负担，促进企业进一步发展。

（原载《财贸研究》2013 年第 5 期）

第二节 增值税转型对电力行业的影响分析

我国实行的是以流转税为主体的税制模式，增值税自开征以来一直是我国的第一大税种，其规模历年来都占到全国税收收入的 30% ~ 40%。可以说增值税是我国目前最重要的一个税种，对增值税的任何变动都会对我国整个税收体系及国民经济的各个主体带来深远影响。《中华人民共和国增值税暂行条例（修订草案）》自 2009 年 1 月 1 日起在全国范围内统一实行，这次改革的主要内容有：允许企业抵扣新购入设备所含的增值税，将矿产品增值税税率恢复到 17%，将小规模纳税人的增值税征收率统一调低至 3%。可以说这次增值税改革的力度非常大，对国民经济的影响也非常深远，电力行业属于资金密集型行业，由于行业自身的特点，增值税转型对电力行业的影响较其他行业来说尤为深远。

一、我国电力行业固定资产投资的特点

（一）固定资产投资规模大

电力行业最大的特点是单个项目固定资产投资规模巨大，往往达到几亿

甚至几十亿元的水平,像长江三峡这样浩大的工程更是达到了 1800 亿元左右的投资规模。由于单个项目固定资产投资规模巨大,加总起来整个行业的固定资产投资规模更是一个非常庞大的数字,如 2008 年我国整个电力行业固定资产投资达到 9045.4 亿元,占我国当年总固定资产投资的 6.1%。

(二) 电源投资与电网投资的不均衡

电力行业可以分为从事发电的电源行业和从事电力输送的电网行业,这两个行业是相辅相成的,电源行业生产的电力需要通过电网行业的输送渠道到达用户手中,一定规模的发电量需要一定规模的电网设施予以匹配。但是在实际投资过程中我国对电源行业和电网行业的投资却不具有均衡性。据了解,"八五""九五""十五"期间,我国电网投资分别仅占全部电力投资的13.7%、37.3% 和 30%,远远低于发达国家电网投资占 50% 以上比重的平均水平。历年来电源投资远远超过电网投资的直接后果是我国电网设备严重老化,有限的电网设备无法完全满足电力输送的需要,农村等偏远地区的电价普遍偏高甚至用不上电。我国电源投资与电网投资的失衡正引起相关部门的重视,近年来逐渐采取措施加强对电网的投资,从而使电力行业的投资重点逐渐向电网行业转移。根据中国电力企业联合会的统计数据,我国 2008 年完成电力基本建设投资总额达 5763.3 亿元,其中电网投资 2884.6 亿元,同比增长 17.7%,电源投资 2878.7 亿元,同比下降 10.8%,电网投资总额首度超过了电源投资总额。可以预见,未来几年我国电力行业投资中电网投资所占的比重会越来越高,形成电源投资与电网投资新的不均衡。

(三) 火电投资与水电投资的不均衡

根据发电能源的种类,电源又可以分为火电、水电、风电、核电等,一个国家的电源结构与该国的能源结构、地理结构等多方面因素有很大关系。我国有丰富的煤矿资源,这决定了我国电源投资中火电投资必然占到较大的比重。据统计到 2007 年底,我国电力行业发电设备容量达到 7.1 亿千瓦,其中火电发电设备容量为 5.5 亿千瓦,占全部发电设备容量的 77.7%,同期水电发电设备容量为 1.5 亿千瓦,占全部发电设备容量的 20.3%,而其他种类的电力能源发电设备总量仅占全部发电设备总量的 2%。尽管水电是清洁、优质的能源,我国有丰富的水能资源,水电产业也得到国家相关政策的支持,但由于水电是长线投资项目,资金需求量大,并且在投资过程中会伴随着一系列的征地、搬迁、移民等问题，再加上我国丰富的煤炭资源保证了在未来一定时期内以煤为主的能源结构不会轻易改变的现实，所以至少在未来相当长一段时期内我国的电源投资都将会以火电为主的趋势不会改变。

二、增值税转型对我国电力行业的影响

电力行业具有固定资产投资规模大的特点，同时由于我国特殊社会经济环境，还具有电源投资与电网投资的不均衡和火电投资与水电投资的不均衡的特点，因此增值税转型对我国电力行业的影响也会与我国电力行业的特点密切联系，从而表现出与其他行业既有相似也有区别的转型效应。

（一）降低企业税负

我国增值税从生产型向消费型的转变，使得固定资产投资中新购入设备所包含的增值税也可以抵扣，避免了重复征税的问题，有效地减轻企业的增值税负担。同时以增值税为税基征收的城市维护建设税和教育费附加也会相应减少，进一步降低企业的负担。城市维护建设税和教育费附加的减少，企业所得税会随之增加，但由于增值税转型所带来的减税效应要远远高于增税效应，因此总体上来说增值税转型可以较大幅度地降低企业的税收负担，所降低的税收负担总额的计算公式为：

降低的企业税收负担总额＝增值税减收额＋城市维护建设税减收额＋

教育费附加减收额－企业所得税增加额

由于电力行业具有固定资产投资规模大的特点，因此增值税转型所带来的企业税收负担的降低在电力行业表现得尤为明显，如湖北省电力公司从开展增值税试点以来其增值税税负从 2006 年的 5.3% 下降到了 2008 年 4.2%，2007 年下半年到 2008 年底增值税累计退税 8 亿元。

（二）改善企业现金流，提高企业账面利润

增值税转变为消费型以后企业可以将新购设备价款中所包含的增值税额扣除，相当于这部分进项税额进入了企业的运营资金中，企业的现金流得到改善。如 2008 年我国整个电力行业固定资产投资达到 9045.4 亿元，假设这笔固定资产投资所包含的增值税税额都可以抵扣，那么将会使整个电力行业增加运营资金 1537.7 亿元，电力企业的现金流得到极大改善。同时，由于增

值税的抵扣将会使新增固定资产账面价值降低，企业每年计提的折旧费用下降，企业的账面利润随之提升。如国元证券对华能国际和长江电力两家企业的测算表明，增值税转型可以分别提高这两家企业毛利率1.12%和0.74%，分别提高税前利润7.5%和1.1%。

此外，由于我国火电发电设备容量占全部发电设备容量的77.7%，增值税改革中将矿产品增值税税率恢复到17%的改革项目可以有效改善火力企业的现金流状况。如根据招商证券的分析，在燃料成本占发电企业销售收入70%的假设条件下，由于煤炭的增值税税率从13%恢复到17%，电力企业购入煤炭可抵扣的增值税销项税额增加，火电企业实际承担的增值税税额减少，从而使企业的现金流增加2.1%。

（三）有效促进企业固定资产投资

增值税转型由于可以降低企业的税负，减少了企业进行固定资产投资的成本；由于改善企业现金流，并提高企业的账面利润，提高了企业进行固定资产投资的积极性。因此，我国实施增值税转型分别从降低成本和提高积极性两个角度促进了企业的固定资产投资。

根据我国电源投资与电网投资不均衡和火电投资与水电投资不均衡的特点，增值税转型对我国电力行业固定资产投资的促进作用表现得尤为明显。通过对电源投资的测算发现，火电的设备投资大约占火电项目总投资的60%，水电的设备投资大约占水电项目总投资的30%，而电网的设备投资大约占电网项目总投资的70%。由于增值税转型以后新购设备所包含的增值税可以抵扣，这样一来设备投资占总投资的比重越高的电力项目给企业所能带来的利益也就越大。我国在未来一段时期内更多地投资于电网，更多地投资于火电，而电网和火电项目的设备投资占总投资的比重分别为70%和60%，远远高于其他电力项目的投资。因此，增值税转型所带来的促进企业固定资产投资的效应，在我国电力行业的未来投资中会表现得尤为明显。

（四）降低电力造价和定价

增值税从生产型向消费型的转变可以有效降低电力的造价，主要原因是消费型增值税可以抵扣生产设备中包含的增值税，而生产设备是建电力企业最主要的投资之一，如前所述电网和火电项目的设备投资占总投资的比重分别为 70% 和 60%，由于如此高投资比重的设备的增值税可以作为进项税额进行扣除，企业建造新的生产设备的支出大为降低，从而大大降低了电力的造价。此外，在电力企业管理费用、电网运行维护费用等不变的条件下，增值税转型使企业的税负降低，折旧费用降低，企业的账面利润上升，而随着企业现金流的增加，电力企业向银行等金融机构筹资的比重下降，节约相应的利息费用，也能相应地带来电力造价的下降。由于我国当前电力价格还是实行由政府审批的制度，按照电力成本的加成确定电力的价格，增值税转型带来电力成本的下降必然也能随之降低电力的定价，从而带动社会经济的发展，提高居民的生活水平。

三、电力行业积极应对增值税转型的措施

（一）加大投资力度，实现技术升级

电力行业作为国民经济的命脉，对我国社会经济的发展有着非常重要的意义，国家应该加强对电力行业的投资，以技术升级来实现电力行业的跨越式发展。实行增值税改革以来，尽管我国电力行业固定资产投资有了大幅的增长，如 2009 年 1～5 月累计固定资产投资同比增长了 20.5%，摆脱了金融危机以来电力行业固定资产投资增长率远低于 20% 甚至出现负增长的情况。但是我国电力行业固定资产投资占全部社会固定资产投资的比重反而出现了下降的趋势，即使是在金融危机时期我国电力行业固定资产投资占全部社会固定资产投资的比重仍维持在 6.1% 水平，自从 2009 年增值税转型以来该比重却出现了下降的趋势，如 1～5 月该比重降到了 5.6%。这说明我国电力行业的固定资产投资对增值税转型的反应远没有其他行业强烈，国家对电力行业的投资有待于加强。通过加大投资力度，提高电力行业的科技含量，是实现电力行业跨越式发展的必经途径。

（二）注重投资效果

电力行业投资的规模巨大，因此企业在进行投资决策、国家相关部门在进行投资审批的时候必须认真考虑投资的可行性，注重投资的效果，避免重复投资、盲目投资等不必要的浪费。如企业在进行投资决策时，在某些设备设计中设备的安全系数超过设计规范的要求，存在着盲目追求高安全系数的现象，而事实上安全系数并不是越高越好，超过设计规范要求的过高的安全

系数只能带来原材料的浪费，设备生产成本过高，从而导致项目的投资效果欠佳。此外国家在电力投资项目的审批过程中存在着"上大压小"的倾向，也就是盲目地上大项目大工程，一味地压制小项目小工程。尽管大项目大工程可以有效提高电力企业的生产能力，但压制小项目小工程甚至关闭原先存在的小项目小工程必然会带来许多浪费，重复投资严重，从而使企业的投资效果不佳。因此，在增值税转型而进一步加大固定资产投资的情况下，更应该注重投资的效果。

（三）提高管理水平，改善经营状况

电力行业作为影响国民经济发展的重要行业，在我国当前还享受着垄断的地位，电力产品的定价由国家确定，电力项目的投资由国家审批，所以电力行业在绝大多数情况下都会享受高额的垄断利润，行业利润率要远远高于其他自由竞争行业。但是在现实生活中，电力行业的亏损情况还是非常严重的，如电源企业即电力生产企业 2009 年 1 ~ 2 月亏损企业的比重达到了45.2%，亏损企业亏损总额达到 98 亿元；而电网企业即电力供应企业 2009年 1 ~ 2 月亏损企业的比重也达到了 31.1%，亏损企业亏损总额达到 74.3 亿元。处于垄断地位本来应该享有高额的垄断利润的电力企业出现了这么大的亏损面，这和电力企业本身的管理水平有很大的关系，可以说电力企业的亏损大部分原因是企业自身管理不善造成的。在我国当前实行增值税转型的大背景下，降低了企业税负，提高了企业的现金流、账面利润，电力行业应该借此机会努力提高自身的管理水平，降低企业的管理成本，从而提升全行业的经营状况。

（原载《山西财税》2009 年第 10 期）

第三节　中国企业税费负担变化分析

一、引言

企业是国民经济发展的动力源泉，也是政府财政收入的重要承载主体，政府关于企业财税政策的改变直接影响企业税费负担，进而影响国民经济发展水平。一般而言，降低企业税费负担有利于促进企业发展，但也受制于政

府财政收支状况的约束。近年来，我国相继实施了一系列结构性减税政策，其中影响较大的政策举措包括：2008 年开始实施内外资企业的企业所得税两税合并；2009 年开始实施增值税由生产型向消费型全面转型；2012 年实施营业税改征增值税试点。从理论预期和政策目标来讲，上述改革措施有利于降低我国企业的税费负担水平，有助于调整我国企业的税费负担结构。

　　学术界对企业税费负担的研究主要有微观和宏观两个视角。许多研究从宏观视角来分析企业的税费负担，如宋春平（2011）对我国企业所得税总税负的归宿进行一般均衡分析，表明企业承担了 76.94% 的现行企业所得税总负担，并将剩余部分转嫁给劳动者承担；张伦俊和李淑萍（2012）使用统计年鉴公布的相关数据，对我国规模以上工业企业的行业税负进行实证分析，认为我国规模以上工业企业的税费负担偏重；张阳和胡怡建（2006）、梁东黎和刘和东（2012）等也都从宏观视角对我国企业税费负担进行了较为深入的研究。微观视角主要研究个体企业所承担的税费水平，对于个体企业税费水平的衡量，Siegfried（1974）较早定义并计算了企业的实际税率，研究了名义税率对企业实际税率的影响。但是刘孝诚和王景文（1998）指出，由于难以获得企业实际缴纳税费的真实资料，只能通过间接资料和样本企业的个案调查来推算企业的税费负担水平，因此，准确测算企业的税费负担水平是比较困难的。不过，也有部分文献尝试使用各种微观数据，对我国企业的税费负担水平进行实证分析；如刘德英（2008）以 28 家上市房地产企业的财务数据为基础，对我国房地产开发企业的税费负担水平进行实证分析；李增福（2010）使用我国上市公司的经验数据研究表明，我国实施新企业所得税法后，上市公司的总体所得税负担下降 2.21%，即法定税率的降低无疑减轻了企业的实际税负；罗党论和杨玉萍（2011）以上市公司为样本，实证分析了实施新企业所得税法前后不同产权和地区之间的企业税费负担差异；潘孝珍（2013）使用上市公司微观数据的实证研究表明，新企业所得税法的实施确实降低了企业所得税负担，但企业整体上的税费负担却并没有降低，甚至有所上升。

　　实际上，由于宏观层面的企业税费负担水平是对全部企业样本的平均，企业个体的税费负担差异容易因总体的平均而抵消，也就难以实际分析政府的各项税制改革政策对企业个体带来的真实税费负担影响。因此，本节在潘孝珍（2013）研究的基础上，主要使用上市公司微观数据对我国企业税费负担水平进行全面分析，并辅之以国家社科基金重大项目"宏观税负、税负结构与结构性减税研究"课题组 2013 年 10~11 月的调研数据，论证我国实施结构性减税政策给企业税费负担水平带来的实际影响，并进一步分析形成我国当前企业税费负担现状的原因，由此导致的各种经济效应，以及控制我国企业税费负担水平的政策建议。

二、当前我国企业的税费负担状况

（一）企业税费负担指标构造和样本选择

构造恰当的衡量指标，是使用微观数据对企业税费负担水平进行实证分析的基础，由于本节主要使用上市公司财务报表数据，所能构造的指标类型受到企业财务报表制度的影响。目前上市公司分别在利润表中报告"所得税费用"和"营业税金及附加"，在现金流量表中报告"支付的各项税费"等三个与企业税费负担相关的会计科目。其中，"所得税费用"指的是企业当年度缴纳的所得税总额，"营业税金及附加"指的是企业当年度缴纳的营业税、消费税、城建税、教育费附加、土地增值税等税费总额，"支付的各项税费"则是企业经营过程中缴纳的包括所得税、增值税、营业税、消费税等在内的所有税费总额。因此，根据微观数据的可得性，本节构建如下三个指标反映企业当年度的税费负担水平：

$$企业所得税比重 = 所得税费用 \div 营业总收入 \tag{2.2}$$

$$营业税金及附加比重 = 营业税金及附加 \div 营业总收入 \tag{2.3}$$

$$各项税费比重 = 支付的各项税费 \div 营业总收入 \tag{2.4}$$

需要特别指出的是，如果为了使指标更具有经济含义，则式（2.2）的分母可以改为利润总额，从而得到企业所得税实际税率的衡量指标。但是，为了使本节构造的三个反映企业税费负担水平的衡量指标之间具有可比性，将式（2.2）的分母与式（2.3）、式（2.4）保持一致，它们共同反映了作为企业经营成本的税费支出占营业总收入的比重，从而体现政府征收税费的行为给企业经营带来的成本负担。

本节选取 2004~2012 年我国沪深 A 股上市公司作为样本，并对样本数据作如下处理：（1）删除当年度经营亏损，即利润总额小于 0 的企业样本；（2）删除企业所得税比重小于 0 或大于 100 的企业样本；（3）删除营业税金及附加比重或各项税费比重大于 100 的企业样本；（4）由于企业实际数据会因各种原因出现极端值，而这将严重破坏统计分析结果的稳健性，因此，参照研究惯例本节对各指标进行临界值为 0.01 的 winsor 缩尾处理。本部分所使用的数据全部来自国泰安 CSMAR 系列数据库，经过上述处理，各年度的样本数量如表 2 - 7 所示。

表 2 - 7　　　　　　　　　**2004 ~ 2012 年各年度样本数**　　　　　　单位：家

	2004 年	2005 年	2006 年	2007 年	2008 年	2009 年	2010 年	2011 年	2012 年	总计
样本数	1226	1207	1461	1930	1964	2207	2296	2246	2181	16718

可以看出，随着我国上市公司数量的逐年增加，本节所使用的样本数量也随之逐年增加，特别是 2005 ~ 2007 年和 2008 ~ 2009 年，样本数量的增长幅度最为明显。2004 ~ 2012 年全部使用的样本数量为 16718 家企业。

（二）我国企业税费负担的总体状况

1. 我国企业税费负担的平均水平。表 2 - 8 显示的是 2004 ~ 2012 年我国企业税费负担的平均水平，由于 2008 年我国开始遭受国际金融危机的冲击，而一系列结构性减税措施也是在 2008 年以后相继推出，因此，我们将企业税费负担水平分成 2004 ~ 2007 年和 2008 ~ 2012 年两个时间段进行对比分析。

表 2 - 8　　　　　　**2004 ~ 2012 年我国企业税费负担的平均水平**　　　单位:%

	2004 年	2005 年	2006 年	2007 年	2008 年	2009 年	2010 年	2011 年	2012 年
企业所得税比重	2.41	2.38	2.48	2.91	2.35	2.65	2.63	2.68	2.49
营业税金及附加比重	1.41	1.43	1.46	1.55	1.59	1.65	1.67	1.80	1.79
各项税费比重	7.59	7.68	7.45	7.65	8.59	8.30	7.77	8.16	8.26

从表 2 - 8 可以看到，我国企业的企业所得税比重在 2004 年为 2.41%，2004 ~ 2007 年基本上处于上升的趋势，2008 年开始我国企业所得税的名义税率由原来的 33% 降低到 25%，直接导致企业所得税比重由 2007 年的 2.91%降低到 2008 年的 2.35%，降幅达 19%。此后，尽管我国企业所得税的名义税率依然维持在 25% 的水平，但企业所得税比重却在 2009 ~ 2011 年里平均保持在 2.65%的水平，高于新企业所得税法出台前 2004 ~ 2007 年的平均水平。此后，尽管 2012 年我国企业所得税比重的平均值降低到 2.49%，但也始终高于 2004 ~ 2007 年的绝大多数年份。由此可见，尽管 2008 年实施的新企业所得税法降低了名义税率，但企业实际负担的企业所得税比重却并没有

因此降低，甚至还有一定幅度的上升。

从营业税金及附加比重来看，2004 年为 1.41%，此后始终保持上升的趋势，一直上升到 2011 年的 1.80%。由此可见，政府征收的营业税、消费税、城建税、教育费附加、土地增值税等税费给企业带来的成本负担在逐年增加。而且即使是 2008 年遭受国际金融危机冲击的情况下，企业营业税金及附加比重的增长趋势也依旧未变。不过，2012 年该比重略有下降，由 2011 年的 1.80% 下降到 1.79%，其原因可能是由于我国 2012 年开始在部分地区实施营业税改增值税试点。遗憾的是，上市公司财务报表中未报告企业缴纳增值税的相关情况，因此未能就企业的增值税负担展开分析。

从各项税费比重来看，它是企业向政府缴纳的所有税费占营业总收入的比重，是衡量企业税费负担最为关键的指标，而企业所得税比重、营业税金及附加比重都是各项税费比重的组成部分。从表 2 - 8 可以看到，2004 年我国企业各项税费比重为 7.59%，在 2004 ~ 2007 年里基本上稳定在 7.60% 的水平。2008 年是一个较为特殊的年份，国际金融危机对我国经济产生了一定的外部冲击，我国政府为了应对金融危机也仓促出台了一系列减税政策，但从企业微观层面的实证分析可以看到，我国企业的各项税费比重却并没有因此降低，相反，在 2008 年有了较大幅度的提高，即由 2007 年的 7.65% 上升到了 2008 年的 8.59%。此后，在 2008 ~ 2012 年，我国企业的各项税费比重经历了先下降后上升的过程，在 2010 年时降低到 7.77% 的水平，但在 2012 年时又上升到 8.26% 的水平。总体来看，2008 ~ 2012 年我国企业每年的各项税费比重都要高于 2004 ~ 2007 年的水平。因此，我国 2008 年以来实际上经历了一个"结构性增税"的过程，而政策层面所谓的各项结构性减税政策，其实施效果并不理想，其必然结果是：企业税费负担不轻，而政府取走的份额不低。例如，从 2012 年我国企业新增价值额的分配来看，2470 家 A 股上市公司向政府缴纳的各项税费总额达 22230.0 亿元，而同期支付给员工以及为员工支付的现金总额为 17882.8 亿元，企业自身获得的净利润总额为 20797.4 亿元。可见，政府获得的份额不仅高于企业自身获得的份额，也远远高于企业员工获得的份额。

2. 我国企业税费负担的分布情况。企业税费负担的分布情况可以通过核密度图来反映，图 2 - 1、图 2 - 2 和图 2 - 3 分别显示了企业所得税比重、营业税金及附加比重和各项税费比重。本节选择 2004 年、2008 年和 2012 年三个年度画出各衡量指标的核密度图。

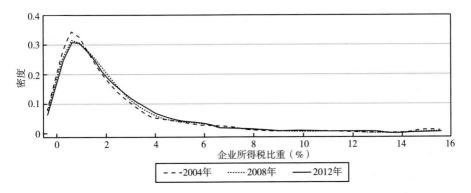

图 2 – 1 企业所得税比重的核密度图

从图 2 – 1 可以看到，2004 年、2008 年和 2012 年的三条核密度图线在形态上非常接近，表明我国企业的企业所得税比重的分布情况在历年里基本上保持一致。从核密度图的总体形态上看，企业所得税比重分布在 0 ~ 16% 的区间，其长长的右拖尾形态表明，我国只有少部分企业的企业所得税比重超过 4%，大部分企业的企业所得税比重都处于 0 ~ 4% 之间。同时，核密度图的波峰位于 1% 左右，表明我国企业的企业所得税比重在 1% 左右的分布最为集中。此外，对比 2004 年和 2012 年的核密度图可以发现，在 0 ~ 1.5% 的区间里，2004 年的核密度图略微高于 2012 年，而在 1.5% ~ 6% 的区间里，2012 年的核密度图略微高于 2004 年，这解释了表 2 – 8 中企业所得税比重在 2012 年略微高于 2004 年的原因。

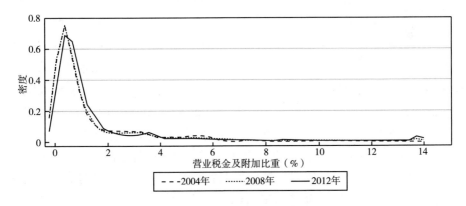

图 2 – 2 营业税金及附加比重的核密度图

从图 2 – 2 可以看到，营业税金及附加比重的形态也非常接近，表明我国企业的营业税金及附加比重的分布情况也历年保持一致。图 2 – 2 中在 0 ~

1.5%的区间里出现一个较为高耸的波峰，表明我国企业的营业税金及附加比重主要集中在此区间，而且波峰最高点出现在0.5%左右，其密度接近0.8，远高于图2-1中波峰最高点的密度0.35，从而表明我国企业的营业税金及附加比重在0.5%左右的集中程度更高。同时，核密度图在1.5%~14%的区间里呈现长长的右拖尾形态，表明仍有少部分企业的营业税金及附加比重较高。对比2004年和2012年的核密度图还可以发现，在0~0.5%的区间里，2004年的核密度图略高于2012年，而在0.5%~2%的区间里，2012年的核密度图略高于2004年，这也解释了表2-8中营业税金及附加比重在2012年略微高于2004年的原因。

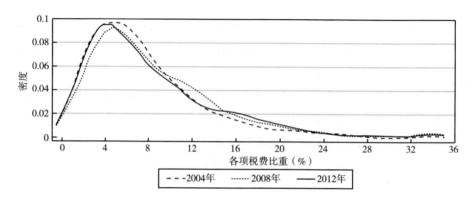

图2-3 各项税费比重的核密度图

由于各项税费比重反映的是企业总体上的税费负担，因此，从图2-3中可以看到，历年的核密度图在0~35%的较大区间里都有分布，表明不同企业的税费负担水平差异较大。从核密度图的形态来看，在0~16%的区间里出现一个较为平缓的波峰，表明我国大部分企业的各项税费比重集中在0~16%的区间，而波峰的最高点出现在5%左右，其密度低于0.1，从而表明我国企业的各项税费比重分布得较为分散。对比2004年和2012年的核密度图可以发现，在0~4%的区间里，2004年和2012年的核密度图几乎完全重合在一起，在4%~12%的区间里，2004年的核密度图略高于2012年，在12%~24%的区间里，2012年的核密度图略高于2004年，由此导致了表2-8中各项税费比重在2012年略高于2004年。

（三）我国企业税费负担的分区域状况

表2-9报告了我国企业税费负担的分区域变化情况，经统计分析，可以

获得各指标2004～2012年所有年份的分区域数据，为节省篇幅，这里只报告2004年、2008年和2012年的数据，大体上反映我国各区域企业税费负担的变化趋势。

表2-9　　　　　　　2004～2012年我国企业税费负担的分区域变化情况　　　　单位:%

地区	企业所得税比重			营业税金及附加比重			各项税费比重		
	2004年	2008年	2012年	2004年	2008年	2012年	2004年	2008年	2012年
东部	2.50	2.39	2.55	1.43	1.56	1.75	7.26	8.15	7.98
东北部	2.28	2.56	2.89	1.55	1.97	2.24	8.16	10.10	9.09
中部	2.58	2.26	2.13	1.07	1.32	1.45	7.98	8.79	7.99
西部	1.98	2.17	2.41	1.59	1.91	2.14	8.16	9.87	9.48

从表2-9可以看到，我国东北部和西部地区的企业所得税比重从2004～2012年呈上升趋势，其中，东北部地区由2.28%上升到2.89%；西部地区由1.98%上升到2.41%；中部地区从2004年的2.58%下降到2012年的2.13%；东部地区则有所波动，但总体上还是呈略微上升的趋势，从2004年的2.50%下降到2008年的2.39%，又上升到2012年的2.55%。可见，总体上看，我国企业所得税在不同区域的变化趋势并不一致。营业税金及附加比重的变化趋势则不同，从2004～2008年再到2012年，我国东部、东北部、中部和西部四个区域的营业税金及附加比重都保持上升趋势。对于各项税费比重来说，我国东部、东北部、中部和西部四个区域的变化趋势保持一致，都是呈现先上升再下降的过程，其最终结果是2012年各区域的各项税费比重都高于2004年。其中，西部地区的上升幅度最大，各项税费比重从2004年的8.16%上升到2012年的9.48%，而且西部地区也是2012年各项税费比重最高的区域。由此可见，尽管我国在实施西部大开发战略过程中，给西部企业提供了大量的税收优惠政策，但其实际实施效果似乎并不理想。

（四）我国企业税费负担的分行业状况

表2-10进一步报告了我国企业税费负担的分行业状况，为节省篇幅，这里同样只报告2004年、2008年和2012年的数据。

从表2-10可以看到，我国不同行业在三个税费负担指标上有着较大差异。就企业所得税比重而言，2012年最高的三个行业依次是金融保险业10.47%、交通运输仓储业5.00%、房地产业4.48%；而最低的三个行业依次是农林牧渔业 1.08%、建筑业 1.91%、批发零售贸易业 2.00%。其中，金融保险业的企业所得税比重是农林牧渔业的 9.69 倍。从 2004 年到 2008 年再到 2012 年，我国采掘业、电煤水生产供应业、交通运输仓储业、社会服务业等行业的企业所得税比重经历了降低的过程，而金融保险业、综合类等行业有所上升，其他大部分行业的企业所得税比重则保持相对稳定。

表 2-10　　　　2004~2012 年我国企业税费负担的分行业变化情况　　　　单位:%

行业	企业所得税比重			营业税金及附加比重			各项税费比重		
	2004 年	2008 年	2012 年	2004 年	2008 年	2012 年	2004 年	2008 年	2012 年
农林牧渔业	1.04	1.26	1.08	0.52	0.75	1.33	3.63	3.92	3.39
采掘业	5.65	4.28	2.98	1.48	2.06	1.95	12.53	13.24	12.70
制造业	1.82	1.90	2.06	0.85	0.88	1.10	7.12	8.00	7.70
电煤水生产供应业	3.57	3.25	2.69	0.97	1.59	1.27	13.44	12.98	9.58
建筑业	1.27	1.23	1.91	2.48	2.84	3.00	4.52	4.85	5.43
交通运输仓储业	6.64	5.26	5.00	3.35	3.07	2.82	11.69	10.15	9.52
信息技术业	1.51	2.16	2.30	0.90	1.72	1.97	5.76	8.64	8.32
批发零售贸易业	1.48	2.05	2.00	0.87	1.59	1.96	4.49	6.86	7.12
金融保险业	8.36	7.67	10.47	6.71	6.28	6.43	12.71	22.39	19.41
房地产业	3.75	5.29	4.48	5.07	8.15	9.30	9.09	14.55	15.72
社会服务业	4.93	3.46	3.36	3.51	3.45	3.21	10.06	10.11	9.12
传播与文化产业	3.81	1.88	3.11	3.43	2.56	2.06	10.55	8.83	7.84
综合类	1.70	3.16	4.09	1.87	3.63	4.05	6.57	8.56	9.73

就营业税金及附加比重而言，2012 年最高的三个行业依次是房地产业 9.30%、金融保险业 6.43%、综合类 4.05%，而最低的三个行业依次是制造业 1.10%、电煤水生产供应业 1.27%、农林牧渔业 1.33%。其中，房地产业的营业税金及附加比重是制造业的 8.45 倍。从 2004 年到 2008 年再到 2012 年，除了交通运输仓储业、金融保险业、社会服务业、传播与文化产业的营业税金及附加比重有所下降外，我国大部分行业的营业税金及附加比重都处于上升的趋势。

就各项税费比重而言，2012 年最高的三个行业依次是金融保险业 19.41%、房地产业 15.72%、采掘业 12.70%，最低的三个行业依次是农林牧渔业 3.39%、建筑业 5.34%、批发零售贸易业 7.12%。其中，金融保险业的各项税费比重是农林牧渔业的 5.73 倍。2004~2008 年，我国除电煤水生产供应业、交通运输仓储业、传播与文化产业外,其他行业的各项税费比重都有所上升;而从 2008～2012 年,除建筑业、批发零售贸易业、房地产业、综合类等行业外,其他大部分行业的各项税费比重都有所降低。可见,从分行业的角度来看,从 2004～2012 年,我国各行业企业所得税比重的结构性调整趋势非常明显,而营业税金及附加比重总体上呈上升趋势,各项税费比重总体上呈先上升后降低的趋势。

(五) 我国企业税费负担的调研观察

国家社会科学基金重大项目"宏观税负、税负结构与结构性减税研究"课题组于 2013 年 10～11 月,对广东、湖南等地的企业税费负担展开实地调研,调研结论与上文使用上市公司得出的结论基本相似。调研显示:从企业来看,除获得较多税收优惠政策的部分高新技术企业,以及实行简易征收办法的"营改增"纳税人和小微企业反映税费负担"不太重""可以承受"外,大多数企业认为近几年税费增长较快。其中,由于新出台收费项目时有增加,原收费项目收费幅度有所提高,并通过新老收费项目大多改由税务机关征收,且捆绑收取的办法,使企业税费负担有所加重。以某地产公司为例,2010 年企业增加值中:股东分配比例为 31%,劳动者分配比例仅为 5%,而政府分配比例高达 62%。从财政机关反映的情况来看,我国地方政府的财权与事权不匹配,导致地方政府对费和债的依赖性在不断增强。以课题组调研的某地级市为例,2008～1012 年税收收入占比分别为 82.69%、82.84%、80.05%、80.01%、76.76%,2013 年 1～9 月进一步下降为 74.25%,与此同时,非税收入占比分别为 17.31%、17.16%、19.95%、19.99%、23.24%,而2013 年 1～9 月进一步升至 25.75%。这一方面造成了企业税费负担加重,另一方面也显示了地方政府财政收入的不规范。

三、我国现行企业税费负担的政府财税面成因分析

从上述实证分析中可以看到,我国企业税费负担水平在 2004～2012 年并没有下降,特别是在 2008 年爆发国际金融危机,我国政府出台一系列结构性减税政策以来,企业税费负担非但没有明显下降,反而在总体上高于2004～2007 年的水平。究其原因,从政府财税面来看,主要包括如下几个方面。

(一) 税制结构长期过分倚重流转税

为了适应税务机关税收征管能力较为薄弱的现实约束，我国的税制结构过分倚重流转税，从而使流转税一直以来成为我国政府税收收入的主要来源。2013 年我国政府实现税收收入 110497 亿元，其中国内增值税 28803 亿元、消费税 8230 亿元、营业税 17217 亿元，仅这三项主要的流转税收入就占当年度政府全部税收收入的 49.1%。企业是流转税的直接纳税主体，税制结构对于流转税的过分依赖，必然进一步加重企业的税费负担。当然，流转税从理论上讲是可以转嫁的，但在现实经济生活中，企业对于流转税的转嫁能力却受到产品的供给与需求弹性、产品市场的竞争程度等多方面的影响。特别是，企业对于流转税的转嫁是通过提高商品价格实现的，而在激烈的市场竞争中，产品价格的提高将会导致消费者对于本企业产品消费的减少，进而影响企业的生存发展。因此，在我国当前过分倚重流转税的税制结构没有改变的情况下，即使政府出台了一系列的结构性减税政策，企业的税费负担水平依然难以有实质性的降低。

(二) 我国税制设计整体上具有"宽打窄用"特征

在经济形势不佳时，税收收入反而增加，一个重要的原因经常表现为，我国税制设计整体上呈现的"宽打窄用"特征，即通常对各税种设定较宽的税基和较高的税率，但实际操作中又并未按照税法规定严格进行征收，前者主要是由于税收征管能力较为薄弱的现实约束，而后者则是基于企业税负承受能力的考虑。但问题是，经过多年的税收征管能力建设，加上国际金融危机后实施积极财政政策以来，政府的财政支出压力不断加大，在现行税制下，企业的税负水平将会越来越重，而税负弹性却会越来越小。税务机关在经济形势比较好、税收增长任务能够顺利完成的时候，就放松税收征管工作，在经济形势比较差、税收增长任务完成比较困难的时候，就加强税收征管工作。我国税制体系"宽打窄用"的直接后果是，政府税收收入的增长潜力巨大，如我国政府税收收入增长率在 2004 ~ 2007 年依次为 20.72%、19.09%、20.94%、31.08%；2008 ~ 2012 年尽管有所降低，但也依次达到了 18.85%、9.77%、23.00%、22.58%、12.12%，高速增长的政府税收收入意味着沉重的企业税费负担水平。

（三）中央政府与地方政府间的财权分配不合理

我国中央与地方政府间的财权分配关系中，财权大量地集中在中央政府，地方政府获得的财政收入难以满足其实际支出需要，导致地方政府对本级税收收入增长的需求非常迫切，各级地方政府在本级税收收入的增长指标上存在层层加码的现象非常普遍。如我国各级地方政府 2012 年实现财政收入 61078.29 亿元，而当年度的财政支出达到 107188.34 亿元，财政收支缺口达 46110.05 亿元，地方政府的财政自给率仅为 56.98%。各级地方政府庞大的财政收支缺口主要依靠中央政府的财政转移支付进行补充，这不仅导致地方政府对中央政府的高度依赖，也直接导致地方政府有极大的积极性来扩张本级财政收入。其途径主要有两种：一种是有形的收入，包括土地出让金收入和通过地方融资平台获得负债收入；另一种是无形的收入，主要是指加大本级政府的税收征管力度，使本级政府获得更多的财政收入。尽管一般难以区分政府加大税收征管力度而增加的税款收入规模，但由于我国政府财政收入主要来源于企业，并最终直接表现为企业税费负担水平的提高。因此，应该说我国当前较重的企业税费负担水平与我国中央政府和地方政府间的财权分配不合理有着一定的直接关系。

（四）政府财政支出具有刚性

对一个国家来说，政府财政支出规模的降低，将会为本国政府降低企业税费负担提供潜在空间；相反，如果一国政府的财政支出规模处于持续上升的趋势，那么其后果必然是提高本国企业的税费负担水平。从我国来看，2008 年以来，我国相继出台了一系列结构性减税措施，但却没有对政府的财政支出规模进行相应的压缩，甚至国际金融危机冲击之初的两年，政府的积极财政政策主要是通过加大财政支出力度实现的，由此税收的增收压力不断加大，这无疑也是任何单方面减税政策都难以取得实质性进展的更为直接的原因。从总体上看，我国 2008～2012 年的财政支出增长率要明显高于 2004～2007 年，而财政支出的高速增长必然带来企业税费负担的加重，在现有的税制结构下，这也是形成我国当前企业税费负担状况的重要原因。不过，课题组调研发现，许多政府部门在账面上挂着大量的财政资金而无法安排用途，也说明我国已经在一定程度上实现了让政府过"紧日子"的目标，这将为我国降低企业税费负担创造有利条件。因此，如何逐步软化政府财政支出的刚性，并由此带动企业税费负担水平的实质性降低，是我国当前实施结构性减税政策所需要考虑的。

四、我国当前企业税费负担状况的影响

（一）企业难以做大做强

企业是我国政府财政收入的主要来源，从前述分析中可以看到，我国企业承受着较重的税费负担水平，这将严重阻碍企业在激烈的市场竞争中做大做强。所得税和流转税是我国企业缴纳的两个主要税类，其中，所得税是对企业的经营利润征税，它直接影响企业扩大再生产、技术革新和研发能力；而高额流转税的存在，使企业在生产经营过程中的每一次交易，都需要大量的现金支出，影响企业的资金流，并大量占压企业资金。如进口环节的高税负，使从事进口的企业被长期占压大量资金，而出口退税的不及时，同样大量占压出口企业的资金，且其资金压力之大非一般企业可以承受。在我国当前宏观经济形势依旧不容乐观，企业招工难、开拓市场难、守住市场份额难等诸多困难并存的情况下，高税费负担必然进一步加剧企业的生产经营困难，更难言做大做强。

（二）推高商品价格，制约消费的增长

在我国当前的税制结构下，企业作为法人组织，只是社会最终产品的生产者而非消费者，企业在产品生产过程中承受的各种税费负担，必然通过社会产品的流通过程转嫁给消费者，即消费者是企业税费负担的最终承担主体。我国政府流转税收入占全部税收收入的份额高达70%，政府全部税收收入直接向企业征收的税款高达90%以上，这些都无疑在整体上推高了商品价格。以房地产企业为例，在部分落后地区的地方政府收入中，由房地产提供的直接或间接收入占比甚至高达80%，本课题组调研的部分大型房地产企业给出的数据显示，企业销售商品房获得的每100元收入中，有52元甚至更多是向政府缴纳的包括土地出让金在内的各种税费。而如此高的税费负担比重，必然加剧房地产价格的上涨，进而制约消费的增长。

（三）结构性减税政策的初衷难以实现

为了应对国际金融危机的冲击，我国从2008年底开始实施扩张性财政政

策，当年度的中央经济工作会议明确提出要实施结构性减税，此后我国相继出台了一系列以促进就业、促进区域经济发展、促进节能减排、促进中小企业发展、促进农村经济发展、促进科技进步、促进税负结构调整等为目标的结构性减税政策。自 2012 年初开始试点的"营改增"，是我国近两年推出的最为重要的结构性减税措施之一，其主要目标是在保证增值税规范运行的前提下，较好地解决重复征税，切实减轻企业税负，推动产业结构调整，促进经济平稳增长。但从实际运行情况来看，部分领域或行业的企业减负情况并不理想。从湖北省试点运行 6 个月的情况来看，交通运输业一般纳税人税负增加者占交通运输业一般纳税人户数的比重为 30.53%，接近 1/3，而税负增加的直接原因就在于可抵扣的进项税额较少。调研显示，试点企业，尤其是交通运输企业大多存在难以取得、难以便利取得或难以及时取得合规专用发票的问题。而对零售业来说，部分农产品的免税也未给企业和居民带来实际利益。

（四）税收征纳双方的矛盾加深

2008 年以来我国经济增长速度下降明显，2008～2013 年国内生产总值的增长率依次为 9.6%、9.2%、10.4%、9.3%、7.7%、7.7%，而此前 2004～2007 年依次为 10.1%、11.3%、12.7%、14.2%，可以说，自 2008 年国际金融危机过去 6 年后，我国不仅没有走出国际金融危机的阴影，反而经济下行的压力越来越大。经济增长速度的下降，必然导致税收增速趋缓，于是税务机关的税收征管压力日益加大，为此，地方税务机关在加强税收征管力度的同时，大多加大了收费的力度及其收费管理。此外，从课题组调研获得的信息来看，我国的税收征管工作依然存在扩大核定征收范围、层层加码下达税收增长任务、收过头税等情况。人为核定税收增长率的征管方式下，在经济衰退时企业却依然要承受沉重的税费负担，使企业的生存发展变得雪上加霜，这些必然都会进一步加深征纳双方的矛盾。

五、控制我国企业税费负担的改革建议

（一）正确处理民富与国富的辩证关系

我国企业的税费负担是重是轻，是继续加重还是适当减轻，涉及民富与国富关系的处理问题。从前文的分析中可以看到，我国企业税费负担实际上

已经较为沉重，且即使在我国政府提出结构性减税政策以后，企业的税费负担水平仍然没有实质性降低，显然无论是政府减税的诚意还是结构性减税政策的实施力度都没有真正到位。那么，在当前全球经济不景气，特别是我国经济陷入下行区间，近两年来宏观经济持续低迷，深层次的矛盾日益凸显的情况下，正确处理民富与国富的辩证关系更是成为一个涉及政府执政理念的重大问题。我们认为，即使当前国民经济增长速度有所放缓，我国政府仍应该有足够的智慧和勇气做税负上的减法。从经济学原理上讲，减税政策本身具有刺激经济发展的乘数效应，通过降低企业税费负担，可以促进企业投资支出的增加，从而有效刺激经济发展，增加社会就业，实现以消费带动经济增长的良性循环。因此，我国政府应该继续实施结构性减税政策，并将其作为一项长期的宏观经济政策进行实施。

（二）切实加强税务机关税收征管能力建设

税收征管能力建设的核心在于税务机关全面掌控纳税人的涉税信息。许多发达国家和地区的税务部门都高度重视从银行获得纳税人的账户变动信息，采取一定措施建立起信息共享机制，及时全面地掌控纳税人的收入情况。同时，其他政府职能部门也都有责任和义务向税务部门提供纳税人涉税信息，丹麦对这方面更为重视，政府部门之间不仅共享涉税信息，而且国家政府信息中心的日常维护也由税务部门负责。我国税务部门与银行以及其他政府部门的合作非常有限，到目前为止尚未形成一个全国统一的、规范化的合作制度。因此，我国政府应该积极应用现代化的信息技术，逐步建立税务部门与银行以及其他政府部门间的纳税人涉税信息共享机制，并以法律的形式予以保障，实现税收征管由"以票控税"向"信息管税"转变。税务机关全面掌控纳税人的涉税信息，提高税务机关与纳税人之间在纳税人涉税信息方面的对称性，那么其他如纳税申报、税款缴纳、税务稽查等流程都将变得更加容易。这将极大地降低税收征管成本，有助于扩大税源，降低企业税费负担水平，减少税收征纳双方矛盾。

（三）实现税制与税制结构的实质性转变

我国当前"宽打窄用"的税制特征，以及以流转税为主体的税制结构，很大程度上是在税务机关税收征管能力较弱的现实约束下的不得已选择。在切实加强税务机关的税收征管能力建设以后，如何实现我国税制与税制结构的实质性转变，也应该随之提上议事日程。随着税务机关税收征管能力的提升，我国"宽打窄用"的税制体系必然导致企业税费负担水平的大幅度上升，使企业承受的实际税率与税制体系设定的名义税率更为接近，而这种情况既不符合制度设计者的初衷，也必将对我国经济造成伤害，我国政府有必要及时对我国的税制体系进行调整。具体而言，我国应该进一步降低各税种的名义税率，适当拓宽各税种的课税基础，使我国的宏观税负水平保持在合理区间。同时，税务机关税收征管能力的提升意味着税务机关可以充分掌握纳税人的涉税信息，随着我国居民收入的稳定增长，我国有必要切实转变目前以企业为主要税收来源，以直接税为主要来源的税制结构，进而减少制约企业发展和中产阶级壮大的税制约束。

（四）规范中央政府与地方政府间的财权分配关系

1994 年实施的分税制财政管理体制改革，是在当时"两个比重"过低、国家财政宏观调控能力极弱的情况下实行的，因此，在财权的划分上，主要的、大宗的、易征收的税种均划归中央或中央与地方共享，而地方主要是一些零星、分散、不易征收的税种。其后实行的一系列改革，也基本上都是财权逐步上移，而事权逐步下移。地方政府在财政收入不足的情况下，往往将目光瞄准企业、借债和卖地。由此不仅造成了财政秩序紊乱，而且也是近年来房地产价格大幅上升的直接推手，严重影响了政府威信。同时，中央政府掌握大量财政资金，在宏观调控能力大大增强的同时，由于相应的转移支付制度不规范，导致"跑部钱进""年终突击花钱"，贪污腐败、"面子工程""形象工程"等问题普遍。我国必须尽快规范中央政府与地方政府在财权上的分配关系，在明确划分中央与地方事权的前提下，确保地方政府享有与其所承担事权相匹配的财权，在制度上保障地方财政有稳定的收入来源，避免地方政府随意加重企业税费负担、大规模负债或过分依赖卖地收入。

（五）控制政府财政支出规模

政府筹集财政收入的目的是为了满足财政支出需要，因此，控制政府财政支出规模是控制政府财政收入规模的前提，也是防止企业税费负担加重的基本途径。无论是中央政府还是地方政府，都应当逐步压缩不必要的财政开支，强化对社会保障、教育、医疗等民生领域的公共支出，践行公共财政对公民的可信承诺。近年来，尽管我国政府在控制行政经费支出和人员福利支出上作了许多努力，也取得了一定进展，但是如何从制度上保障政府合理节约地使用财政资金还有很长的路要走。实际上，公共财政预算的公开透明是控制政府财政支出规模的有效途径，除了关乎国家安全的个别部门外，我国各级政府以及政府各部门的财政预算都应该在网络上全面公开，供社会公众查阅，并接受社会公众对于各预算项目安排合理性的质询。在此基础上，应做好政府财政预算的决算和审计工作，确保经过全国人民代表大会批准的财政预算项目的全面实施。通过预算公开有效地控制政府财政支出规模，使纳税人充分了解税款使用途径，有利于提高纳税人的纳税意识，提升纳税遵从度，实现"节流"与"开源"的良性循环，并同时为切实降低企业税费负担水平打下坚实的基础。

（原载《会计之友》2014 年第 20 期）

第三章　税收优惠政策的科技
创新激励效应评估

第一节　税收优惠政策对企业技术创新的影响效应

一、引言

技术创新是经济增长与社会进步的源泉,从人类社会发展的历史进程来看,每一次生产力水平的提高和社会形态的演进,都与技术创新密切相关。在现代社会,企业是技术创新的重要主体,但由于技术创新活动的正外部性和不确定性,政府有必要为本国企业提供良好的政策环境支持,其中税收优惠是政府可使用的重要政策工具之一。李长江和潘孝珍(2010)认为,我国企业技术创新活动存在来自企业内部和外部的双重不足,并指出政府财政支持企业技术创新的急迫性。但问题是,政府的税收优惠政策对企业技术创新活动的激励效果如何?即使税收优惠与企业技术创新在宏观数据上表现出正相关性,但政府税收优惠政策对微观企业技术创新活动的作用机理又是如何?

目前学术界主要从宏观层面上,就税收优惠对企业技术创新活动的影响展开实证研究。Hall(1993)对美国20世纪80年代促进研发的税收优惠政策进行评估,认为它实现了促进企业研发的预期目标。Bloom 等(2002)使用9个 OECD 国家1979~1997年的面板数据研究表明,税收优惠有效提高了企业的研发强度,如果税收优惠使企业的研发成本降低10%,在短期内可以提高1%的研发水平,在长期则会提高10%的研发水平。Guellec 和 Pottels-berghe(2003)使用17个 OECD 国家1980~1990年的数据研究表明,税收优惠对企业的研发支出具有直接并且积极的作用。国内相关学者的研究也得出了类似的结论,如朱平芳和徐伟民(2003)以上海市为样本,运用面板数据随机效应模型研究表明，政府对企业研发的拨款资助和税收减免互为补充，提高一个的强度也会增加另一个的效果，但该效应以政府税收减免为主。戴晨和刘怡（2008）的实证研究也表明，与财政补贴相比，税收优惠对企业研发活动的激励效果更强。李浩研和崔景华（2014）则认为政府应实现税收优惠与财政补贴的协调与差异化策略，共同促进企业的科技创新行为。但是，也有研究结果显示，政府促进研发的税收优惠政策存在许多问题，其政策实施效果并不理想。Eisner 等（1984）认为，税收抵免政策对刺激企业研发规模的效果有限，并且有时候会阻碍企业研发规模的增加。江静（2011）认为，政府对企业研发的税收优惠政策以直接税为主，这要求企业在研发活动前期垫付较多资金，在企业利润少且流动资金不足的情况下，政府税收优惠政策对内资企业的研发活动影响较小。OECD（2002）的研究报告也指出，基于税收优惠政策存在的问题，许多 OECD 国家开始重新设计它们促进研发的税收优惠政策，以使其更为有效。

总之，学术界关于税收优惠与企业技术创新实证研究的结论并不一致，但存在的一个共同问题是，国内外大部分研究都使用国家层面的宏观数据，企业层面的微观数据使用相对较少。然而，税收优惠作为政府的一项宏观经济政策，主要通过引导微观企业的行为来实现其调控意图，从微观视角来对税收优惠与企业技术创新进行实证研究，比使用国家层面的宏观数据更有说服力。因此，本节使用我国上市公司财务报表数据，以微观视角来研究政府税收优惠政策对企业技术创新存在的影响，从而为政府出台相关经济政策提供坚实的微观基础。

二、分析框架

（一）研究假设

企业从事技术创新活动的动力来源于其自身对利润的追求，通过投入资金进行技术创新活动来开发新工艺，研制新产品，可以使企业以更低的成本生产出更加符合市场需求的商品，从而提高市场竞争力。但是，技术创新活动具有很强的正外部性与不确定性。技术创新活动具有正外部性的原因是，其生产的新工艺、新产品里面也包含着新知识，它具有显著的非竞争性与非排他性，可以被其他企业无偿使用。非竞争性指的是，尽管新知识的初始生产成本很高，但当新知识生产出来以后，其边际使用成本为零；非排他性指的是，本企业对新知识的使用并不能排除其他企业也同时使用该知识。技术创新活动具有不确定性的原因是，企业从事技术创新活动的成本非常高昂，需要大量的人工成本和设备成本，并且不是所有的新工艺开发、新产品研制都能获得成功，一旦失败则其前期成本都将成为沉淀成本。因此，技术创新活动所具有的正外部性与不确定性，将会降低企业从事技术创新活动的边际收益，而企业的技术创新决策往往都是遵循边际成本等于边际收益的原则，边际收益的降低将会导致企业技术创新规模低于最优水平。

面对企业技术创新活动存在的各种问题，学术界相继提出了几种应对方案，最典型的是由庇古提出的庇古税方案，向具有负外部性的企业征收庇古税，向具有正外部性的企业提供补贴，从而使企业的外部收益内部化。就企业技术创新而言，通过给企业的技术创新活动提供恰当的政策支持，可以降低其边际成本，从而使企业技术创新规模恢复到最优水平。在政府所有支持企业技术创新的政策工具中，税收优惠是一项非常重要的内容，黄永明和何伟（2006）对税收优惠激励企业技术创新的机理进行分析，认为它通过补偿创新外部性、减弱创新不确定性、培育创新环境等提高企业的创新预期收益，进而引导企业加大技术创新力度。实际上，税收优惠是一个庞杂的体系，就具体税种而言，我国目前开征的如企业所得税、增值税、营业税、消费税等税种，每个税种都存在诸多繁杂的优惠项目。匡小平和肖建华（2007）用国家层面的宏观数据进行实证研究，发现企业技术创新决策对企业所得税优惠的反应更敏感，流转税优惠在促进企业技术创新效果上欠佳，然而娄贺统和徐浩萍（2009）提出了相反的理论假设，认为与所得税相比，流转税优惠对企业技术创新的激励效应更强。然而，如果从企业层面的微观视角来分析，无论是哪个税种的优惠政策，对企业技术创新活动的激励效果都与其优惠力度成正比，也与其优惠项目的数量成正比。不管是从税收优惠的力度还是数量来说，我国当前促进企业技术创新的税收优惠政策主要还是以企业所得税优惠为主，如我国企业所得税法规定，国家需要重点扶持的高新技术企业，减按15%的税率征收企业所得税，并且明确要求享受优惠的高新技术企业研发费用占销售收入的比重不得低于规定比例。相对而言，我国增值税、营业税等税种在促进企业技术创新上的优惠力度相对较小，数量也相对较少。因此本节提出如下研究假设：我国企业税收优惠水平与技术创新规模正相关，但在具体税收实践中，所得税优惠对企业技术创新的激励效果比非所得税优惠更显著。

（二）模型设定

为了验证上述研究假设，构建如下计量模型：

$$Prd = \beta_1 Taxpre + \beta_i Control_i + \varepsilon \qquad\qquad (3.1)$$

其中，被解释变量 *Prd* 指的是企业的技术创新规模，解释变量 *Taxpre* 指的是企业享受的税收优惠水平。此外，为了使估计结果更加可靠，在模型中引入与企业技术创新规模相关的一组控制变量 *Control*，β_1 和 β_i 是变量的系数值，ε 为随机扰动项。

如果企业当年有从事技术创新活动，产生了研究开发支出，则会在其财务报表附注中以"研发支出"科目报告当年度研发支出的期初数、增加数、减少数和期末数等信息，其中增加数指的是企业当年度从事技术创新活动而产生的研发支出总额，因此本节构建 *Prd*1 和 *Prd*2 作为 *Prd* 的衡量指标，其中 *Prd*1 由企业当年度的研发支出增加数除以营业收入计算得到，*Prd*2 由企业当年度的研发支出增加数除以净利润计算得到。此外，"研发支出"科目的期末数报告的是，企业当年度正在进行中的研究开发项目中满足资本化条件的支出，它也在一定程度上反映了企业的技术创新规模。因此本节进一步构建 *Prd*3 和 *Prd*4，它们分别由企业的研发支出期末数除以营业收入和净利润计算得到，用以对模型进行稳健性检验，以测试实证结果的可靠性。

对于核心解释变量税收优惠水平，本节主要构建名义税收优惠 *Ntaxpre*、实际税收优惠 *Rtaxpre* 和税费返还率 *Ptaxpre* 三个指标，其计算公式分别为：

$$名义税收优惠 \; Ntaxpre = 法定税率 - 名义税率 \qquad\qquad (3.2)$$
$$实际税收优惠 \; Ttaxpre = 法定税率 - 实际税率 \qquad\qquad (3.3)$$
$$税费返还率 \; Ptaxpre = 收到的税费返还 \div 支付的各项税费 \qquad (3.4)$$

我国企业所得税法第四条规定，企业所得税税率为25%，因此上述公式中法定税率取值为25%；名义税率可以通过查阅上市公司年报附注中企业适用的所得税税率计算得到，许多企业同一年度会适用多个不同的名义税率，则本节取其平均值；实际税率由企业当年度利润表中报告的所得税费用除以利润总额计算得到；收到的税费返还和支付的各项税费可以从企业现金流量表中获得，其中前者反映企业收到的由政府部门返还的各项税费总额，后者反映企业本期发生并支付的、本期支付以前各期发生的以及预缴的各项税费总额。因此，上述三个指标中，*Ntaxpre* 衡量的是企业名义上享受到的所得税税率优惠水平，*Rtaxpre* 衡量的是企业实际上享受到的包括税率优惠、税额减免等各种税收优惠形式在内的全部所得税优惠水平，根据本节提出的假设，预计它们的符号显著为正。*Ptaxpre* 衡量的是企业所得税、流转税等各税种通过税费返还形式获得的税收优惠水平，但是在实际税收业务中，企业当年度的所得税退税往往会被税务机关扣留作为预缴下年度的企业所得税，对大部分企业而言收到的税费返还往往都是增值税出口退税等项目，涉及企业技术创新而获得的税费返还相对较少，因此根据本节提出的假设，预计其符号为正，但有可能不显著。

本节引入的控制变量主要有：财务杠杆 *Fil*，它由企业的负债总额除以资产总额计算得到，财务杠杆越高的企业表明其全部资产中负债的比重越高，则企业进行技术创新的积极性越低，因此预计其符号为负。企业规模 *Size*，它由企业的资产总额来衡量，在模型估计时对其取对数处理，同时考虑到企业规模与技术创新可能存在的非线性关系，本节分别以企业规模的对数值 $\ln\_Size$ 及其二次项 $\ln\_Size^2$ 作为控制变量，规模小的企业进取心比较强，而规模大的企业从事技术创新活动的能力较强，因此本节预计 $\ln\_Size^2$ 的系数符号为正，即企业的技术创新规模与企业规模之间存在 U 形曲线关系。盈利能力 *Prl*，它由企业当年度的利润总额除以资产总额计算得到，利润水平越高的企业越有能力进行技术创新，因此预计其符号为正。国有股比重 *Pstateshare* 和高级管理层持股比重 *Pexshare*，一般来说，企业的股权结构对其技术创新决策有很大的影响，国有股比重高的企业进取心较弱，而高级管理层持股比重高的企业进取心较强，因此预计 *Pstateshare* 的符号为负、*Pexshare* 的符号为正。此外，考虑到不同区域企业在技术创新决策上的差异，进一步引入东部地区 *East*、东北部地区 *Northeast* 和中部地区 *Middle* 三个哑变量作为控制变量。

三、实证分析

（一）数据来源与变量描述

本节以 2008～2013 年我国 A 股上市公司作为样本，并对数据作如下处理：（1）删除名义税收优惠、实际税收优惠、实际税率、利润总额等小于 0 的样本企业。（2）由于每年报告研发支出的企业非常有限，为了在统计分析时尽可能多地使用样本信息，本节保留报告研发支出增加数的企业作为样本，其他变量数据缺失的样本则在实证分析过程中由软件自动剔除。(3) 为了剔除极端值对模型回归结果带来的偏差，本节对各变量采取临界值为 0.025 的 winsor 缩尾处理。本节所用数据全部来自国泰安 CSMAR 系列数据库，表 3 – 1 给出了变量的描述性统计结果。

表 3 – 1   **变量的描述性统计**

变量	变量解释	平均值	标准差	最小值	最大值
$Prd1$	研发增加数/营业收入（%）	2.99	3.59	0.01	15.89
$Prd2$	研发增加数/净利润（%）	33.92	42.25	0.11	188.46
$Prd3$	研发期末数/营业收入（%）	2.28	3.24	0.01	14.78
$Prd4$	研发期末数/净利润（%）	24.77	36.62	0.11	171.81
$Ntaxpre$	名义税收优惠（%）	7.89	3.91	0.00	15.00
$Rtaxpre$	实际税收优惠（%）	10.97	5.20	1.37	23.22
$Ptaxpre$	税费返还率（%）	22.94	38.89	0.00	181.80
Fil	财务杠杆（%）	35.84	20.47	3.68	78.41
$Size$	企业规模（亿元）	56.50	110.00	4.30	598.00
Prl	盈利能力（%）	6.99	4.51	0.99	19.99
$Pstateshare$	国有股比重（%）	6.67	15.27	0.00	58.56
$Pexshare$	高级管理层持股比重（%）	12.87	20.61	0.00	65.12
$East$	东部地区（哑变量）	0.66	0.47	0.00	1.00
$Northeast$	东北部地区（哑变量）	0.05	0.21	0.00	1.00
$Middle$	中部地区（哑变量）	0.15	0.35	0.00	1.00

从表 3 – 1 可以看到，尽管已经对各变量进行了 winsor 缩尾处理，但我国不同企业的技术创新规模差异仍然比较大，$Prd1$ 最大的达到 15.89%，即企业当年度的研发支出增加数达到营业收入的 15.89%，而 $Prd1$ 最小的仅为 0.01%。从企业享受的税收优惠水平来看，$Ntaxpre$ 的平均值为 7.89%，即企业从名义上可以享受所得税 7.89% 的优惠水平，$Rtaxpre$ 的平均值为 10.97%，即企业在实际上享受到了所得税 10.97% 的优惠水平，企业实际享受到的所得税税收优惠水平要高于名义水平，原因在于企业除了享受名义税率上的优惠外，还会享受其他形式的所得税优惠，而这些优惠形式都会在 $Rtaxpre$ 中得到反映。$Ptaxpre$ 的平均值为 22.94%，这表明企业缴纳的所有税费中，平均有 22.94% 可以获得返还。

表 3 – 2 进一步报告作为衡量企业技术创新规模的被解释变量 $Prd1$ 和

*Prd*2，以及作为衡量企业税收优惠水平的核心解释变量 *Ntaxpre*、*Rtaxpre* 和 *Ptaxpre* 在各年度和各地区的平均值。

表 3 - 2　　　　　　企业技术创新规模与税收优惠水平的统计分析　　　单位:%

项目	*Prd*1	*Prd*2	*Ntaxpre*	*Rtaxpre*	*Ptaxpre*
2008 年	1.50	25.04	6.78	11.08	21.75
2009 年	2.12	21.08	5.41	11.39	19.50
2010 年	2.39	23.89	5.19	11.45	24.72
2011 年	3.06	31.60	8.53	10.57	23.95
2012 年	3.47	39.29	8.84	10.70	23.58
2013 年	3.43	43.48	9.27	11.05	22.04
东部	2.77	25.06	6.84	11.24	26.24
东北部	1.62	29.71	6.13	14.34	17.09
中部	2.36	36.32	6.45	10.03	15.75
西部	2.10	22.41	6.96	10.06	19.03

表 3 - 2 可以看到，我国企业的技术创新规模从 2008 ~ 2013 年保持稳步上升的态势，其中：*Prd*1 从 2008 年的 1.50% 逐年上升到 2013 年的 3.43%；*Prd*2 在 2008 年为 25.04%，此后 2009 年虽然有所降低，但 2010 ~ 2013 年又有了明显的上升，到 2013 年时已经达到 43.48%，即我国上市公司 2013 年投入的研发支出占到当年度净利润的 43.48%。从企业享受的税收优惠水平来看，2008 ~ 2013 年 *Ntaxpre* 经历了先降低再上升的过程，可能的原因在于 2008 年新企业所得税法刚开始实施，政府名义上为企业提供的税率优惠政策在新税法实施之初的空间非常有限，此后随着新企业所得税法的施行，政府名义上提供的税率优惠也逐渐上升。不过，*Rtaxpre* 和 *Ptaxpre* 历年的变化趋势并不明显。从地区角度来分析，东部地区企业的 *Prd*1 最高，中部地区企业的 *Prd*2 最高，可能的原因是中部地区企业的利润率水平较低；西部地区 *Ntaxpre* 最高，主要原因在于我国实施西部大开发战略，西部地区企业享受的名义税率优惠比较高；东北部地区 *Rtaxpre* 最高，可能的原因是东北部地区作为我国老工业基地，国有企业众多，实际上享受的税收优惠水平较高；东部地区 *Ptaxpre* 最高，可能是由于东部地区企业出口规模较大，从而可以获得较多的流转税税费返还。

（二）实证结果分析

本节使用 2008～2013 年我国上市公司的财务数据，对上述计量模型进行实证分析。由于我国报告研发支出数据的企业数量较少，而且不同年度留存的样本并不一致，如果将其作为面板数据进行估计，将会因数据质量差而影响回归分析的效率，因此本节参照吴联生（2009）、吴文锋和吴冲锋（2009）等的做法，将历年数据作为截面数据处理。此外，为了纠正异方差等问题导致的模型估计偏差，本节使用稳健标准误对模型估计结果进行假设检验，从而使模型估计结果更加可靠。表 3 - 3 报告了模型估计的结果。

表 3 - 3　　　以研发支出增加数占比为被解释变量的模型估计结果

变量	Prd1			Prd2		
	模型 1	模型 2	模型 3	模型 4	模型 5	模型 6
Ntaxpre	0.176 ***	—	—	1.814 ***	—	—
	(7.64)	—	—	(7.14)	—	—
Rtaxpre	—	0.077 ***	—	—	0.759 ***	—
	—	(4.84)	—	—	(3.30)	—
Paxpre	—	—	0.003	—	—	0.112 ***
	—	—	(1.44)	—	—	(3.74)
Fil	-0.046 ***	-0.049 ***	-0.052 ***	0.011	-0.021	-0.053
	(-7.78)	(-8.36)	(-8.63)	(0.15)	(-0.30)	(-0.74)
ln_*Size*	-7.860 ***	-4.714 **	-4.856 **	-47.518 *	-15.135	-17.284
	(-3.52)	(-2.14)	(-2.18)	(-1.74)	(-0.56)	(-0.63)
ln_*Size*^{2}	0.174 ***	0.103 **	0.105 **	1.016	0.286	0.325
	(3.50)	(2.11)	(2.13)	(1.64)	(0.47)	(0.52)
Prl	-0.058 ***	-0.064 ***	-0.064 ***	-3.808 ***	-3.850 ***	-3.733 ***
	(-3.04)	(-3.29)	(-3.22)	(-15.89)	(-16.13)	(-15.59)
Pstateshare	0.004	-0.003	-0.001	-0.020	-0.087	-0.063
	(0.68)	(-0.48)	(-0.18)	(-0.31)	(-1.37)	(-0.98)
Pexshare	0.010 **	0.016 ***	0.015 ***	-0.021	0.037	0.027
	(2.03)	(3.11)	(2.92)	(-0.40)	(0.69)	(0.51)

续表

变量	Prd1			Prd2		
	模型 1	模型 2	模型 3	模型 4	模型 5	模型 6
C	91.560 ***	57.327 **	60.195 **	587.848 **	237.577	272.075
	(3.66)	(2.33)	(2.41)	(1.96)	(0.80)	(0.91)
地区哑变量	略	略	略	略	略	略
调整后 R^2	0.185	0.164	0.152	0.201	0.184	0.185
F 统计量	31.98 ***	29.32 ***	28.38 ***	35.99 **	33.54 ***	34.51 ***
样本数	1619	1642	1639	1619	1642	1639

注: *** 、 ** 、 * 分别表示系数在0.01、0.05、0.1的显著性水平上显著。

在表3-3中，模型1到模型3报告了被解释变量为 *Prd*1 的估计结果，模型4到模型6报告了被解释变量为 *Prd*2 的估计结果。模型1和模型4的结果显示，*Ntaxpre* 的系数分别为0.176和1.814，且都在0.01的显著性水平上显著，这表明企业所得税名义税收优惠水平与技术创新规模正相关。模型2和模型5的结果显示，*Rtaxpre* 的系数分别为0.077和0.759，也都在0.01的显著性水平上显著，这表明企业所得税实际税收优惠水平与技术创新规模正相关。*Ptaxpre* 在模型3中不显著，在模型6中显著为正，表明 *Ptaxpre* 与 *Prd*1 不相关，与 *Prd*2 在统计上存在显著的正相关关系。因此，本节提出的假设基本上都得到了经验数据的支持。此外，通过比较 *Ntaxpre* 和 *Rtaxpre* 可以发现，前者的系数值约为后者的两倍，这表明所得税名义税收优惠对企业技术创新规模的激励效果比实际税收优惠更明显。而 *Ptaxpre* 的系数值不管是否显著，都要明显小于 *Ntaxpre* 和 *Rtaxpre*，这也与本节提出的所得税优惠对企业技术创新的激励效果比非所得税优惠更显著的假设相一致。

从控制变量的估计结果来看：*Fil* 在模型1到模型3中的系数显著为负，表明财务杠杆与企业技术创新规模负相关，即企业总资产中负债比重越高，其技术创新规模越低。ln_*Size* 在模型1到模型4中的系数显著为负，ln_*Size*^{2} 在模型1到模型3中的系数显著为正，表明企业资产规模与技术创新规模呈U形关系，当企业规模比较小时，其进取心比较强，从而将更多资金用于技术创新，开发新产品、新工艺以获得更多的市场份额；当企业规模比较大时，其资金实力雄厚，有能力将更多资金投入到技术创新中，以维持自身的市场份额。*Prl* 在所有模型中的系数都显著为负，表明企业盈利能力与其技术创新规模成反比，这与本节的预期不相符，其中的原因可能是尽管盈利能力强的企业从事技术创新的能力也越强，但其进取心反而不如盈利能力弱的企业。*Pstateshare* 的系数在所有模型中都不显著，表明企业股权结构中的国有股比重对企业技术创新规模并不存在显著的影响；*Pexshare* 的系数在模型 1 到模型 3 中显著为正，表明高级管理层持股比重越高的企业，其技术创新规模越大。

（三）稳健性检验

为了使实证分析结果更加稳健可靠，本节对上述模型进行稳健性检验：首先，改变表 3 – 3 中被解释变量的衡量方法，将 *Prd*1 和 *Prd*2 计算公式的分子由研发支出增加数改为研发支出期末数，由此构造出 *Prd*3 和 *Prd*4 进行稳健性检验，表 3 – 4 报告了模型估计结果。其次，表 3 – 3 报告的是使用稳健标准误的普通最小二乘法估计结果，本节进一步使用中位数回归法、基于自助法的中位数回归法等方法，对表 3 – 3 中模型的数据进行再次估计，以比较不同估计方法得到的系数结果的一致性，表 3 – 5 报告了其结果。

表 3 – 4　　　　以研发支出期末数占比为被解释变量的模型估计结果

变量	Prd3			Prd4		
	模型 1	模型 2	模型 3	模型 4	模型 5	模型 6
Ntaxpre	0.113 ***	—	—	1.083 ***	—	—
	(5.50)	—	—	(4.04)	—	—
Rtaxpre	—	0.030 *	—	—	0.213	—
	—	(1.80)	—	—	(0.96)	—
Ptaxpre	—	—	− 0.002	—	—	0.021
	—	—	(− 1.50)	—	—	(0.78)
Fil	− 0.037 ***	− 0.039 ***	− 0.041 ***	0.090	0.067	0.057
	(− 5.64)	(− 5.96)	(− 6.22)	(1.21)	(0.91)	(0.80)
ln_*Size*	− 7.620 ***	− 5.998 ***	− 6.118 ***	− 65.980 **	− 50.264 *	− 50.713 *
	(− 3.44)	(− 2.78)	(− 2.79)	(− 2.38)	(− 1.87)	(− 1.88)
ln_*Size*^{2}	0.167 ***	0.130 ***	0.132 ***	1.415 **	1.056 *	1.063 *
	(3.36)	(2.69)	(2.71)	(2.24)	(1.73)	(1.73)

续表

变量	Prd3			Prd4		
	模型 1	模型 2	模型 3	模型 4	模型 5	模型 6
Prl	− 0.061 ***	− 0.062 ***	− 0.069 ***	− 2.805 ***	− 2.817 ***	− 2.823 ***
	(− 3.25)	(− 3.30)	(− 3.54)	(− 12.16)	(− 12.41)	(− 12.25)
Pstateshare	0.008	0.004	0.005	0.011	− 0.025	− 0.018
	(1.23)	(0.65)	(0.77)	(0.15)	(− 0.35)	(− 0.25)
Pexshare	0.009	0.012 **	0.012 **	− 0.038	− 0.005	− 0.005
	(1.43)	(2.02)	(1.97)	(− 0.72)	(− 0.09)	(− 0.09)
C	89.542 ***	72.378 ***	74.283 ***	794.200 ***	629.917 **	639.702 **
	(3.61)	(3.01)	(3.04)	(2.62)	(2.15)	(2.16)
地区哑变量	略	略	略	略	略	略
调整后 R^2	0.141	0.127	0.125	0.153	0.142	0.142
F 统计量	18.43 ***	16.40 ***	16.55 ***	27.88 ***	26.21 ***	25.96 ***
样本数	1330	1354	1349	1330	1354	1349

注：***、**、*分别表示系数在0.01、0.05、0.1的显著性水平上显著。

从表3-4可以看到，尽管改变了被解释变量的衡量方法，但关键解释变量及控制变量的系数符号基本上没有变化：模型1和模型4中 *Ntaxpre* 的系数显著为正，模型2中 *Rtaxpre* 的系数显著为正，模型3和模型6中 *Ptaxpre* 的系数不显著，都基本上与表3-3显示的结果一致；其他控制变量的系数符号及显著性等也都基本上与表3-3一致。

表3-5模型所使用的数据与表3-3一致，但改变了模型的估计方法。从表3-5中可以看出，当使用中位数回归法和基于自助法的中位数回归法对模型进行估计时，模型估计结果与表3-3所报告的结果也都基本上一致。因此，从表3-4、表3-5的结果来看，本节提出的关于税收优惠水平与企业技术创新规模的计量模型估计结果非常稳健。

四、简要的结论

关于税收优惠对企业技术创新的影响，绝大多数文献都是以宏观层面的数据进行实证研究的，以致政府税收优惠政策的微观效应往往被学界所忽视。

表 3 - 5　以研发支出增加数占比为被解释变量模型的进一步稳健性检验结果

估计方法	变量	Prd1			Prd2		
		模型 1	模型 2	模型 3	模型 4	模型 5	模型 6
中位数回归法	Ntaxpre	0.088 ***	—	—	1.027 ***	—	—
		(4.40)	—	—	(3.91)	—	—
	Rtaxpre	—	0.044 ***	—	—	0.300	—
		—	(3.01)	—	—	(1.60)	—
	Ptaxpre	—	—	0.003	—	—	0.100 ***
		—	—	(1.36)	—	—	(4.30)
基于自助法的中位数回归法	Ntaxpre	0.088 ***	—	—	1.027 ***	—	—
		(6.75)	—	—	(4.72)	—	—
	Rtaxpre	—	0.042 ***	—	—	0.300 **	—
		—	(3.41)	—	—	(1.96)	—
	Ptaxpre	—	—	0.003 **	—	—	0.100 ***
		—	—	(2.04)	—	—	(3.47)

注：*** 、** 、* 分别表示系数在 0.01、0.05、0.1 的显著性水平上显著。

本节使用 2008 ~ 2013 年我国上市公司的财务报表数据，对我国企业享受的税收优惠水平与其技术创新规模进行实证分析。受到企业会计科目的限制，本节以研发支出增加数占比来衡量企业技术创新规模，构建名义税收优惠、实际税收优惠和税费返还率三个指标衡量企业享受的税收优惠水平，使用稳健标准差的普通最小二乘法对它们进行实证分析。在此基础上，对原模型被解释变量的衡量方法进行改造，并进一步对原模型采用中位数回归法、基于自助法的中位数回归法等进行重新估计，以考察模型估计结果的稳健性。研究结果表明：企业所得税名义税收优惠水平和实际税收优惠水平都与企业技术创新规模显著地正相关，税费返还率则与企业技术创新规模不相关，从而本节提出的假设得到了经验数据的支持。

本节的政策含义有：（1）我国企业所得税优惠政策在激励企业技术创新上具有显著效果，应坚持当前税收优惠政策的产业导向，并进一步完善我国激励企业技术创新的税收优惠制度，如基于企业技术创新规模与其资产规模呈 U 形曲线关系的特点，针对不同规模企业所处的发展阶段，为其提供有针对性的税收优惠政策支持。（2）从模型的实证结果来看，名义税收优惠的系数一般都要大于实际税收优惠，而前者衡量的是所得税名义税率上的优惠，后者衡量的是包括税率优惠、税额减免等在内的所有形式的所得税优惠，从而表明税率优惠比其他优惠形式在激励企业技术创新上的效果可能更好，我国税收优惠实践中可以更多地使用税率优惠的形式。

（原载《杭州电子科技大学学报》（社会科学版）2015 年第 3 期）

第二节 基于倾向得分匹配的企业所得税优惠政策效应研究

一、引言及文献综述

科技创新是国民经济发展的重要动力来源，Coe 和 Helpman（1995）、唐未兵等（2014）指出，科技创新能推动经济转型，促进社会经济增长，世界各国政府都非常重视加大本国科技创新经费投入。2015 年我国研究与试验发展（R&D）经费支出达到 14220 亿元，占当年度国内生产总值的 2.10%。如果将科技创新主体分成企业、政府属研究机构、高等学校，那么我国企业的科技创新经费投入占比多年来都维持在 75% 左右。可见，企业无疑是我国最重要的科技创新主体。为了激励企业开展科技创新活动，我国政府出台了许多税收优惠政策，其中企业所得税是科技创新导向税收优惠政策的主要载体。税收优惠政策减少了政府财政收入规模，从另一个角度来讲也可以看成是政府的隐性财政支出，许多发达国家都将税收优惠作为税式支出纳入政府的财政预算管理体系中，而税收优惠政策的实施效果也就成为学术界和政府部门都极为关注的话题。实际上，国内外许多文献就税收优惠的科技创新激励效应展开研究，但得出的结论却大相径庭，其中一个可能的重要原因是在研究方法上存在不足。本节使用倾向得分匹配法解决传统方法中可能存在的内生性问题，对税收优惠的科技创新激励效应进行实证分析。

大量基于微观视角的文献研究表明，企业所得税优惠政策能有效激励企业开展科技创新活动。Czarnitzkia 等（2011）以加拿大制造业企业为样本，以新产品数量、新产品销售额、新产品创新度等作为研发产出指标，研究表明企业所得税优惠政策可以有效提高企业的研发产出。夏力（2012）以我国创业板上市公司为样本，研究发现企业所得税名义税率优惠可以在一定程度上激励企业开展科技创新活动。陈美容和曾繁英（2013）以我国信息技术业上市公司为样本，水会莉等（2015）以我国制造业上市公司为样本，都研究发现税收优惠政策是影响企业研发投入的重要因素，并且企业所得税优惠比增值税优惠具有更强的激励效果。罗福凯和王京（2016）以沪深 A 股上市公司为样本的研究表明，企业所得税税负与研发支出负相关，即企业所得税优惠政策可以提高科技创新水平。张信东等（2014）使用被认定为国家级企业技术中心的上市公司数据，运用倾向得分匹配方法研究表明，享受税收优惠政策的企业具有更多的专利、新产品和科技奖励，从而验证了 R&D 税收优惠政策的激励效果。此外，许多基于宏观视角的文献也得出了相同结论，如 Bloom 等（2002）、Guellec（2003）使用 OECD 国家的面板数据研究表明，税收优惠政策有效提高了企业的研发强度，如果税收优惠使企业的研发成本降低 10%，将使企业的研发水平短期内提高 1%，长期内提高 10%。

但是，也有许多文献研究表明，企业所得税优惠政策在激励企业科技创新上并未发挥其应有的作用，如 Mansfield 和 Switzer（1985）以加拿大上市公司数据，Griffithet 等（1995）基于 OECD 国家数据，李艳艳和王坤（2016）使用我国 A 股上市公司数据，都研究发现税收优惠政策并未有效促进企业加大研发支出，政策实施效果并不理想。曾繁英等（2015）对泉州市 156 家高新技术企业的问卷调查表明，48% 的企业并未享受 15% 的企业所得税名义税率优惠政策，主要原因包括企业不知情、政策执行手续复杂、前置条件指标苛刻以及企业自身财务核算不健全等。王一舒等（2013）以常州市武进区 73 家高新技术企业为样本，研究发现高新技术企业所得税名义税率优惠政策对企业自主创新没有激励效应，并指出税收政策满意度、税务服务满意度、企业规模、高新技术企业认定时间等都会影响优惠政策的实施效果。张俊瑞等（2016）使用陕西省 195 家企业的调研数据，采用双重差分模型研究表明，现行高新技术企业所得税名义税率优惠政策并不能显著提高企业的创新效率。此外，袁建国等（2016）、李维安等（2016）的实证研究发现，税收优惠在不同产权性质、地区和规模条件下，对企业科技创新的影响存在较大差异。

从上述文献中可以看到，当前学术界从微观和宏观的视角，对科技创新导向的企业所得税优惠政策开展了一系列研究，研究方法大多以统计分析和回归分析为主，但得出的结论却有较大差异。实际上，不管是统计分析还是回归分析，在研究方法上都可能无法有效避免内生性问题，即企业只有达到特定的科技创新水平等前置条件，才能享受相应的税收优惠政策，因此享受税收优惠政策的企业本身就具有较高的科技创新水平，此时必然存在样本选择偏差问题。因此，不管是统计分析还是回归分析，都无法准确分离出税收优惠政策的科技创新激励效应，从而导致不同研究的结论存在较大差异。本节在现有研究的基础上，采用倾向得分匹配法对我国高新技术企业所得税名义税率优惠的科技创新激励效应进行实证分析，在一定程度上解决了传统研究方法中可能存在的内生性问题，从而获得更加可靠的研究结论。

二、研究设计

（一）政策激励效应分析

高新技术企业是我国开展科技创新活动、引领前沿科技发展的主力军，政府官方对于高新技术企业的定义是：在国家重点支持的高新技术领域内，持续进行研究开发与技术成果转化，形成企业核心自主知识产权，并以此为基础开展经营活动，在中国境内（不包括港、澳、台地区）注册的居民企业。鉴于科学技术发展对于综合国力提升的重大意义，我国于 1991 年发布《关于批准国家高新技术产业开发区和有关政策法规的通知》，开始启动高新技术企业的政策支持工作，但范围仅限于高新技术产业开发区内。此后发布的《国家高新技术产业开发区外高新技术企业认定条件和办法》，将政策支持范围拓展到开发区外，但对开发区内和区外企业实施两种不同的高新技术企业认定标准。2008 年科技部、财政部、国家税务总局联合发布的《关于印发〈高新技术企业认定管理办法〉的通知》，不再区分是否位于高新技术产业开发区，所有企业都按照统一标准进行高新技术企业认定。目前，我国已于 2016 年 1 月发布《关于修订印发〈高新技术企业认定管理办法〉的通知》，进一步完善了我国的高新技术企业政策支持体系。

总体来说，我国高新技术企业所得税名义税率优惠政策主要来自《中华人民共和国企业所得税法》第二十八条规定的"国家需要重点扶持的高新技术企业，减按 15% 的税率征收企业所得税"，企业只要被认定为高新技术企业就可以享受该项优惠政策，未达到认定标准则无法享受该政策，需按照企业所得税 25% 的法定税率缴纳税款。因此，一家企业是否被认定为高新技术企业，将在企业所得税上存在 10% 的名义税率差，这对营业收入高、经营业绩好的企业极具吸引力。因此，企业一般都具有加大研究开发经费投入的积极性，以满足高新技术企业认定标准而获得高新技术企业认定。但是，高新技术企业所得税名义税率优惠政策仍然存在如下问题：

第一，我国当前以流转税为主体的税制结构，限制了高新技术企业所得税名义税率优惠政策效应的发挥。2015 年我国企业所得税收入 27133.87 亿元，个人所得税收入 8617.27 亿元，全部所得税收入占比仅为 28.62%。但同期增值税、消费税、营业税三大主要流转税收入 60630.63 亿元，收入占比达到 48.53%，占政府全部税收收入的一半左右，远高于所得税收入占比。流转税的课税对象是企业生产经营过程中产生的流转额，其重要特征是收入规模与企业经营效益无关。这也就意味着只要企业开业经营，获得经营收入产生流转额，那么不管是盈利还是亏损，也不管是发展还是倒闭，企业都必须按照税法规定缴纳税款。因此，在现有的税制结构下，我国企业主要税收负担来自流转税，企业所得税负担与流转税相比本身就比较低，即使企业所得税的优惠力度非常大，企业能够获得的税收优惠利益仍然有限，其科技创新激励效应必然随之大打折扣。

第二，只有经营业绩好的企业才能获得实实在在的税收优惠利益。名义税率优惠属于直接优惠方式，企业只有在企业所得税应纳税所得额为正数时，享受 15% 的名义税率优惠才能获得实实在在的税收优惠利益，而如果当年度生产经营业绩不佳，应纳税所得额为负，那么不管企业在科技创新上投入多少人力、财力成本，也都不能获得任何税收优惠利益。但是，基于科技创新的高风险性和正外部性特征，不管企业生产经营状况如何，企业的科技创新活动都应该得到政府应有的政策支持。就税收优惠政策而言，过分倚重企业所得税名义税率优惠，将会限制税收优惠政策在整体上的科技创新激励效应。

综上所述，高新技术企业所得税名义税率优惠政策，在理论上具有科技创新激励效应，但由于我国当前流转税为主体的税制结构以及政策本身特征的局限性，其政策效应在实施过程中能否真正得到发挥，还需要通过实证研究予以验证。现有的大量实证研究在结论上存在较大差异，在研究方法上也有待进一步改进。

（二）研究方法说明

当前学术界对于税收优惠科技创新激励效应的评估往往采用统计分析或

回归分析的方法，主要是在回归分析中加入大量影响企业科技创新投入的控制变量，以期更加准确地评估税收优惠政策的实际实施效果。但在现实中，获得科技创新税收优惠政策的企业，往往本身就具有较高的科技创新水平，导致样本选择性偏差的内生性问题。Rosenbaum 和 Rubin（1983）提出的倾向得分匹配法提供了较好的解决方案，在政策效应评价领域有着广泛的应用。首先，建立如下反事实模型：

$$y_i = \begin{cases} y_{1i}, 若D_i = 1 \\ y_{0i}, 若D_i = 0 \end{cases} \tag{3.5}$$

其中，y_i 表示企业的科技创新水平，虚拟变量 D_i 等于 1 表示企业享受高新技术企业所得税名义税率优惠政策，D_i 等于 0 表示企业未享受高新技术企业所得税名义税率优惠政策。基于政策效应评估的目的，本节主要关注如下平均处理效应：

$$ATT = E(y_{1i} - y_{0i} \mid D_i = 1) = E(y_{1i} \mid D_i = 1) - E(y_{0i} \mid D_i = 1) \tag{3.6}$$

平均处理效应 ATT 表示本节需要评估的高新技术企业所得税名义税率优惠的科技创新激励效应，即享受名义税率 15% 优惠政策的企业在享受该政策后增加的科技创新水平。但是，评估 ATT 实际上面临数据缺失的问题，因为一家企业在同一个时间段内不可能同时处于"享受税收优惠政策"和"不享受税收优惠政策"两种完全对立的状态。如果获得了企业在享受税收优惠状态下的科技创新数据，那么就不可能同时获得它在同一时间段内未享受税收优惠状态下的科技创新数据，反之亦然。该问题的基本解决方法是：除了 (y_i, D_i) 之外，还可以观测到样本 i 的其他特征，如企业的员工人数、国有股占比、资产负债率等重要的可观测变量 X，那么就可以从未享受税收优惠政策的样本中寻找到某个样本 j，使得样本 i 和样本 j 的可测变量尽量相似，从而有理由认为它们在获得税收优惠政策的概率上相接近，将样本 j 的科技创新水平 y_{0j} 作为样本 i 的科技创新水平 y_{0i} 的估计量，即：

$$E(y_{0i} \mid D_i = 1, X) = E(y_{0j} \mid D_j = 0, X) \tag{3.7}$$

那么式（3.6）中的 ATT 就可以通过如下公式进行评估：

$$ATT = E(y_{1i} \mid D_i = 1, X = x) - E(y_{0j} \mid D_j = 0, X = x) \tag{3.8}$$

此时，如何寻找到与样本 i 的可观测变量相似的样本 j，成了税收优惠政策效应评估的关键。倾向得分匹配法的基本思路是，用企业享受高新技术企业所得税名义税率优惠的可能性 $P(x)$，即倾向得分作为企业全部可观测变量 X 的度量指标，从而将多维的可观测变量信息压缩到一维的倾向得分值中，并使用倾向得分值将样本按照特定的规则进行匹配。由此可以得到：

$$ATT = E[y_{1i} \mid D_i = 1, P(x)] - E[y_{0j} \mid D_j = 0, P(x)] \tag{3.9}$$

三、倾向得分估计模型与变量描述性统计

（一）倾向得分估计模型

倾向得分估计模型是用来估计样本倾向得分的计量经济模型，它可以将全部可观测变量的信息压缩到一个变量中，并据此进行样本匹配，为式（3.8）中的样本 i 寻找到相似的样本 j，从而获得平均处理效应 ATT 的估计值。本节采用如下 Probit 模型进行倾向得分估计：

$$\text{Probit}(Taxpre) = \alpha + \beta X + \varepsilon \tag{3.10}$$

其中，所得税优惠 $Taxpre$ 是虚拟变量，如果样本企业享受高新技术企业所得税名义税率优惠政策，则 $Taxpre$ 的取值为 1，否则取值为 0。α 和 β 是待估参数，ε 为扰动项。X 是作为样本匹配依据的可观测变量，即影响企业是否享受名义税率优惠政策的各种因素，本节选取的可观测变量包括如下三类：

第一类是反映企业规模的指标。一般来说，规模越大意味着企业可支配的人力、财力资源越丰富，那么企业就越可能满足享受高新技术企业所得税名义税率优惠的政策条件，从而获得该项税收优惠政策。本节用员工人数对数 ln_Staff 和营业收入对数 ln_Reven 作为企业规模的衡量指标。员工人数反映企业掌握的人力资源丰富程度，营业收入反映企业掌握的财力资源丰富程度，预期 ln_Staff 和 ln_Reven 的系数符号为正。

第二类是反映企业股权结构的指标。股权结构主要通过股权约束的方式对企业科技创新行为产生影响，在所有权与经营权分离的上市公司治理结构中，股东需要对管理层实施监控和制衡，促使管理层的经营管理活动与股东价值最大化目标相一致。本节使用国有股占比 State 和管理层持股占比 Mana 作为企业股权结构的衡量指标，它们分别由国有股股数和管理层持股股数除以总股数计算得到。一般来说国有股的股权约束能力比较弱，即国有股比重越高的企业追求税收优惠政策的动力越弱。管理层持股的股权约束比较强，即管理层持股比重越高的企业更有动力追求高新技术企业所得税优惠政策。

因此，预期 *State* 的系数符号为负，*Mana* 的系数符号为正。

第三类是反映企业财务自由度的指标。财务自由度是企业资金使用的自由程度，本节使用资产负债率 *Dat* 和总资产净利润率 *Roa* 作为企业财务自由度的衡量指标。其中，资产负债率由企业的负债总额除以资产总额计算得到，总资产净利润率由企业的税后净利润除以资产总额计算得到。一家企业的资产负债率越高，表明其可以自由使用的资金相对较少，这将削弱企业开展科技创新的动力，使企业获得高新技术企业所得税优惠的可能性降低，因此预期 *Dat* 的系数符号为负。一家企业的总资产净利润率越高则表明企业的资产利用效率高、获利能力强，有充足的经营利润为科技创新提供资金支持，从而使企业获得高新技术企业所得税优惠的可能性越高，因此预期 *Roa* 的系数符号为正。

此外，在高新技术企业所得税名义税率优惠的政策评估中，本节使用开发支出占比 *Kaifa* 和研发支出占比 *Yanfa* 作为企业科技创新水平的衡量指标。其中，开发支出占比由企业资产负债表中的开发支出科目除以营业收入计算得到，是一个存量指标，表示企业当年度积累的符合资本化条件的研发投入水平；研发支出占比由企业年报附注中报告的研发支出本期增加额除以营业收入计算得到，是一个流量指标，表示企业当年度从事科技创新活动的研发资金投入水平。因此，开发支出占比和研发支出占比分别从静态和动态的角度衡量一家企业的科技创新水平。

（二）描述性统计分析

本节使用2008~2015年我国沪深 A 股上市公司作为样本，数据来自国泰安 CSMAR 数据库，其中企业所得税名义税率根据企业财务报告附注中显示的名义税率整理获得。对数据作如下处理：（1）保留企业所得税名义税率等于15%的企业作为享受高新技术企业所得税名义税率优惠的实验组样本，其 *Taxpre* 变量的取值为1；保留企业所得税名义税率等于25%的企业作为未享受高新技术企业所得税名义税率优惠的对照组样本，其 *Taxpre* 变量的取值为0。（2）尽管上市公司年报附注中也出现如10%、12.5%等名义税率，但此类税率水平都与本节研究的高新技术企业所得税名义税率优惠无关，因此予以剔除。（3）由于上市公司年报属于合并报表，附注中报告的名义税率可能同时包括15%、25%等多档税率，即上市公司所属的子公司既有享受15%名义税率优惠的高新技术企业，也有适用25%法定税率的普通企业，此时无充分理由将该上市公司整体归于实验组还是对照组，因此予以剔除。（4）由于使用微观层面的上市公司数据，为了剔除异常值对研究结论稳健性造成的影响，本节对除哑变量以外的其他变量都采用临界值为 0.05 的 winsor 缩尾处理。表 3 - 6 报告了相关变量的描述性统计结果。

表 3 - 6 变量的描述性统计结果

变量	解释	样本数	平均值	最大值	最小值	标准差
Kaifa	开发支出占比（%）	6239	0.36	3.50	0.00	0.90
Yanfa	研发支出占比（%）	1952	2.87	10.88	0.03	2.95
Taxpre	所得税优惠（哑变量）	6296	0.52	1.00	0.00	0.50
ln_*Staff*	员工人数（对数值）	6281	7.42	9.71	5.19	1.19
ln_*Reven*	营业收入（对数值）	6239	21.06	23.67	18.92	1.29
State	国有股占比（%）	6296	7.19	52.22	0.00	15.55
Mana	管理层持股占比（%）	6296	9.75	56.43	0.00	17.98
Dat	资产负债率（%）	6294	42.29	79.13	7.74	21.44
Roa	总资产净利润率（%）	6296	5.66	15.42	0.43	4.21

从表 3 - 6 中可以看到，由于数据缺失的原因，不同变量的样本数并不一致，尤其是在年报附注中报告当年度研发支出明细数据的企业相对较少，因此 *Yanfa* 的样本数相对较少。*Kaifa* 和 *Yanfa* 在数值上有较大差异，但前者属于存量指标，后者属于流量指标，不能进行直接的数值比较。*Taxpre* 的平均值为 0.52，表明全部样本中有 52% 的企业享受高新技术企业所得税名义税率优惠政策。*State* 的平均值为 7.19，*Mana* 的平均值为 9.75，表明从我国上市公司的总体股权结构来看，管理层持股比重要略高于国有股比重。此外，*Dat*、*Roa* 等变量也存在较大的数值差距。

四、实证结果分析

倾向得分匹配法需要为每个享受高新技术企业所得税名义税率优惠的企业，找到一个可观测变量一致，但没有享受税收优惠政策的样本进行匹配，从而形成对照组来对税收优惠政策的实施效果进行评估。本节选择 Probit 模型估计倾向得分，并将其作为样本匹配依据。

（一）Probit 模型回归结果分析

表 3 - 7 报告了 Probit 模型的回归结果，其中模型 1 和模型 2 对应的科技创新衡量指标为开发支出占比，模型 3 和模型 4 对应的科技创新衡量指标为研发支出占比。由于企业所处的地区和行业也会对企业是否享受高新技术企业所得税名义税率优惠政策存在影响，因此本节根据企业注册地将样本区域分成东部、东北部、中部和西部四个区域，并引入 3 个表示区域的虚拟变量来控制地区效应。同时，根据证监会 2012 年修订的《上市公司行业分类指引》，将样本分成 19 个行业，并引入 18 个表示行业的虚拟变量控制行业效应。模型 1 和模型 3 报告的是未控制地区和行业效应时的模型估计结果，模型 2 和模型 4 报告的是控制地区和行业效应时的模型估计结果。

表 3 - 7　　　　　　　　　　　　Probit 模型回归结果

变量	模型 1	模型 2	模型 3	模型 4
ln_Staff	0.240 *** (10.45)	0.053 * (1.92)	0.093 * (1.86)	− 9.26e − 6 (− 0.00)
ln_Reven	− 0.088 *** (− 3.81)	0.008 (0.32)	− 0.208 *** (− 4.24)	− 0.145 *** (− 2.69)
State	− 0.008 *** (− 7.44)	− 0.006 *** (− 4.90)	− 0.009 *** (− 3.51)	− 0.008 ** (− 2.98)
Mana	0.021 *** (17.60)	0.017 *** (13.34)	0.012 *** (5.31)	0.013 *** (5.50)
Dat	− 0.017 *** (− 16.20)	− 0.014 *** (− 11.37)	− 0.009 *** (− 3.58)	− 0.006 ** (− 2.20)
Roa	− 0.013 *** (− 2.85)	− 0.006 (− 1.28)	− 0.022 ** (− 2.46)	− 0.021 ** (− 2.22)
C	0.840 ** (2.33)	− 1.320 *** (− 2.95)	4.728 *** (6.27)	3.150 *** (3.48)
地区效应	NO	YES	NO	YES
行业效应	NO	YES	NO	YES
样本数	6224	6191	1951	1939
LR chi^2	1314.18	2411.70	229.50	367.84
Pseudo R^2	0.153	0.282	0.101	0.164

注：*** 、** 、* 分别表示系数在 0.01、0.05、0.1 的显著性水平上显著。

从表 3-7 中模型 1~模型 4 的总体估计结果来看：员工人数 ln_*Staff* 的系数大多显著为正，表明企业获得高新技术企业所得税名义税率优惠的概率与其员工人数具有显著的正相关关系，与本节的理论预期相符。营业收入 ln_*Reven* 的系数大多显著为负，表明随着企业营业收入的提高，获得高新技术企业所得税名义税率优惠的概率反而下降，与本节的理论预期不符，可能的原因是营业收入越小的企业反而更愿意开展科技创新活动，并积极向政府争取高新技术企业税收优惠政策，从而促进企业的长远发展。国有股占比 *State* 的系数显著为负，管理层持股占比 *Mana* 的系数显著为正，它们的系数符号与本节的理论预期相符，可见股权结构对于企业能否享受高新技术企业所得税名义税率优惠政策有着显著的影响。资产负债率 *Dat* 的系数显著为负，表明随着负债水平的提高，企业从事科技创新活动并争取高新技术企业优惠政策的积极性随之降低，与本节的理论预期相符。但是，总资产净利润率 *Roa* 的系数显著为负，与本节的理论预期不相符，可能的原因是随着总资产净利润率的提高，企业逐渐满足于现有的利润率水平而降低了争取高新技术企业税收优惠政策的积极性。

（二）样本匹配结果分析

根据 Probit 回归结果，本节对倾向得分共同取值范围内的样本进行一对一近邻匹配。由于表 3-7 中有 4 个 Probit 模型，将会产生 4 个样本匹配结果，实际匹配效果都比较接近，并且当模型控制了区域和行业效应时的匹配效果更好，因此表 3-8 报告了以模型 4 计算倾向得分得到的匹配结果。

表 3-8 样本匹配结果

变量	匹配前			匹配后		
	平均值		t 值	平均值		t 值
	实验组	对照组		实验组	对照组	
ln_*Staff*	7.477	7.994	-9.20 ***	7.493	7.459	0.81
ln_*Reven*	20.926	21.764	-12.97 ***	20.948	21.850	2.07 **
State	3.415	8.029	-7.42 ***	3.464	4.019	-1.36
Mana	15.159	5.018	10.74 ***	14.578	14.551	0.04
Dat	34.687	46.526	-11.92 ***	34.978	34.998	-0.03
Roa	5.675	5.278	1.92 *	5.702	5.635	0.43

注：***、**、* 分别表示系数在 0.01、0.05、0.1 的显著性水平上显著。

从表3-8可以看到，在进行样本匹配前，作为享受高新技术企业所得税名义税率优惠的实验组和不享受高新技术企业所得税名义税率优惠的对照组，在可观测变量上有着较大差异。如实验组的国有股占比平均值为3.415%，对照组的国有股占比平均值为8.029%，且差异在0.01的显著性水平上显著。同样的，除了 *Roa* 在实验组和对照组之间的差异在0.1的显著性水平上显著外，其他可观测变量也都在0.01的显著性水平上显著。经过倾向得分匹配后，实验组和对照组在可观测变量上的差异已经非常小，如实验组的国有股占比平均值为3.464%，对照组的国有股占比平均值为4.019%，且未能通过显著性检验，表明实验组和对照组的国有股占比不存在统计上的显著差异。除了营业收入外，倾向得分匹配后其他变量的结果也都与国有股占比一致，在实验组和对照组间都不存在统计上的显著差别。上述结果表明，本节使用 Probit 模型进行的倾向得分估计效果较好，使倾向得分匹配后的可观测变量在实验组与控制组之间的分布比较均匀，在此基础上可以对高新技术企业所得税名义税率优惠的政策效应进行有效评估。

（三）高新技术企业所得税名义税率优惠的激励效应分析

根据样本匹配结果，本节使用式（3.9）对高新技术企业所得税名义税率优惠的科技创新激励效应进行政策评估，表3-9报告了政策评估结果，表中从上到下的评估结果分别与表3-7中模型1~模型4的 Probit 回归结果相对应。

表3-9　　　　　　　企业所得税名义税率优惠政策的激励效应

科技创新指标	类型	实验组	对照组	干预效应	标准误	t值
Kaifa（未控制地区和行业）	未匹配	0.543	0.146	0.397	0.022	17.73***
	ATT（匹配后）	0.543	0.229	0.314	0.031	10.02***
Kaifa（控制地区和行业）	未匹配	0.543	0.148	0.396	0.023	17.55***
	ATT（匹配后）	0.536	0.272	0.263	0.037	7.16***
Yanfa（未控制地区和行业）	未匹配	3.234	1.874	1.359	0.147	9.22***
	ATT（匹配后）	3.193	2.577	0.616	0.212	2.90***
Yanfa（控制地区和行业）	未匹配	3.231	1.892	1.339	0.149	9.02***
	ATT（匹配后）	3.216	2.818	0.399	0.241	1.66*

注：***、**、*分别表示系数在0.01、0.05、0.1的显著性水平上显著。

从表 3-9 可以看到，当科技创新指标为开发支出占比 *Kaifa* 且未控制地区和行业效应时，未经倾向得分匹配时的干预效应为 0.397%，且在 0.01 的显著性水平上显著，表明与未享受高新技术企业所得税名义税率优惠的企业相比，享受该政策企业的开发支出占营业收入的比重高达 0.397%。但是，经过倾向得分匹配后的干预效应为 0.314%，且在 0.01 的显著性水平上显著，表明回归分析方法可能由于样本选择偏误的内生性问题，导致一定程度上高估了税收优惠政策的科技创新激励效应，而应用倾向得分匹配法进行样本匹配后，由于消除了样本选择偏误而提高了税收优惠政策效应评估的准确性。同时，在控制地区和行业效应后，可以看到倾向得分匹配后的干预效应为 0.263%，且在 0.01 的显著性水平上显著，表明在可观测变量中加入地区和行业变量后，倾向得分匹配的准确性进一步提高，从而进一步纠正了回归分析方法中遇到的样本选择偏误问题，表明我国当前实施的高新技术企业所得税名义税率优惠政策可以使企业开发支出占营业收入的比重提高 0.263%。当科技创新指标为研发支出占比 *Yanfa* 时，模型估计结果也与开发支出占比一致，表明高新技术企业所得税名义税率优惠政策使我国企业研发支出占营业收入的比重提高 0.399%，而回归分析方法得到的 1.359% 的系数则由于样本选择偏误问题，大幅高估了税收优惠政策的实际政策效应。

（四）稳健性检验

为了进一步验证高新技术企业所得税名义税率优惠的科技创新激励效应，本节基于企业异质性视角，以衡量企业科技创新水平的 *Kaifa* 和 *Yanfa* 作为被解释变量，以衡量企业是否享受高新技术企业所得税名义税率优惠的 *Taxpre* 作为关键解释变量，以倾向得分匹配分析中使用的可观测变量作为常规控制变量，并在此基础上加入省份经济变量、年度效应、地区效应和行业效应等反映企业异质性的控制变量，对模型进行 OLS 回归，并考察 *Taxpre* 系数的变化情况。其中，省份经济变量以企业注册地所在省份的地区生产总值作为衡量指标，并以 2008 年作为基期进行价格指数调整。模型回归结果如表 3-10 所示，限于篇幅，仅报告 *Taxpre* 的参数估计结果。

模型 5～模型 8 的被解释变量为 *Kaifa*，在模型 5 中未加入控制变量时，*Taxpre* 的系数达到 0.397，而随着逐步加入常规控制变量以及反映企业异质性特征的控制变量后，*Taxpre* 的系数随着控制变量的增加而降低，在模型 8 中降低到 0.191。模型 9 到模型 12 的被解释变量为 *Yanfa*，在模型 9 中未加入控

表 3 – 10　　　　　　　　　基于企业异质性的 OLS 回归结果

变量	模型 5	模型 6	模型 7	模型 8	模型 9	模型 10	模型 11	模型 12
Taxpre	0.397 ***	0.303 ***	0.242 ***	0.191 ***	1.362 ***	0.595 ***	0.385 ***	0.404 ***
	(18.36)	(12.83)	(9.43)	(7.73)	(9.85)	(4.20)	(2.66)	(2.68)
常规控制变量	NO	YES	YES	YES	NO	YES	YES	YES
省份经济变量	NO	NO	NO	YES	NO	NO	NO	YES
年度效应	NO	NO	NO	YES	NO	NO	NO	YES
地区效应	NO	NO	YES	YES	NO	NO	YES	YES
行业效应	NO	NO	YES	YES	NO	NO	YES	YES
样本数	6239	6224	6224	6224	1952	1951	1951	1951
R^2	0.048	0.068	0.102	0.207	0.042	0.177	0.230	0.240

注：***、**、* 分别表示系数在 0.01、0.05、0.1 的显著性水平上显著。

制变量时，*Taxpre* 的系数达到 1.362，并且其系数也基本上表现出随着控制变量的增加而降低的规律，在模型 12 中降低到 0.404。上述结果可以与倾向得分匹配法得到的干预效应相印证，即企业所得税名义税率优惠确实提高了高新技术企业的科技创新水平，并且如果在模型中更多地控制省份经济变量、年度效应、地区效应、行业效应等企业异质性特征后，可以得到更加准确的高新技术企业所得税名义税率优惠的科技创新激励效应估计结果。

五、研究结论与建议

本节采用倾向得分匹配法，以 2008 ~ 2015 年我国沪深 A 股上市公司为样本，对我国高新技术企业所得税名义税率优惠政策的科技创新激励效应进行实证分析，从而有效避免传统回归分析方法中存在的内生性问题，对我国税收优惠政策的实施效果作出客观评价。研究结果表明，我国高新技术企业所得税名义税率优惠政策在激励企业科技创新上确实发挥了激励效果，该政策可以使企业在开发支出占比上提高 0.263%，在研发支出占比上提高 0.399%，但传统回归分析方法则存在大幅高估名义税率优惠政策效应的问题。可见，在开展税收优惠政策的科技创新激励效应评估时，计量模型可能存在的选择性偏差问题是研究者必须要解决的重要问题。同时，基于企业异质性的 OLS 回归分析结果，也与上述倾向得分匹配结果相印证。

基于本节的研究结论，我国政府有必要继续实施并完善当前的高新技术企业所得税名义税率优惠政策，具体包括：（1）强化税收优惠政策实施的绩效导向。尽管高新技术企业所得税名义税率优惠政策确实发挥了激励企业科技创新的政策效应，但其激励效果仍有较大的提升空间，主要原因在于我国尚未建立税收优惠政策实施绩效评估机制，存在"重政策制定，轻实施管理"的问题。我国政府应将政策实施绩效评估工作，纳入税收优惠政策的日常管理工作中，实现政策实施绩效的动态监测。（2）将税收优惠作为税式支出纳入预算管理。当前税收优惠并未纳入政府的财政预算管理体制，导致宏观层面的税收优惠统计数据缺失，从而使其绩效评估工作缺乏相应的数据来源。应在法律层面上确认税收优惠是政府隐性财政支出的重要组成部分，财政支出的公共性决定了税收优惠政策实施过程必须得到全面监督，应将税收优惠转变为税式支出，纳入政府财政预算支出科目中，逐步推进税收优惠的预算化管理，由此提升税收优惠政策的实施绩效。（3）进一步完善税收优惠政策支持体系。高新技术企业所得税名义税率优惠是我国当前激励企业科技创新最为重要的优惠政策，但只有经营业绩好的企业才能享受其税收优惠利益，实质上是为创新成功的企业提供事后补助，但科技创新活动往往具有较高的风险和成本投入，我国应进一步完善研发费用加计扣除政策，从激励企业加大创新要素投入的角度完善税收优惠政策体系。同时，就企业而言，也必须充分认识税收优惠政策对企业开展科技创新活动的重要意义，在加大科技创新投入的同时，积极申请政府的税收优惠政策支持。

（原载《中南财经政法大学学报》2017 年第 6 期）

第三节　税收优惠对信息经济发展的激励效应研究

一、引言

随着计算机信息技术的不断创新，世界各国的信息产业蓬勃发展，信息网络全面普及，信息化成为全球社会经济发展的最重要特征之一，这也对我国社会经济发展带来了深远的影响。面对信息经济带来的机遇和挑战，不管是我国中央政府还是地方政府，都深刻认识到整合信息资源、全面促进社会经济转型的重要性，从国家战略和政策执行层面对信息经济发展给予倾斜。中共中央办公厅、国务院办公厅早在 2006 年 3 月就发布《2006 - 2020 年国家信息化发展战略》，在国家战略层面对促进我国信息化发展进行顶层设计；2014 年 2 月，我国成立了中央网络安全和信息化领导小组，中共中央总书记习近平亲任组长。我国各级地方政府也积极采取措施促进本辖区信息经济的发展，如浙江省政府 2014 年 5 月发布《关于加快发展信息经济的指导意见》，从指导思想、主要目标、政策措施等多个方面就促进浙江省信息经济发展作出全面部署。实际上，政府出台的各类相关文件都普遍提到了财税政策对促进信息经济发展的重要作用，而伴随着政府各方面激励政策的出台，我国信息经济各领域也都有了全面发展。

税收优惠是政府促进信息经济发展的重要财税政策工具，学术界主要从宏观和微观两个视角，就税收优惠对信息经济发展的影响展开研究。在宏观层面上，郭庆旺和罗宁（2001）指出，信息技术产业将是我国经济发展的主旋律，应从企业所得税、增值税、个人所得税等方面对我国信息技术产业提供税收优惠政策支持。经庭如和储德银（2007）认为，我国税制促进了信息技术产业发展，但仍有许多具体税收政策不符合现阶段信息经济发展的要求。倪霓和王怡璞（2013）从信息消费的角度认为，税收优惠政策应从增强信息产业的创新能力、拓展新兴服务形态与改善消费环境等方面着手促进信息经济发展。茶洪旺和杜振华（2013）对意大利、韩国的信息经济相关财税政策进行分析，并对值得我国借鉴的经验进行总结。从微观层面来看，学术界主要关注税收优惠政策对企业技术创新行为的影响进行分析，如 Hall 和 Reenen（2000）通过 OECD 国家税收体系对企业研发支出的分析发现，1 美元的税收优惠可以激励企业增加 1 美元的研发支出。潘孝珍（2014）以沪深 A 股上市公司为样本，研究发现税收优惠与企业技术创新规模成正比。

从税收优惠与信息经济发展的现有文献来看，由于信息经济发展水平较难度量，关于税收优惠与信息经济发展实证分析的文献相对较少。与现有文献相比，本节尝试使用因子分析方法构建我国各省市的信息经济发展指数，采用潘孝珍（2014）、潘孝珍和庞凤喜（2015）提出的省级税收优惠水平衡量指标，通过空间面板模型对我国税收优惠与信息经济发展的空间动态效应进行实证分析。

二、研究设计

（一）税收优惠与信息经济发展的理论分析

税收优惠是政府为符合限定条件的纳税人，提供区别于基本税收制度，进而降低该纳税人税收负担的特殊税收政策，其目的是为了引导企业市场行为，实现政府相关政策目标。因此，只要政府出台的税收优惠措施恰当，一般情况下都能在一定程度上实现其政策目标。如财政部、国家税务总局《关于完善国家资产加速折旧企业所得税政策的通知》规定，计算机、通信和其他电子设备制造业，信息传输、软件和信息技术服务业等 6 个行业，2014 年 1 月 1 日后新购进的固定资产，可缩短折旧年限或采取加速折旧。加速折旧可以加快企业现金回流，激励企业进行固定资产投资，从而有利于促进享受该税收优惠政策的信息经济产业发展。因此，从理论上讲，一个地区的税收优惠水平与本地区信息经济发展水平正相关。

但是，空间计量经济学提出的"空间依赖性"理论认为，在空间距离上较近的事物，它们之间的相互竞争更加紧密，一个地区信息经济发展水平除了受到本地区税收优惠水平影响外，它在理论上还受到空间相连地区税收优惠水平以及信息经济发展水平的影响。空间计量经济学通过空间权重矩阵来衡量地区间的"空间依赖性"程度，并由此建立空间滞后项来反映其面临的总体空间滞后指标。因此，本节根据空间计量经济学理论，建立税收优惠空间滞后项，用以反映空间相关地区的税收优惠总体水平。一般来说，如果空间相关地区的税收优惠水平越高，由于信息经济发展的社会资源具有流动性，且在总量上是有限的，这意味本地区信息经济发展的社会资源在不断流失，从而不利于本地区信息经济的进一步发展，因此，税收优惠空间滞后项与本地区信息经济发展水平成反比。但信息经济空间滞后项可以反映空间相关地区的信息经济发展总体水平，而空间相关地区信息经济发展水平的提高，会在一定程度上促进本地区信息经济的发展，因此，信息经济空间滞后项与本地区信息经济发展水平成正比。

不过，需要注意的是，一个地区提供的税收优惠水平，存在名义税收优惠和实际税收优惠的区别：名义税收优惠是指通过税收法律法规在名义上提供的税收优惠水平；实际税收优惠是指实施税收优惠政策以后，企业实际上能够享受到的税收优惠水平。由于不同地区在税收优惠政策的执行力度上存在差异，地区间的名义税收优惠水平与实际税收优惠水平显然不一致。因此，尽管从理论上讲，一个地区的税收优惠水平与该地区的信息经济发展水平成正比，但如果进一步将税收优惠区分为名义税收优惠和实际税收优惠的话，不同税收优惠指标对该地区信息经济发展水平的影响很可能并不一致，具体需要通过计量模型进行实证分析。

（二）税收优惠与信息经济发展的衡量指标构建

1. 税收优惠衡量指标构建。本节参照潘孝珍（2014）、潘孝珍和庞凤喜（2015）提出的指标构造方法，使用我国上市公司的财务报表数据，衡量上市公司的税收优惠水平。在对数据进行临界值为 0.05 的 winsor 缩尾处理以剔除异常值后，根据上市公司注册地，对各省市上市公司的税收优惠水平进行统计分析，以其平均值作为各省市税收优惠水平的衡量指标。上市公司税收优惠水平衡量指标公式为：

$$名义税收优惠水平 = 25\% - 名义税负 \tag{3.11}$$
$$实际税收优惠水平 = 25\% - 实际税负 \tag{3.12}$$

企业所得税是承载我国税收优惠政策的主要税种，且我国全部税种中只有企业所得税为高新技术企业单独提供了 15% 的低税率优惠，因此本节选择企业所得税的名义税负和实际税负来进行公式计算。上述公式中，25% 是我国 2008 年以后企业所得税的法定税率，名义税负由上市公司财务报表附注中公布的企业所得税名义税率项汇总得到，实际税负由企业当年度缴纳的企业所得税额除以利润总额得到。

2. 信息经济发展衡量指标构建。学术界对于信息经济发展水平的衡量提出了许多方法，靖继鹏和马哲明（2003）对国内外流行的信息经济测度方法进行总结，其中包括马克卢普的最终需求法、马克·波拉特的测度理论、信息化指数模型、综合信息产业力度法等方法。本节采用信息化指数模型的方法，构建各省信息经济发展指数，它通过对一系列反映信息化水平的变量进行因子分析，得到各省信息化水平的综合得分，以此作为各省信息经济发展水平的衡量指标。根据数据指标的可得性，本节用以反映各省信息经济发展水平的变量包括：移动电话普及率、互联网普及率、移动电话交换机容量、光缆路线长度、互联网上网人数、网站数、互联网宽带接入端口数、互联网宽带接入户数、技术市场成交额等。因子分析方法是利用降维的思想，由研究原始变量相关矩阵内部的依赖关系出发，把一些具有错综复杂关系的变量归结为少数几个综合因子的一种多变量统计分析方法。本节通过应用因子分析方法，将上述变量降维为两个公因子变量，并根据公因子变量所承载的信息量作为权重，构造一个反映全体变量总体情况的综合得分，即各省的信息经济发展指数。

（三）税收优惠与信息经济发展的空间滞后模型构建

为了印证税收优惠与信息经济发展存在的空间动态效应，本节构建如下面板数据空间滞后模型：

$$Inform_{it} = \alpha_1 Ntaxpre_{it} + \alpha_2 W. Inform_{it} + \alpha_3 W. Ntaxpre_{it}$$
$$+ \alpha_4 Control_{it} + u_i + \varepsilon_{it} \tag{3.13}$$

$$Inform_{it} = \alpha_1 Rtaxpre_{it} + \alpha_2 W. Inform_{it} + \alpha_3 W. Rtaxpre_{it}$$
$$+ \alpha_4 Control_{it} + u_i + \varepsilon_{it} \tag{3.14}$$

在式（3.13）和式（3.14）中，解释变量同时包含了被解释变量的空间滞后项和解释变量的空间滞后项，属于空间杜宾模型（SDM 模型）。式（3.13）和式（3.14）的解释变量为信息经济发展指数 $Inform$，它根据因子分析方法计算得到；式（3.13）的核心解释变量为名义税收优惠 $Ntaxpre$、名义税收优惠的空间滞后项 $W. Ntaxpre$ 和信息经济发展指数的空间滞后项 $W. Inform$；式（3.14）的核心解释变量为实际税收优惠 $Rtaxpre$、实际税收优惠的空间滞后项 $W. Rtaxpre$ 和信息经济发展指数的空间滞后项 $W. Inform$。其中，W 为空间权重矩阵。本节参照林光平等（2005）、沈坤荣和付文林（2006）、郭杰和李涛（2009）、潘孝珍和庞凤喜（2015）等文献，建立如下三种空间权重矩阵：

W^1 是空间相连矩阵，记 w_{ij}^1 为省份 i 和省份 j 的空间相连权重系数，如果省份 i 和省份 j 具有相连的边界，则 w_{ij}^1 取值为 1，否则 w_{ij}^1 取值为 0，即如果两个省份存在共同边界，就认为它们相互间存在空间影响。

W^2 是空间距离矩阵，记 w_{ij}^2 为省份 i 和省份 j 的空间距离权重系数，如果省份 i 和省份 j 省会城市间的陆路运输距离为 m_{ij}，则 $w_{ij}^2 = 1/m_{ij}$，这表明省会城市陆路运输距离越远的两个省份，它们之间的空间距离权重系数越小，即空间距离越远的省份相互间的空间影响越小。其中，陆路运输距离可以通过百度地图规划出的两地最短陆路交通距离获得。

W^3 是经济距离矩阵，记 w_{ij}^3 为省份 i 和省份 j 的经济距离权重系数，如果省份 i 和省份 j 在样本期间的人均实际 GDP 均值分别为 GDP_i 和 GDP_j，则 $w_{ij}^3 = 1/|GDP_i - GDP_j|$，这表明如果两个省份的人均 GDP 差距越大，则它们之间的经济距离权重系数越小，从而相互间的空间影响越小。

按照上述方法获得 W^1、W^2 和 W^3 以后，本节进一步对它们进行"行标准化"处理，将空间权重矩阵中的每个元素都除以本行元素数值之和，即 $w_{ij}/\sum_j w_{ij}$，从而使每行数值之和为 1。

为了获得更加稳健的模型估计结果，在式（3.13）和式（3.14）中加入信息经济发展相关的一系列控制变量，包括 R&D 人员全时当量 *Rdhour* 和 R&D 经费 *Rdfunds*。前者指全时人员数加非全时人员按工作量折算为全时人员数的总和，用以反映一个地区在科技研发上的人力投入；后者指 R&D 活动的实际支出，用以反映一个地区在科技研发上的经费投入。*Rdhour* 和 *Rdfunds* 共同反映了一个地区在科技研究活动上的人力、物力投入，它们的增加有利于提高地区信息经济发展水平，因此预期它们的符号为正。专利申请受理数 *Patent*，指一个地区申请专利的受理数量，专利数量的增加有利于信息经济的发展，因此预期它的符号为正。每百万人高校在校生数 *Student*，指一个地区每百万人口中高等学校的在校学生数量，可以在一定程度上反映一个地区的教育水平，而教育水平的提高有助于信息经济发展，因此预期它的符号为正。开放程度 *Open*，由一个地区的进出口总额除以地区生产总值表示，开放程度的提高意味着国际贸易更加频繁，这将促使本地区信息经济发展水平的进一步提高，因此预期其符号为正。人均地区生产总值 *Pgdp*，一个地区的人均生产总值越高，意味着它的经济发展水平越高，则信息经济发展水平也可能越高，因此预期它的符号为正。

三、描述性统计分析

由于我国开展信息经济相关数据统计工作的起步比较晚，基于数据的可得性，本节选择 2011~2015 年作为样本区间。本节计算名义税收优惠和实际税收优惠所需的相关数据来自 CSMAR 数据库，其他省级层面数据来自 2012~2016 年《中国统计年鉴》，其中信息经济发展指数根据因子分析得到。由于新疆、青海和西藏三个省区部分年度的数据缺失，在样本中予以剔除。

（一）变量的描述性统计

表 3-11 报告了模型相关变量的描述性统计结果，其中 *Rdfunds* 和 *Pgdp* 都以 2011 年为基期进行价格指数调整。从表 3-11 可以看出，*Inform* 最高的省份达到了 2.96，最低的仅为 -0.91，平均值是 0.04，可见我国不同省份的信息经济发展水平有着较大的差异。对 *Ntaxpre* 和 *Rtaxpre* 的对比可以看到，

不管是平均值、中位数、最大值还是最小值，我国实际税收优惠比名义税收优惠都要高出 5 个百分点左右。*Rdhour* 最大值为 44. 13，最小值为 0. 16，最大值是最小值的 275. 8 倍，*Rdfunds* 最大值为 2. 18，最小值为 0. 23，最大值是最小值的 9. 5 倍，可见我国各省市在 R&D 人力投入上的差距要明显大于财力投入上的差距。此外，*Patent*、*Student*、*Open* 和 *Pgdp* 的统计指标也显示出较大的差异性。

表 3 – 11   变量的描述性统计

变量	解释	平均值	中位数	最大值	最小值	标准差
Inform	信息经济发展指数（数值）	0. 04	− 0. 17	2. 96	− 0. 91	0. 73
Ntaxpre	名义税收优惠（%）	5. 46	5. 40	8. 26	2. 40	1. 30
Rtaxpre	实际税收优惠（%）	10. 51	10. 33	13. 80	7. 30	1. 19
Rdhour	R&D 人员全时当量（万人/年）	8. 51	5. 06	44. 13	0. 16	10. 44
Rdfunds	R&D 经费（万元）	1. 04	0. 92	2. 15	0. 23	0. 54
Patent	专利申请受理数（万件）	7. 38	4. 12	50. 45	0. 11	9. 83
Student	每百万人高校在校生数（万人）	2. 58	2. 31	5. 61	1. 25	0. 81
Open	开放程度（%）	28. 79	14. 28	145. 74	3. 41	31. 26
Pgdp	人均地区生产总值（万元）	4. 60	3. 76	9. 92	1. 64	2. 05

（二）核心变量的现状描述

信息经济发展指数 *Inform* 是本节的被解释变量，名义税收优惠 *Ntaxpre* 和实际税收优惠 *Rtaxpre* 是本节关注的核心解释变量，图 3 – 1 和图 3 – 2 进一步描述了它们 2015 年的各省份分布情况。

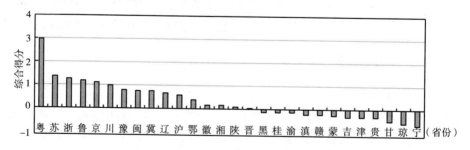

图 3 – 1   我国 2015 年各省份的信息经济发展指数

图 3－1 按照信息经济发展指数的综合得分由高到低进行排序，可以看到：我国 2015 年信息经济发展指数排在前五位的分别是广东、江苏、浙江、山东和北京，全部属于东部沿海经济发达省份，信息经济发展指数排在后五位的分别是宁夏、海南、甘肃、贵州和天津，除天津外其他都是经济水平相对落后的中西部省份，可见一个地区的信息经济发展水平与其经济发展水平可能存在一定的关联。从具体数值来看，排名第一的广东省综合得分为 2.96，比排名第二的江苏省高出 63.52%，在一定程度上处于一省独大的地位。

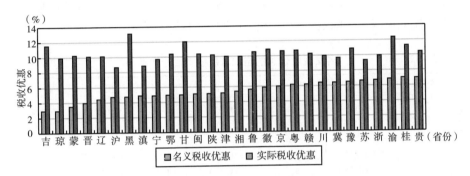

图 3－2　我国 2015 年各省份的名义税收优惠和实际税收优惠

图 3－2 按照名义税收优惠水平由低到高进行排序，可以看到：我国 2015 年名义税收优惠水平排在前五位的分别是贵州、广西、重庆、浙江和江苏，排名后五位的分别是吉林、海南、内蒙古、山西和辽宁，涵盖了东部、中部和西部地区。从实际税收优惠水平来看，尽管黑龙江的名义税收优惠水平较低，但实际税收优惠水平却最高。如前所述，名义税收优惠只是地方政府为企业在名义上提供的税收优惠水平，而实际税收优惠则是企业实实在在能够享受到的税收优惠水平，不同省份在名义税收优惠和实际税收优惠上的差异，必然会对本省份的信息经济发展水平产生较大的影响。

四、实证结果分析

与其他类型的面板数据空间滞后模型一样，由于空间杜宾模型的解释变量包含了被解释变量的空间滞后项，在模型估计中可能会存在内生性问题，普通 OLS 回归方法无法解决该问题，现有文献大多使用似不相关回归

（SUR）、系统广义矩估计（GMM）、最大似然估计（MLE）等方法进行模型估计，以解决计量模型中可能存在的内生性问题。本节采用 Lee 和 Yu（2010）、Cameron（2011）等提出的用以解决空间滞后模型内生性问题的最大似然估计法，对式（3.13）和式（3.14）的模型进行估计。

（一）名义税收优惠对信息经济发展的实证结果分析

对式（3.13）进行 MLE 估计，表 3 – 12 报告了模型估计结果，其中，模型 1 和模型 2 的空间权重矩阵为 W^1，模型 3 和模型 4 的空间权重矩阵为 W^2，模型 5 和模型 6 的空间权重矩阵为 W^3。对模型的 Hausman 检验结果表明，模型 2 和模型 4 应采用固定效应，其他模型应采用随机效应。

表 3 – 12　　　　　　　　名义税收优惠的空间滞后模型估计结果

变量	模型 1	模型 2	模型 3	模型 4	模型 5	模型 6
Ntaxpre	0.023 (1.37)	0.017 (1.19)	0.026 * (1.68)	0.018 (1.25)	0.035 ** (2.40)	0.024 * (1.65)
W. Ntaxpre	− 0.034 * (− 1.78)	− 0.032 * (− 1.90)	− 0.024 (− 1.16)	− 0.027 (− 1.47)	− 0.039 ** (− 2.16)	− 0.047 *** (− 2.62)
W. Inform	0.595 *** (11.70)	0.368 *** (4.98)	0.749 *** (15.70)	0.614 *** (8.21)	0.658 *** (13.79)	0.529 *** (8.15)
Rdhour	0.040 *** (4.70)	0.029 *** (3.59)	0.042 *** (5.55)	0.036 *** (4.88)	0.039 *** (4.98)	0.037 *** (5.10)
Rdfunds	0.255 (1.44)	− 0.25 (− 1.48)	0.104 (0.68)	− 0.260 * (− 1.72)	0.366 ** (2.37)	− 0.129 (− 0.87)
Patent	—	0.031 *** (5.11)	—	0.028 *** (5.03)	—	0.029 *** (4.90)
Student	—	0.418 *** (3.81)	—	0.328 *** (3.30)	—	0.227 *** (2.75)
Open	—	− 0.003 (− 1.25)	—	− 0.003 (− 1.40)	—	− 0.002 (− 1.27)
Pgdp	—	0.071 (1.30)	—	− 0.035 (− 0.68)	—	− 0.015 (− 0.39)
空间权重矩阵	W^1	W^1	W^2	W^2	W^3	W^3

续表

变量	模型 1	模型 2	模型 3	模型 4	模型 5	模型 6
Hausman 检验	8.02	30.06***	8.18	39.37***	7.40	12.55
模型类型	随机效应	固定效应	随机效应	固定效应	随机效应	随机效应
样本数	140	140	140	140	140	140
R^2	0.612	0.523	0.739	0.649	0.737	0.730

注：***、**、* 分别表示系数在 0.01、0.05、0.1 的显著性水平上显著。

从表 3 - 12 可以看到，不管选择哪种类型的空间权重矩阵，*Ntaxpre* 的系数在模型 1～模型 6 中都为正，且模型 3、模型 5 和模型 6 都通过了显著性检验，表明各省份的名义税收优惠水平对信息经济发展具有显著的促进作用，与本节的理论预期相符；同时，*Ntaxpre* 的空间滞后项 *W.Ntaxpre* 在模型 1 和模型 2、模型 5 和模型 6 中都显著为负，表明空间相关省份名义税收优惠水平的提高，将会降低本省份的信息经济发展水平。其可能的原因是，名义税收优惠是一个地区从名义上给本地区企业提供的税收优惠水平，一个地区名义税收优惠水平的提高，有利于吸引周边省份相关经济资源向本地区流动，从而降低其空间相关省份的信息经济发展水平。*Inform* 的空间滞后项 *W.Inform* 在模型 1～模型 6 中都显著为正，表明一个省份空间相关地区的信息经济发展水平提高，将会有利于促进该省份的信息经济发展水平。*Rdhour*、*Patent* 和 *Student* 在所有模型中都显著为正，表明各省份研发人员投入、专利申请受理数、高等在校生数的增加，都有利于其信息经济发展水平的提高，但 *Rdfunds* 和 *Pgdp* 的系数在大部分模型中都不显著，表明它们对地区信息经济发展不存在显著的激励效应。

（二）实际税收优惠对信息经济发展的实证结果分析

对式（3.14）进行 MLE 估计，表 3 - 13 报告了模型估计结果，其中，模型 7 和模型 8 的空间权重矩阵为 W^1，模型 9 和模型 10 的空间权重矩阵为 W^2，模型 11 和模型 12 的空间权重矩阵为 W^3。对模型的 Hausman 检验结果表明，模型 8 和模型 10 应采用固定效应，其他模型应采用随机效应。

从表 3 - 13 可以看到，不管选择哪种类型的空间权重矩阵，尽管 *Rtaxpre* 的系数在模型 7～模型 12 中都为正，但都不显著，表明实际税收优惠并未提高信息经济发展水平；同时，*Rtaxpre* 的空间滞后项 *W.Rtaxpre* 在所有模型中也都不显著，表明空间相关省份的实际税收优惠水平与本省份的信息经济发展

表 3 – 13   实际税收优惠的空间滞后模型估计结果

变量	模型 7	模型 8	模型 9	模型 10	模型 11	模型 12
$Rtaxpre$	0.012 (0.91)	0.008 (0.75)	0.011 (0.91)	0.008 (0.90)	0.008 (0.65)	0.004 (0.33)
$W. Rtaxpre$	0.005 (0.19)	0.010 (0.50)	−0.008 (−0.18)	0.011 (0.32)	0.005 (0.23)	0.007 (0.33)
$W. Inform$	0.564*** (10.98)	0.368*** (4.92)	0.720*** (15.39)	0.617*** (8.17)	0.645*** (13.43)	0.539*** (8.36)
$Rdhour$	0.051*** (6.46)	0.031*** (3.83)	0.050*** (7.48)	0.037*** (5.02)	0.049*** (6.94)	0.040*** (5.48)
$Rdfunds$	0.091 (0.58)	−0.278* (−1.65)	0.039 (0.29)	−0.292* (−1.95)	0.139 (0.98)	−0.142 (−0.94)
$Patent$	— —	0.029*** (4.88)	— —	0.027*** (4.97)	— —	0.027*** (4.67)
$Student$	— —	0.468*** (4.30)	— —	0.344*** (3.45)	— —	0.244*** (2.91)
$Open$	— —	−0.004 (−1.43)	— —	−0.004 (−1.51)	— —	−0.002 (−1.38)
$Pgdp$	— —	0.071 (1.32)	— —	−0.030 (−0.60)	— —	−0.012 (−0.29)
空间权重矩阵	W^1	W^1	W^2	W^2	W^3	W^3
Hausman 检验	8.02	30.06***	8.18	39.37***	7.40	12.55
模型类型	随机效应	固定效应	随机效应	固定效应	随机效应	随机效应
样本数	140	140	140	140	140	140
R^2	0.612	0.523	0.739	0.649	0.737	0.730

注: ***、**、*分别表示系数在0.01、0.05、0.1的显著性水平上显著。

水平不相关。上述结果与表 3 – 12 恰好相反，可能的原因是，尽管实际税收优惠会给本地区企业提供实实在在的税收优惠利益，但实际税收优惠水平需要企业在本地区开展实际经营活动以后才能享受到，未能像名义税收优惠那样向企业发出税收优惠利益信号，不能吸引其他地区企业来本地区投资设厂。同时，也正是由于实际税收优惠只有在本地区实际从事经营活动的企业才能享受，其他地区的企业可以通过各种途径了解到该地区的名义税收优惠水平，但却难以切实准确了解该地区的实际税收优惠水平，以至于实际税收优惠的空间滞后项并不会对本地区的信息经济发展带来负面影响。*W. Inform*、*Rdhour*、*Patent* 和 *Student* 的系数在模型 7 到模型 12 中都显著为正，*Rdfunds* 和 *Open* 在大部分模型中都不显著，这些结果基本上与表 3 - 12 一致，其经济含义此处不再赘述。

五、研究结论与政策建议

信息经济是当前全球经济发展的必然趋势，我国政府也极度重视推动我国信息经济的发展，税收优惠政策则是我国政府可以运用，并且正在大力运用的重要政策工具之一。本节使用空间杜宾模型，对我国税收优惠对信息经济发展的激励效应进行实证分析，主要的研究结论包括：（1）我国信息经济发展水平最高的五个省份依次是广东、江苏、浙江、山东和北京，而信息经济发展水平最低的五个省份依次是宁夏、海南、甘肃、贵州和天津。（2）一个省份的名义税收优惠水平与其信息经济发展水平显著正相关，实际税收优惠水平与其信息经济发展水平不相关，表明企业所得税名义税率优惠政策能够激励本地区信息经济发展。（3）名义税收优惠空间滞后项与地区信息经济发展水平显著负相关，实际税收优惠空间滞后项与地区信息经济发展水平不相关，名义税收优惠能够吸引其他地区信息经济资源向本地区流动。

本节的政策含义包括：（1）在整体上提高我国信息经济发展水平的同时，应正视各省份在信息经济发展水平上存在的较大差距，对于信息经济发展水平相对比较落后的省份，更应该出台相应的财税政策予以支持。（2）为了促进本地区信息经济的发展，各地政府应切实落实高新技术企业所得税名义税率优惠政策，加强高新技术企业认定管理办法的实施工作，发挥税收优惠政策对信息经济发展的激励作用。（3）空间相连省份名义税收优惠水平的提高将会降低本地区的信息经济发展水平，因此名义税收优惠可能存在导致各地区为争夺信息经济资源而开展无序竞争的问题，我国中央政府应对地方政府在信息经济方面的名义税收优惠竞争有所限制，鼓励地方政府为本地区现有的信息经济企业提供实实在在的税收优惠利益。

（原载《财政经济评论》2017 年第 1 期）

第四节　税收优惠与企业科技创新投入的案例分析

一、公司简介

浙江大华技术股份有限公司（以下简称"大华股份"）是领先的监控产品供应商和解决方案服务商，面向全球提供领先的视频存储、前端、显示控制和智能交通等系列化产品。公司自 2002 年推出业内首台自主研发的 8 路嵌入式 DVR 以来，持续加大研发投入，不断致力于技术创新。目前，大华股份拥有 4000 余人的研发技术团队，每年投入的研发费用占销售收入的 10% 左右，致力于打造高品质、高性价比的行业精品，持续为客户创造最大价值。当前，大华股份连续 12 年荣获中国安防十大品牌，连续 8 年入选《安全 & 自动化》杂志 "全球安防 50 强"（2015 年位列第五），是中国平安城市建设推荐品牌和中国安防最具影响力的品牌之一。

二、大华股份税收优惠情况

（一）企业所得税税率优惠

2008 ~ 2015 年，大华股份都通过了高新技术企业认定，企业所得税均按其应纳所得额的 15% 计缴。由于大华股份每年的应纳税所得额基数大，与企业所得税法定税率 25% 相比，名义税率优惠政策大大降低了企业所得税税负。根据企业所得税 10% 的名义税率优惠幅度，结合大华股份 2008 ~ 2015 年年报中披露的利润总额，表 3 - 14 估算了各年度的企业所得税优惠额度。从表 3 - 14 中可以看到，大华股份获得的企业所得税优惠额度随着利润总额的增长而增长，2008 ~ 2015 年以 10% 估算的企业所得税优惠额度累计超过 5 亿元，超过 2011 年的利润总额。

（二）增值税超税负返还优惠

大华股份软件产品销售收入先按 17% 的税率计缴增值税，实际税负超过 3% 的部分经主管税务部门审核后实施即征即退政策。企业于 2008 ~ 2015 年获得的增值税超税负返还，如表 3 - 15 所示。从表 3 - 15 中可以看

到，2009～2015 年大华股份收到的增值税超税负返还额逐年增加，从 2009
年的 0.25 亿元增加到 2015 年的 3.72 亿元。可见，随着企业规模扩大，经营
效率提高，销售收入增加的同时，企业享受的增值税超税负返还随之增加，
增值税实际税负随之降低。并且，大华股份享受的增值税超税负返还规模庞
大，能够大大降低企业整体税负，进而有效推动企业加大研发投入。

表 3 – 14　　　　　　　**2008～2015 年大华股份企业所得税优惠额度**

年份	利润总额（亿元）	税率优惠幅度（%）	企业所得税优惠（亿元）
2008	1.11	10	0.11
2009	1.28	10	0.13
2010	2.88	10	0.29
2011	4.13	10	0.41
2012	7.55	10	0.75
2013	11.25	10	1.13
2014	12.53	10	1.25
2015	15.78	10	1.58

表 3 – 15　　　　　　**2008～2015 年大华股份增值税超税负返还**　　　单位：亿元

年份	增值税超税负返还	年份	增值税超税负返还
2008	—	2012	1.35
2009	0.25	2013	1.79
2010	0.43	2014	2.99
2011	0.68	2015	3.72

（三）税费减免优惠

税费减免的主要优惠内容是企业享受的减免税优惠政策，减免税是指国
家为鼓励和照顾某些纳税人或征税对象，减少其计税依据或从其应征税款中
减征部分税款或免征全部税款的税收优惠措施。表 3 – 16 报告了大华股份历
年来享受的税费减免优惠情况，其中，2008 年和 2009 年的税费减免总额并
未在当年年报中披露，2010～2015 年的税费减免总额总体上较少，且历年来
变化较大。2010～2013 年的税费减免基本上保持在 150 万元以内，2014 年有
了较大幅度的增长，2015 年达到了 714.86 万元的历史最高水平。

表 3 - 16 　　　　　　　2008～2015 年大华股份的税费减免情况　　　　　单位：万元

年份	税费减免	年份	税费减免
2008	—	2012	142.71
2009	—	2013	108.94
2010	104.48	2014	458.82
2011	112.20	2015	714.86

（四）税费返还优惠

在上市公司现金流量表中有"收到的税费返还"科目，它反映企业收到政府返还的各种税费，如收到的增值税、消费税、企业所得税、教育费附加等返还。大华股份 2008～2015 年收到的税费返还如表 3 - 17 所示。随着大华股份研发投入的增加、企业规模的扩大、经营业绩的提升，企业收到的税费返还逐年增加，2015 年收到的税费返还额已超过 9 亿元。

表 3 - 17 　　　　　　　2008～2015 年大华股份收到的税费返还　　　　　单位：亿元

年份	收到的税费返还	年份	收到的税费返还
2008	0.27	2012	2.00
2009	0.27	2013	2.59
2010	0.65	2014	5.17
2011	0.91	2015	9.59

三、大华股份科技创新投入

（一）科技创新人力投入

大华股份自成立以来，一直非常注重科技创新投入，研发人员数量持续增长，从而为企业的新技术和新产品开发提供了人力保障。表 3 - 18 报告了 2008～2015 年大华股份科技创新人力投入情况。从表 3 - 18 中可以看到，大华股份近年来规模扩张明显，企业员工总数从 2008 年的 839 人逐年增加到 2015 年的 6714 人，研发人员数也从 2008 年的 323 人增加到 2015 年的 2668 人，研发人员占比始终保持在 30% 以上。需要特别指出的是，根据大华股份年报披露，企业于 2014 年主动寻求变革，进行组织架构和人员结构调整，逐

渐从产品型竞争转向解决方案和运营服务，该年度企业员工总数增加了1566
人，是企业员工数增长数量最多的一年，同时研发人员数量增加了468人，
从而仍保持着研发人员占比30%以上的高占比水平。2015年，大华股份员工
总数仅增长8.73%，但研发人员数却增长了20.40%，从而研发人员占比达
到39.74%，为8年来最高。可见，大华股份在企业科技创新方面投入了大
量的人力成本，而目前2668人的研发团队，保证了公司从硬件到软件的强大
研发实力，与同行业二线厂商距离拉开明显，是公司进行解决方案转型的有
力保障。

表 3 – 18　　　　　　　2008~2015 年大华股份科技创新的人力投入

年份	研发人员数（人）	研发人员数增长率（%）	企业员工数（人）	企业员工数增长率（%）	研发人员占比（%）
2008	323	—	839	—	38.50
2009	375	16.10	985	17.40	38.10
2010	456	21.60	1474	49.64	31.00
2011	706	54.82	2169	47.15	32.55
2012	1154	63.46	3238	49.29	35.64
2013	1748	51.47	4609	42.34	37.93
2014	2216	26.77	6175	33.98	35.89
2015	2668	20.40	6714	8.73	39.74

（二）科技创新资金投入

科技创新资金投入规模是企业研发强度的重要体现，表3–19报告了
2008~2015年大华股份科技创新的资金投入情况。从表3–19中可以看到，
2008年大华股份的研发费用为0.52亿元，此后逐年增加，至2015年已达到
9.55亿元，为2008年的18倍。从增长率来看，2009年研发费用增长率为历
年最低，只有2.27%，2013年研发费用增长率为历年最高，达到108.89%。
2008年大华股份的营业收入为6.32亿元，此后逐年增加，至2015年达到
100.78亿元，为2008年的16倍。营业收入每年的增长率均超过30%，其中
2015年为37.45%，与其他年份相比相对较低，随着营业收入基数变大，营
业收入增长速度减缓。研发费用占比在2008年为8.30%，其经济含义是大
华股份当年营业收入中有8.30%投入到科技创新活动中。此后，2009~2012

年研发费用占比保持在 6% 左右,该比重与其他上市公司相比仍然较高,2013 ~ 2015 年的研发费用占比均超过 9% 。在大华股份营业收入大幅度增加的同时,研发费用占比保持在 9% 以上的高位,意味着企业科技研发资金投入非常庞大。

表 3 – 19   2008 ~ 2015 年大华股份科技创新资金投入

年份	研发费用 (亿元)	研发费用增长率 (%)	营业收入 (亿元)	营业收入增长率 (%)	研发费用占比 (%)
2008	0.52	—	6.32	—	8.30
2009	0.54	2.27	8.36	32.27	6.42
2010	0.96	79.08	15.16	81.39	6.33
2011	1.50	56.22	22.05	45.44	6.80
2012	2.39	59.56	35.31	60.13	6.78
2013	5.00	108.89	54.10	53.21	9.24
2014	7.80	56.06	73.32	35.52	10.64
2015	9.55	22.37	100.78	37.45	9.48

四、大华股份税收优惠对科技创新的激励效应

(一) 税收优惠与科技创新主要指标的相关系数

表 3 – 20 报告了大华股份税收优惠和科技创新指标的相关系数,由于表格篇幅限制,表 3 – 20 中变量名以字符表示,V1、V2、V3、V4、V5、V6 分别代表大华股份的企业所得税优惠、增值税超税负返还、减免税优惠、收到的税费返还、研发人员数、研发费用。表 3 – 20 的左下角报告的是税收优惠与科技创新指标的 Pearson 相关系数,右上角报告的是税收优惠与科技创新指标的 Spearman 相关系数。从表 3 – 20 中可以看到:税收优惠指标与科技创新指标之间的相关性非常高。

表 3 – 20   税收优惠与科技创新指标的相关系数

相关系数	V1	V2	V3	V4	V5	V6
V1	1.00	1.00 *	0.83 *	1.00 *	1.00 *	1.00 *
V2	0.97 *	1.00	0.83 *	1.00 *	1.00 *	1.00 *

续表

相关系数	V1	V2	V3	V4	V5	V6
V3	0.82*	0.93*	1.00	0.83*	0.83*	0.83*
V4	0.91*	0.96*	0.97*	1.00	1.00*	1.00*
V5	0.99*	0.99*	0.86*	0.93*	1.00	1.00*
V6	0.97*	0.99*	0.91*	0.96*	0.99*	1.00

注：＊表示该系数的显著性水平在 0.05 以上。

从 Pearson 相关系数来看，V5（研发人员数）与 V1（企业所得税优惠）、V2（增值税超税负返还）、V3（减免税优惠）、V4（收到的税费返还）的 Pearson 相关系数最低为 0.86，大多数都达到了 0.99，且都在 0.05 以上的显著性水平上显著，表明随着大华股份获得的企业所得税优惠、增值税超税负返还、减免税优惠、收到的税费返还的增加，企业的研发人员数也随之增加，它们在数据统计特征上具有显著且极高的正相关关系。同样，V6（研发费用）与 V1（企业所得税优惠）、V2（增值税超税负返还）、V3（减免税优惠）、V4（收到的税费返还）之间也存在显著且极高的正相关关系。从 Spearman 相关系数来看，税收优惠与科技创新指标之间的相关系数也都非常高，许多达到了 1.00 的完全正相关关系。因此，可以说大华股份获得的税收优惠利益与其科技创新的人力和资金投入都成正比，我国政府科技创新导向的税收优惠政策在激励企业科技创新上发挥了相应的作用。

（二）税收优惠与研发人员数的散点图

图 3 - 3 ~ 图 3 - 6 分别显示了大华股份税收优惠与企业研发人员数散点图。图 3 - 3 显示的是企业所得税优惠与研发人员数的散点图，可以看到，2008 ~ 2015 年八个样本点都均匀地分布在拟合直线周围，且拟合直线斜率为正，表明大华股份的企业所得税优惠与研发人员数之间存在较强的正相关关系。企业所得税优惠增加则意味着营业成本相对降低，而企业为了获取更多的企业所得税优惠，有较大的积极性增加研发人员数，从而更加有效地开展科技创新活动。图 3 - 4、图 3 - 5、图 5 - 6 也同样显示，拟合直线的斜率都为正，且历年样本点也都基本上都围绕在拟合直线周围，从而也同样表明大华股份获得的增值税超税负返还、减免税优惠、收到的税费返还与研发人员数正相关。

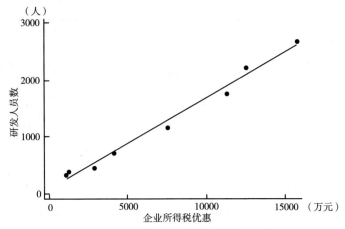

图 3 - 3　企业所得税优惠与研发人员数

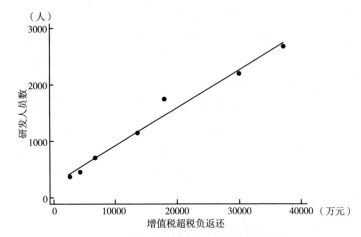

图 3 - 4　增值税超税负返还与研发人员数

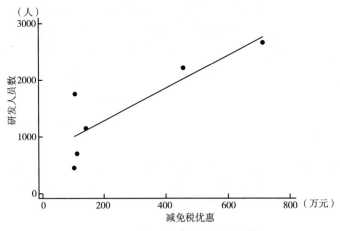

图 3 - 5　减免税优惠与研发人员数

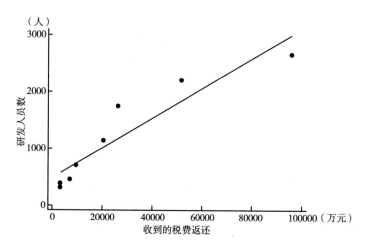

图 3 - 6 收到的税费返还与研发人员数

（三）税收优惠与研发费用的散点图

从图 3 – 7 ~ 图 3 – 10 分别显示了大华股份税收优惠与研发费用散点图。将图 3 – 3 ~ 图 3 – 6 和图 3 – 7 ~ 图 3 – 10 横轴指标相同的散点图进行对比可以发现，图 3 – 7 ~ 图 3 – 10 的散点图形态与图 3 – 3 ~ 图 3 – 6 非常接近，也都表明大华股份获得的企业所得税优惠、增值税超税负返还、减免税优惠、收到的税费返还与研发费用正相关。

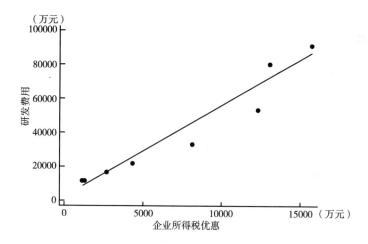

图 3 - 7 企业所得税优惠与研发费用散点图

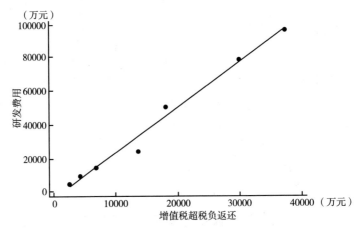

图 3 - 8 增值税超税负返还与研发费用散点图

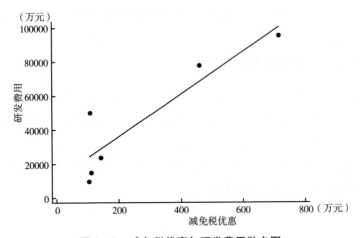

图 3 - 9 减免税优惠与研发费用散点图

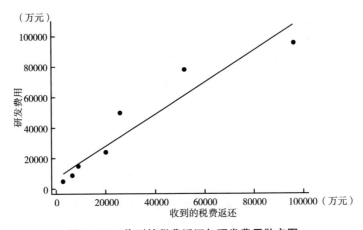

图 3 - 10 收到的税费返还与研发费用散点图

五、研究结论

从上述指标分析中可以看到，大华股份享受的税收优惠规模与企业科技创新投入正相关，政府提供更多激励企业科技创新的税收优惠政策，可以进一步促进大华股份在科技创新上的持续投入，从而帮助企业获得大量的科技创新成果。根据历年年报披露的信息，大华股份获得的科技创新成果主要包括：一体化机芯已处于行业领先地位，以 Smart IPC 为代表的智能化解决方案推动了视频监控在物联网时代的普及和应用，在 VR／AR、智能机器人、人脸识别、机器视觉、智能汽车电子等前沿应用科学领域进行全面的技术研究。截至 2015 年报告期末，大华股份累计获得发明专利 40 项，实用新型 142 项，外观设计 154 项。因此，基于大华股份的案例分析表明，我国政府出台的税收优惠政策发挥了激励企业科技创新的理论效应，我国政府应继续实施并不断完善当前科技创新导向的税收优惠政策体系。

（原载《生产力研究》2017 年第 2 期）

第四章 外部审计、税收优惠与企业科技创新投入

第一节 审计质量、税收优惠与企业科技创新

一、引言

创新是一个国家经济发展的主要动力来源，也是推动人类社会进步的重要力量。随着我国经济发展步入"新常态"，创新越来越成为国家发展战略的核心，而企业则是科技创新活动的重要主体。科技创新活动具有不确定性和正外部性，这使企业科技创新活动面临较高的风险，却难以实现创新收入的完全内部化，从而影响企业开展科技创新活动的积极性。因此，为了鼓励企业从事科技创新活动，我国政府出台了大量的科技创新导向的税收优惠政策。但是，税收优惠本身不是目的，重要的是这些政策的实施效果如何，能否真正促进企业的科技创新活动。这一直是政策制定者关注的焦点，也是学术界研究的热点。

当前，学术界关于税收优惠政策对企业科技创新活动激励效应的研究结论并不一致。Bloom 等（2002）、Koga（2003）、Czarnitzki 等（2011）、Cappelen 等（2012）基于国家层面的宏观数据研究表明，税收优惠政策提高了企业的科技创新投入；但 Eisner 等（1984）、Griffith 等（1995）则研究发现，税收优惠政策对企业科技创新活动并没有实质性的激励作用。与国外学者的研究结论类似，国内学者的研究结论也同样存在较大差异，如张信东等（2014）通过对国家认定高新技术企业的研究表明，税收优惠政策能够激励企业开发更多的新产品和专利技术；袁建国等（2016）也研究发现税收优惠政策能够促使企业加大研发投入；但江静（2011）、郑春美

和李佩（2015）等部分文献的经验证据表明，税收优惠政策不能对企业的科技创新绩效产生显著影响。通过对现有文献的整理发现，目前国内外学者关于科技创新税收优惠政策实施效果的研究结论并不一致，甚至可以说是截然不同。

值得注意的是，部分文献也对科技创新导向税收优惠政策实施效果存在差异的原因开展研究，如袁建国等（2016）研究发现，不同地区和行业在税收优惠政策的实施效果上存在差异；夏力（2012）认为，只有在较好的制度环境下和没有政治关联的企业中，税收优惠政策才能发挥其激励效果；李万福等（2016）研究发现，税收优惠政策对企业科技创新投入的激励效应取决于调整成本的大小。但是，目前仍然没有文献针对外部审计这一监督力量对税收优惠政策实施效果的影响进行实证研究。实际上，企业享受税收优惠政策需要满足特定的条件，部分企业可能通过调整自身内部结构，主动迎合税收优惠政策的条件来获得相应的税收优惠利益，却没有将经济资源真正投入到科技创新活动中，李维安等（2016）指出，此时税收优惠政策反而成为此类企业规避税收的"税盾"。因此，从理论上讲，外部审计作为一种强大的监督力量，通过对企业财务活动及报表的审查，能够起到抑制企业避税，进而促进税收优惠政策发挥激励效应，达到提高企业科技创新成果产出的政策目标。

本节以2010~2015年沪深A股上市公司为样本，在考虑外部审计的审计质量的情况下，研究税收优惠政策对企业科技创新产出的影响。研究结果表明，税收优惠政策对企业科技创新产出具有激励效应，且该激励效应在审计质量高的条件下更加显著。本节主要研究贡献有：第一，已有文献对税收优惠和企业科技创新的研究并未达成一致结论，本节以微观层面上市公司作为样本，实证检验了税收优惠政策对企业科技创新产出的促进作用，丰富了政府政策实施效应评估的相关研究；第二，考察了审计质量对于企业科技创新税收优惠政策实施效果的调节作用，进一步深化了税收优惠政策对企业科技创新活动作用机制的研究。

二、理论分析与假设提出

科技创新是促进企业发展的根本动力，它通过优化企业的资源配置、提升企业的核心竞争力，为实现企业价值最大化提供有力支持。刘放等

（2016）指出，企业科技创新活动具有较强的正外部性，导致企业开展科技创新的私人收益低于社会收益，从而使企业的科技创新水平总是低于市场需求的最优水平。此外，科技创新活动所具有的高投入、高风险以及回报周期较长等特点，使企业的研发活动存在严重的信息不对称问题，这也同样降低了企业的科技创新积极性。因此，政府政策支持是促进企业科技创新、纠正市场失灵的必要手段。

我国政府的科技创新激励政策主要有税收优惠和财政补贴两类。郑春美等（2015）认为，财政补贴作为政府拨付给企业专项专用于科技创新的财政资金，能够直接降低企业的科技创新成本，减少企业的资金压力；税收优惠作为一种间接支持政策，能够引导企业开展研发活动，具有市场干预、成本控制、灵活管理等优势。然而，目前税收优惠政策对企业科技创新的激励效果受到多方面质疑，如 Hall 和 Reenen（2000）认为，利用税收优惠政策来刺激企业研发投入，并不能解决市场失灵问题。实际上，从理论上分析，税收优惠对企业科技激励效果并不确定，而企业接受的审计质量则是影响科技创新税收优惠政策实施效果的重要调节变量。图 4-1 显示了审计质量对科技创新税收优惠政策实施效果的影响机制。

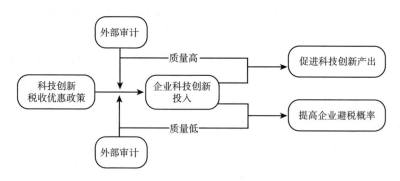

图 4-1 审计质量对科技创新税收优惠政策实施效果的影响机制

我国政府实施的科技创新税收优惠政策，主要包括高新技术企业所得税税率优惠和研发费用加计扣除优惠。《中华人民共和国企业所得税法》第二十八条明确规定，国家需要重点扶持的高新技术企业，减按 15% 的税率征收企业所得税；第三十条则规定，开发新技术、新产品、新工艺发生的研究开发费用，可以在计算应纳税所得额时加计扣除。然而，高新技术企业认定在实际执行过程中存在许多问题，吴祖光等（2013）更是指出，在信息不对称的情况下，研发支出项目界定困难为企业利用研发活动的会计处理方法、税收优惠政策进行避税提供可能，加计扣除优惠政策带来的杠杆作用使企业利用研发活动支出进行盈余管理。因此，如图 4 - 1 所示，在外部审计质量较低的情况下，税收优惠政策并没有发挥其促进企业科技创新的作用，反而成为企业逃避缴纳税款的"税盾"。相反，会计师事务所提供的外部审计服务作为一种监督力量，通过对企业应用税收优惠政策行为的监督，抑制企业利用税收优惠政策进行盈余管理，督促企业开展科技创新活动而增加科技创新产出。Fan 和 Wong（2005）等研究表明，高质量的外部审计是降低内部人机会主义行为的有效措施，Reichelt 和 Wang（2010）则认为，审计质量越高，越有可能发现企业的避税行为，并基于风险控制原则要求企业进行税务调整，以保证"所得税费用"科目的合法性与公允性。因此，在探讨税收优惠政策对企业科技创新产出激励效果时，应充分考虑外部审计质量可能存在的调节效应。基于上述理论分析，提出如下假设：

H1：税收优惠政策能够促进企业科技创新产出，并且企业接受外部审计的审计质量越高，税收优惠政策的激励效果越明显。

三、研究设计

（一）模型设计

为了检验上述研究假设，本节构建如下回归模型：

$$Innovation = \beta_1 Taxpre + \beta_2 Audit + \beta i\, Control + \varepsilon \tag{4.1}$$

$$Innovation = \beta_1 Audit \times Taxpre + \beta i\, Control + \varepsilon \tag{4.2}$$

其中，被解释变量 *Innovation* 是企业的科技创新产出，解释变量 *Taxpre* 是企业享受的税收优惠水平，*Audit* 是企业接受审计单位的审计质量水平，*Audit* × *Taxpre* 是税收优惠和审计质量的交互项。此外，为了使模型估计结果更加可靠，在模型中引入与企业科技创新规模相关的一组控制变量 *Control*，β 是变量的系数值，ε 为随机扰动项。在式（4.1）中，主要考察税收优惠和审计质量分别对企业科技创新产出的影响。同时，为了考察审计质量对科技创新税收优惠政策实施效果的调节效应，以及考虑到交互项和两个解释变量之间可能存在的多重共线性问题，在式（4.2）中，加入税收优惠与审计质量的交互项，通过其系数符号及显著性水平来测试我国企业接受外部审计的审计质量是否提高了科技创新税收优惠政策的实施效果。

（二）变量构造

1. 被解释变量，即企业科技创新产出 *Innovation*。采用企业当年度被授权的专利数量 *Patent* 和被授权的发明专利数量 *Invent* 作为衡量指标。企业获得专利数量能在整体上反映企业的科技创新产出，不过，根据《中华人民共和国专利法》的规定，专利分为发明专利、实用新型专利和外观设计专利。其中，实用新型和外观设计专利比较容易获得，技术要求相对较低，而发明专利是对产品、方法等提出新技术方案，技术含量高、获得难度较大，更能体现企业的创新能力。

2. 解释变量。

（1）税收优惠 *Taxpre*。对于税收优惠的衡量，采用潘孝珍（2014）等的做法，构建名义税收优惠 *Ntaxpre* 和实际税收优惠 *Rtaxpre* 两个指标，其计算公式分别为：

$$名义税收优惠\ Ntaxpre\ =\ 法定税率 - 名义税率 \tag{4.3}$$

$$实际税收优惠\ Rtaxpre\ =\ 法定税率 - 实际税率 \tag{4.4}$$

根据《中华人民共和国企业所得税法》，我国的企业所得税税率为25%，因此式（4.3）和式（4.4）中的法定税率取值为25%，名义税率通过查询上市公司年报附注中企业适用的所得税税率获得。对于在同一年度合并报表中，同时报告母公司和子公司多个名义税率的企业，名义税率取其平均值。实际税率由企业当年度利润表中报告的所得税费用除以利润总额计算得到。

（2）审计质量 *Audit*。由于审计质量不可直接观测，需要寻找可靠的替代性指标进行间接衡量。张宏亮和文挺（2016）经过对相关文献的筛选整理后发现，目前学术界常用的审计质量替代性指标主要包括事务所规模、审计费用、盈余质量等，本节主要采用以下两个指标。

其一，可操纵性应计利润倒数 *DA* – 1。蔡春等（2005）、张宏亮和文挺（2016）等研究发现，较高的审计质量能够抑制企业盈余管理，而可操纵性应计利润是衡量盈余管理的主要方法，因此，可以采用可操纵性应计利润作为企业审计质量高低的间接衡量指标。夏立军（2003）研究发现，基本 Jones模型具有较强的盈余管理揭示能力，本节采用基本 Jones 模型来估计企业的可操纵性应计利润：

$$\frac{ACC_t}{A_{t-1}} = \alpha_0 + \alpha_1 \frac{1}{A_{t-1}} + \alpha_2 \frac{\Delta REV_t}{A_{t-1}} + \alpha_3 \frac{PPE_t}{A_{t-1}} + \varepsilon_t \tag{4.5}$$

在式（4.5）中，ACC_t 是企业 t 期期末总应计额，由营业利润减去经营活动现金净流量计算得到；A_{t-1} 是企业 $t-1$ 期期末总资产；ΔREV_t 是企业 t 期主营业务收入与 $t-1$ 期主营业务收入的差额；PPE_t 是企业 t 期期末固定资产总额；ε_t 是随机扰动项。对上述模型进行分行业 OLS 回归，将企业个体数据代入后得到的残差绝对值作为可操纵性应计利润的衡量指标。需要说明的是，可操纵性应计利润越高，表明企业的盈余管理程度越高，审计质量越差。为了模型解释的方便，本节采用可操纵性应计利润倒数 $DA-1$ 作为审计质量的衡量指标，此时 $DA-1$ 是与企业审计质量成正比的正向指标。

其二，事务所规模 $Big4$。一般来说，事务所规模越大，提供的审计质量越高。因为规模大的事务所在专业技能和人员培训等方面的投入较多，审计师的专业胜任能力也就越强；同时，较大的事务所拥有的客户数量多，来自单一客户的压力就比较小，能够在提供审计服务时保持较强的独立性。因此，采用国际"四大"指标来衡量审计质量，若上市公司当年度财务年报的主审事务所是国际"四大"，则认为该公司接受的审计质量比较高，$Big4$ 的值为1，否则为0。

3. 控制变量。为了使回归结果更加稳定可靠，参照张信东等（2014）、潘孝珍（2015）、袁建国等（2016）的研究，加入如下控制变量：企业规模 $Size$、资产负债率 Lev、净资产收益率 ROE、国有股比重 $State$、高级管理层持股比例 $Manage$、行业 $Industry$、地区 $Area$。各变量的具体定义和度量见表 4-1。

表 4-1 变量说明表

变　　量	符　号	定　　义
专利总数	$Patent$	当年被授权的专利总数
发明专利数	$Invent$	当年被授权的发明专利数量
名义税收优惠	$Ntaxpre$	法定税率 - 名义税率
实际税收优惠	$Rtaxpre$	法定税率 - 实际税率
审计质量（$DA-1$）	$DA-1$	Jones 模型中残差绝对值的倒数
审计质量（$Big4$）	$Big4$	哑变量，国际"四大"取1，否则为0
企业规模	$Size$	年末总资产
资产负债率	Lev	年末总负债与总资产的比值
净资产收益率	ROE	年末净利润与净资产的比值
国有股比重	$State$	国有股股数与总股数的比值

续表

变　量	符号	定　义
高级管理层持股比例	*Manage*	管理层持股股数与总股数的比值
行业	*Industry*	行业虚拟变量
地区	*Area*	地区虚拟变量

四、数据来源与变量统计分析

（一）数据来源

本节以 2010～2015 年深沪 A 股上市公司作为样本，并对数据进行处理：（1）剔除金融保险行业样本；（2）剔除利润总额、实际税率、实际税收优惠和名义税收优惠小于 0 的样本；（3）剔除数据缺失的样本。经过上述处理，共得到 5232 个样本数据。为了降低极端值对研究结果的不利影响，对所有连续变量进行临界值为 5% 的 Winsor 缩尾处理。本节使用的数据均来自国泰安 CSMAR 数据库。

（二）变量的描述性统计

表 4-2 报告了变量的描述性统计结果，从中可以看出，我国不同企业之间科技创新产出存在较大差异，*Patent* 的最大值为 94，最小值为 0，*Invent* 的最大值为 14，最小值为 0。从企业享受的税收优惠水平来看，*Ntaxpre* 的最大值为 10%，*Rtaxpre* 的最大值为 20.59%，而最小值分别为 0% 和 2.21%，表明有些企业享受较大幅度的所得税优惠，而有些企业几乎完全没有享受到所得税相关优惠政策。就平均值来看，*Ntaxpre* 为 7.86%、*Rtaxpre* 为 10.51%，企业享受到的实际税收优惠水平高于名义税收优惠水平，原因在于企业还会享受除税率优惠外的其他形式的所得税优惠，并体现在实际税收优惠指标中。

表 4-2　　　　　　　　　　　变量的描述性统计

变量	平均值	最大值	最小值	标准差
Patent（件）	16.78	94.00	0.00	24.07
Invent（件）	2.29	14.00	0.00	3.83
Ntaxpre（%）	7.86	10.00	0.00	3.38
Rtaxpre（%）	10.51	20.59	2.21	4.62

变量	平均值	最大值	最小值	标准差
DA – 1（数值）	56. 07	297. 80	6. 50	73. 97
*Big*4（哑变量）	0. 05	1. 00	0. 00	0. 22
Size（亿元）	49. 18	278. 44	6. 90	65. 95
Lev（%）	36. 34	69. 77	7. 82	18. 46
ROE（%）	0. 09	0. 21	0. 02	0. 05
State（%）	2. 49	29. 95	0. 00	7. 41
Manage（%）	14. 31	56. 56	0. 00	19. 37

（三）变量的相关性分析

表 4 – 3 报告了各变量之间的 *Pearson* 相关系数。为了使数据更加平滑，在表 4 – 3 及后面回归分析中，对连续变量进行取对数处理。从表 4 – 3 中可以看出，*Ntaxpre* 与被解释变量 *Patent*、*Invent* 的相关系数都为正，且分别在 5% 和 1% 的显著性水平上显著，表明税收优惠与企业科技创新产出在统计上正相关；*Big*4 与 *Patent*、*Invent* 的相关系数也都显著正相关。不过，*Rtaxpre*、*DA* – 1 分别与 *Patent*、*Invent* 的相关系数在统计上并不显著。由于相关系数只考察了变量两两间的相关关系，本节提出的研究假设仍有待在回归分析中进一步检验。

五、实证结果分析

（一）回归结果分析

首先，对式（4.1）进行模型估计，回归结果如表 4 – 4 所示。其中，模型（1）~模型（4）报告了被解释变量为 *Patent* 的回归结果，模型（5）~模型（8）报告了被解释变量为 *Invent* 的回归结果。从模型（1）、模型（2）、模型（5）和模型（6）的估计结果来看，*Ntaxpre* 的系数均为正，且都在 1% 的显著性水平上显著，表明企业所得税名义税收优惠与企业科技创新产出水平显著正相关。从模型（3）和模型（4）的回归结果来看，*Rtaxpre* 的系数分别为 0. 136 和 0. 135，也都在 1% 的显著性水平上显著，但在模型（7）和模型（8）中，*Rtaxpre* 的系数不显著，表明企业所得税实际税收优惠与 *Patent* 显著正相关，与 *Invent* 不存在相关性。审计质量对企业科技创新产出的影

表 4 - 3

变量的相关系数

变量	Patent	Invent	Ntaxpre	Rtaxpre	DA-1	Big4	Size	Lev	ROE	State	Manage
Patent	1.000	—	—	—	—	—	—	—	—	—	—
Invent	0.507***	1.000	—	—	—	—	—	—	—	—	—
Ntaxpre	0.034**	0.070***	1.000	—	—	—	—	—	—	—	—
Rtaxpre	-0.008	0.003	0.161***	1.000	—	—	—	—	—	—	—
DA-1	-0.003	-0.005	-0.005	-0.041***	1.000	—	—	—	—	—	—
Big4	0.122***	0.095***	-0.183***	-0.098***	0.016	1.000	—	—	—	—	—
Size	0.261***	0.145***	-0.214***	-0.189***	-0.011	-0.369***	1.000	—	—	—	—
Lev	0.160***	0.079***	-0.168***	-0.139***	-0.102***	0.152***	0.535***	1.000	—	—	—
ROE	0.131***	0.148***	-0.024	-0.011	-0.080***	0.123***	0.195***	0.068***	1.000	—	—
State	0.072***	0.105***	-0.097***	-0.055***	0.000***	0.062***	0.209***	0.142***	0.031**	1.000	—
Manage	-0.094***	-0.111***	0.193***	0.105***	-0.004	-0.168***	-0.431***	-0.396***	-0.044***	-0.233***	1.000

注: ***、**、* 分别表示系数在 0.01、0.05、0.1 的显著性水平上显著。

响，从模型（1）、模型（3）、模型（5）和模型（7）的回归结果来看，$DA-1$ 的系数均不显著，但在模型（2）、模型（4）、模型（6）和模型（8）中，$Big4$ 的系数均为正，且都在1%的显著性水平上显著，说明以国际"四大"衡量的审计质量对企业科技创新产出有显著的影响，即审计质量越高，企业的科技创新产出水平越高。从其他控制变量来看，企业规模 $Size$ 的系数均显著为正，说明企业规模越大，科技创新产出越多；ROE 的系数显著为正，说明企业净资产收益率越高，企业自有资产使用效率越高，科技创新活动产出越多；$State$ 的系数也都显著为正，表明国有股比重越高的企业，科技创新产出水平也越高；$Manage$ 的系数在模型（1）~模型（4）中显著为正，而在模型（5）~模型（8）中却显著为负，说明高级管理层持股比重仅对企业专利总数的产出有显著的促进作用，但却不利于企业的发明专利产出。

表4-4 税收优惠、审计质量与企业科技创新产出的回归结果

变量	被解释变量为专利总数（*Patent*）				被解释变量为发明专利数量（*Invent*）			
	模型（1）	模型（2）	模型（3）	模型（4）	模型（5）	模型（6）	模型（7）	模型（8）
Ntaxpre	0.133 *** (5.67)	0.140 *** (5.99)	— —	— —	0.128 *** (7.51)	0.133 *** (7.84)	— —	— —
Rtaxpre	— —	— —	0.136 *** (3.69)	0.135 *** (3.69)	— —	— —	0.043 (1.61)	0.044 (1.64)
DA-1	0.018 (1.11)	—	0.020 (1.26)	—	0.010 (0.89)	—	-0.003 (-0.28)	—
Big4	— —	0.266 *** (3.29)	— —	0.224 *** (2.78)	— —	0.233 *** (3.97)	— —	0.189 *** (3.23)
Size	0.324 *** (14.89)	0.304 *** (13.41)	0.322 *** (14.67)	0.305 *** (13.38)	0.097 *** (6.10)	0.079 *** (4.79)	0.090 *** (5.66)	0.076 *** (4.56)
Lev	0.092 *** (2.80)	0.093 *** (2.87)	0.088 *** (2.67)	0.087 *** (2.67)	0.007 (0.31)	0.011 (0.44)	0.000 (0.01)	0.002 (0.07)
ROE	0.182 *** (6.91)	0.174 *** (6.68)	0.181 *** (6.89)	0.175 *** (6.67)	0.179 *** (9.41)	0.173 *** (9.15)	0.181 *** (9.44)	0.175 *** (9.20)
State	0.049 *** (2.75)	0.049 *** (2.79)	0.046 *** (2.61)	0.047 *** (2.66)	0.074 *** (5.76)	0.074 *** (5.79)	0.072 *** (5.54)	0.072 *** (5.58)
Manage	0.026 ** (2.21)	0.026 ** (2.25)	0.031 *** (2.68)	0.032 *** (2.73)	-0.035 *** (-4.07)	-0.034 *** (-4.02)	-0.029 *** (-3.38)	-0.028 *** (-3.33)

续表

变量	被解释变量为专利总数（*Patent*）				被解释变量为发明专利数量（*Invent*）			
	模型（1）	模型（2）	模型（3）	模型（4）	模型（5）	模型（6）	模型（7）	模型（8）
C	−6.070***	−5.712***	−6.078***	−5.717***	−1.828*	−1.131	−1.534	−0.869
	（−4.69）	（−5.77）	（−4.67）	（−5.73）	（−1.95）	（−1.57）	（−1.62）	（−1.20）
Industry	控制	控制	控制	控制	控制	控制	控制	控制
Area	控制	控制	控制	控制	控制	控制	控制	控制
样本数	5216	5232	5216	5232	5216	5232	5216	5232
调整后 R^2	0.124	0.127	0.121	0.123	0.062	0.065	0.053	0.054
F	36.119	32.668	35.113	31.608	17.539	16.072	14.825	13.472

注：***、**、*分别表示系数在0.01、0.05、0.1的显著性水平上显著。

本节进一步考察审计质量对科技创新税收优惠政策实施效果的调节作用，回归结果如表4-5所示。其中，模型（9）~模型（12）报告了被解释变量为 *Patent* 的回归结果，模型（13）~模型（16）报告了被解释变量为 *Invent* 的回归结果。从模型（9）、模型（10）、模型（13）和模型（14）的回归结果来看，交互项 *Ntaxpre* × *DA* − 1 和 *Ntaxpre* × *Big*4 的系数均为正，且都在1%的显著性水平上显著，表明随着企业外部审计质量的提高，名义税收优惠对企业科技创新产出的激励效果将会进一步提高；从模型（11）、模型（12）和模型（16）的回归结果来看，*Rtaxpre* × *DA* − 1 和 *Rtaxpre* × *Big*4 的系数均为正，且都在1%的显著性水平上显著，表明随着企业外部审计质量的提高，实际税收优惠对企业科技创新产出的激励效果也将进一步提高。因此，结合表4-4和表4-5的回归结果来看，我国当前实施的企业所得税税收优惠政策，能够有效促进企业科技创新的产出水平，并且随着外部审计质量的提高，企业所得税优惠政策的科技创新激励效果将会更加明显。

表4-5　　　　审计质量对科技创新税收优惠政策实施效果的调节效应

变量	被解释变量为专利总数（*Patent*）				被解释变量为发明专利数量（*Invent*）			
	模型（9）	模型（10）	模型（11）	模型（12）	模型（13）	模型（14）	模型（15）	模型（16）
Ntaxpre × *DA* − 1	0.025***	—	—	—	0.022***	—	—	—
	（4.91）	—	—	—	（5.99）	—	—	—
Ntaxpre × *Big*4	—	0.208***	—	—	—	0.091***	—	—
	—	（4.93）	—	—	—	（2.95）	—	—

续表

变量	被解释变量为专利总数（Patent）				被解释变量为发明专利数量（Invent）			
	模型（9）	模型（10）	模型（11）	模型（12）	模型（13）	模型（14）	模型（15）	模型（16）
$Rtaxpre \times DA-1$	—	—	0.016***	—	—	—	0.006	—
	—	—	(2.79)	—	—	—	(1.50)	—
$Rtaxpre \times Big4$	—	—	—	0.117***	—	—	—	0.072***
	—	—	—	(3.29)	—	—	—	(2.78)
$Size$	0.320***	0.295***	0.317***	0.296***	0.092***	0.080***	0.089***	0.077***
	(14.66)	(13.29)	(14.51)	(13.09)	(5.82)	(4.91)	(5.61)	(4.64)
Lev	0.097***	0.083**	0.090**	0.083**	0.012	−0.001	−0.000	−0.001
	(2.94)	(2.55)	(2.72)	(2.53)	(0.51)	(−0.06)	(−0.02)	(−0.03)
ROE	0.186***	0.175***	0.185***	0.177***	0.185***	0.177***	0.182***	0.177***
	(7.11)	(6.69)	(7.05)	(6.75)	(9.70)	(9.28)	(9.50)	(9.27)
$State$	0.048***	0.048***	0.046***	0.047***	0.073***	0.072***	0.072***	0.072***
	(2.69)	(2.68)	(2.61)	(2.63)	(5.66)	(5.56)	(5.54)	(5.55)
$Manage$	0.029**	0.034***	0.032***	0.033***	−0.031***	−0.028***	−0.028***	−0.028***
	(2.48)	(2.88)	(2.78)	(2.81)	(−3.68)	(−3.30)	(−3.35)	(−3.31)
C	−5.894***	−5.216***	−5.746***	−5.239***	−1.659*	−0.853	−1.425	−0.789
	(−4.56)	(−5.30)	(−4.43)	(−5.29)	(−1.76)	(−1.19)	(−1.51)	(−1.09)
$Industry$	控制	控制	控制	控制	控制	控制	控制	控制
$Area$	控制	控制	控制	控制	控制	控制	控制	控制
样本数	5216	5232	5216	5232	5216	5232	5216	5232
调整 R^2	0.122	0.124	0.120	0.122	0.059	0.054	0.053	0.053
F	37.401	33.156	36.469	32.487	17.287	13.866	15.508	13.822

注： ***、 **、 * 分别表示系数在0.01、0.05、0.1 的显著性水平上显著。

（二）稳健性检验

为了使研究结果更加稳健可靠，本节对上述模型进行下列稳健性检验：（1）替换税收优惠的衡量方法。参照李维安等（2016）的做法，采用公式 $TS = CTFE \times (25\%/r - 1)/Sale$ 来衡量企业享受的所得税优惠水平，其中，$CTFE$ 是企业当期的所得税费用，r 是企业当期所得税税率，25% 是企业所得税法定税率，$Sale$ 是企业当期的营业收入。（2）替换审计质量衡量方法。以

*Big*10 作为企业审计质量的衡量指标，若企业聘请的审计机构是国内排名前十的会计师事务所，则 *Big*10 取值为 1，否则为 0。(3) 采用异方差稳健标准误。上述稳健性检验的结果与表 4 和表 5 所显示的结果基本上一致，由于篇幅限制，此处不再列示，都进一步验证了本节研究结论的稳健性。

六、研究结论与启示

税收优惠作为政府激励企业进行科技创新的一项重要政策工具，其实施效果如何一直是学术界关注的热点话题。本节在现有文献的基础上，进一步考察审计质量对税收优惠科技创新激励效果的调节效应，研究发现：税收优惠政策能够激励企业开展科技创新活动，有效促进企业科技创新产出，并且随着外部审计质量的提高，企业不合理避税行为的约束进一步加强，税收优惠政策的激励效果更加明显。

本节的启示有：(1) 我国企业所得税优惠政策在促进企业科技创新产出上有显著的激励效果，应继续实施并进一步完善我国当前的高新技术企业所得税税率优惠政策、研发费用加计扣除政策等科技创新导向的税收优惠政策。(2) 税收优惠政策的有效实施还需借助高质量的外部审计，我国应充分发挥外部审计对企业行为的监督与治理作用，压缩企业利用税收优惠政策进行避税的空间，使税收优惠政策真正实现促进企业科技创新的政策目标。

（本节未发表，作者为潘孝珍、文媛）

第二节 政府审计、税收优惠与企业科技创新

一、引言

伴随着 40 年的经济持续增长，我国已经成长为科技大国，包括电子商务、移动支付、高铁技术等诸多重要领域都已经走在世界前列，但这和我国成为科技强国仍有较大差距。我国在许多关键的前沿科技领域仍然落后于发达国家，如近期美国对中兴的禁售制裁，凸显了我国在电子芯片设计与生产领域的软肋。可见，科技创新是关系国民经济战略安全与保持经济增长潜力的重要因素，国有企业作为引领我国国民经济发展的中坚力量，是开展科技

创新的重要经济主体。一直以来，我国政府大力支持企业从事科技创新，税收优惠政策则是政府采用的重要政策工具之一。在当前实施的科技创新税收优惠政策体系中，政策力度最大、影响范围最广的，莫过于《企业所得税法》第二十八条规定的"国家需要重点扶持的高新技术企业，减按 15% 的税率征收企业所得税"。如何有效利用税收优惠政策激励国有企业科技创新，从而引领我国整体科技水平的持续提升，是当前学术界与政策制定部门都极为关注的热点问题。一般而言，政府审计部门不会直接对企业开展审计工作，但在我国社会主义公有制经济条件下，存在大量由国资委管辖的中央企业，审计署对中央企业定期开展财务收支审计工作，这将对科技创新税收优惠政策在国有企业中的实施效果产生重大影响，本节以此为研究契机，分析政府审计在我国科技创新税收优惠政策实施过程中发挥的调节作用。

二、文献综述

大部分文献的理论分析认为，税收优惠对企业科技创新在理论上具有激励效应。从 Arrow（1962）的经典文献开始，科技创新被视为典型的公共商品或混合商品，需要政府制定财税政策进行激励。Dahlby（2005）基于企业研发活动溢出效应的数理模型研究表明，政府 1 美元的税收优惠能够带来 2 美元的企业额外研发投入；Afonso 等（2017）基于一般均衡的知识驱动内生增长模型研究表明，税收优惠能够有效提高企业科技创新水平。李浩研和崔景华（2014）、王玺和张嘉怡（2015）等指出，由于科技创新通常具有公共性、外部性和信息不对称性等特征，政府需要通过税收优惠激励和引导企业开展科技创新。赵笛（2017）则认为，当前税收优惠政策在执行过程中仍有较大的优化空间，应进一步采取有效措施，充分发挥税收优惠的科技创新激励效应。

由于企业科技创新活动对其税后成本非常敏感，大量实证研究表明科技创新税收优惠政策具有良好的政策实施效果。Hines（1994）研究表明，美国跨国公司会根据不同国家的税后成本安排子公司的科技创新活动规模。张信东等（2014）、潘孝珍（2017）使用倾向得分匹配法，剔除传统回归分析中可能存在的样本选择偏误问题，研究表明我国高新技术企业所得税名义税率优惠政策，能够有效激励企业开展科技创新活动。Kobayashi（2014）、Kasahara 等（2014）基于日本的企业样本，Mansfield（1986）基于美国的企业样本，Mansfield 和 Switzer（1985）、Bernstein（1986）、Czarnitzki 等（2011）基于加拿大的企业样本，Cappelen 等（2012）基于挪威的企业样本，Yang 等（2012）基于台湾地区的企业样本，Crespi 等（2016）基于阿根廷的企业样本，也都得出了税收优惠对企业科技创新具有激励效应的实证研究结论。Castellacci 和 Lie（2015）通过对大量微观研究文献的 Meta 分析也表明，税收优惠政策降低了科技创新的边际成本，提高了企业的科技创新水平。

但是，税收优惠政策功能的发挥，往往受到各种现实条件的约束。王春元和叶伟巍（2018）基于粗糙精确匹配法的双重差分模型研究表明，由于我国上市公司普遍存在融资约束困境，双重税收优惠政策对企业自主创新存在抑制作用。夏力（2012）的研究则表明，只有在制度环境较好的地区和高管没有政治联系的企业，税收优惠才能对科技创新产生促进作用。Jia 和 Ma（2017）的研究表明，我国税收优惠政策能够有效激励私营企业开展科技创新活动，但对国有企业的激励作用收效甚微。Chen 和 Gupta（2017）基于台湾上市公司数据，Freitas 等（2017）基于挪威、意大利和法国的跨国数据研究表明，税收优惠对高科技企业的科技创新投入具有显著的正向效应，但对普通企业没有影响。

一般来说，政府审计的主体和客体都是政府部门，因此陈丽红等（2016）、吴秋生和上官泽明（2016）、郑石桥和梁思源（2018）等，大多将研究视角集中于政府审计的国家治理效应上。实际上，政府审计也是影响科技创新税收优惠政策实施效果的重要外部因素，但政府对国有企业的审计主要发生在中国社会主义公有制经济背景下，因此相关文献以中文为主，且主要研究焦点集中于政府审计对央企控股上市公司的治理效应上。李江涛等（2015）、蔡利和马可哪呐（2014）的研究表明，政府审计在审计结果公告后的连续两个期间内，对于央企控股上市公司的经营业绩具有促进作用。褚剑和方军雄（2016）基于双重差分法的实证研究表明，政府审计能有效抑制央企控股上市公司的高管超额在职消费行为。王兵等（2017）应用倾向得分匹配法的研究表明，政府审计能减少央企控股上市公司的非效率投资行为。

因此，从现有文献来看，尽管税收优惠在理论上能有效激励企业科技创新，实证研究结果也证实了税收优惠的科技创新激励作用，但仍有大量细致的实证研究表明，税收优惠政策激励作用的发挥，实际上受到来自企业、政府、制度环境等多方面因素的制约。政府审计作为政府行政部门开展的审计工作，在我社会主义公有制经济背景下，存在审计部门对中央企业的财务收支审计工作，而该项工作能否提升科技创新税收优惠政策的实施效果，则有待经验数据的实证检验。

三、制度背景、理论分析与假设提出

基于科技创新在企业发展和国家科技进步中的重要作用，我国早在1991年即已出台针对高新技术产业的企业所得税优惠政策。目前实施的科技创新税收优惠政策以高新技术企业所得税名义税率优惠为主，其政策制度框架开始于2008年的内外资企业所得税两税合并，在合并后的企业所得税税法中明确规定高新技术企业享受15%的名义税率优惠。同时，辅之以多个部委联合制定的"高新技术企业认定管理办法"，在高新技术企业认定时设立相关指标，激励企业加大科技创新的人力、财力投入，并注重科技创新对企业生产经营成果的贡献度。当前高新技术企业认定的指标要求包括：

1. 人员要求：从事科技创新活动的科技人员数占企业职工总数的比例不低于10%。

2. 经费要求：近三个会计年度的研发费用占销售收入总额的比例，根据近一年销售收入差异，分别不低于5%、4%或3%。

3. 产出要求：近一年高新技术产品或服务的销售收入占同期总收入的比例不低于60%。

企业只有在满足上述指标要求为核心的一系列前置条件下，才能通过高新技术企业认定，从而具备享受高新技术企业所得税名义税率15%的优惠政策。与企业所得税25%的法定税率相比，由于15%的优惠税率可以为企业提供10%的名义税率差，对经营规模体量大、经营业绩好的企业而言，能够获得相当数额的税收优惠利益，有利于调动企业开展科技创新活动的积极性。因此，从我国高新技术企业所得税名义税率优惠政策的制度设计出发，税收优惠具有促进企业科技创新的理论效应。

但是，在政策实施过程中，税收优惠既有可能成为有效的科技创新激励工具，也有可能成为企业逃避纳税责任的"税盾"（李维安等，2016）。在当前国有企业内部治理体制不完善的现实约束下，税收优惠政策功能的发挥依赖于外部监督机制的配合。提高企业治理效率是我国深化国有企业改革的重要内容，除了加强企业内部治理制度建设外，如何建立有效的外部监督机制，对于提升企业治理效率显得极为关键。20世纪末，与建立国有企业现代企业制度改革相配套，我国发布了《国有企业及国有控股企业领导人员任期经济责任审计暂行规定》（1999），将国有企业领导人的经济责任审计纳入政府审计的工作范畴。此后，《党政主要领导干部和国有企业领导人员经济责任审计规定》（2010）等文件的出台，进一步规范和完善了国有企业领导人的经济责任审计制度。需要说明的是，在我国当前的政府审计制度框架下，审计署的审计对象是隶属于国资委的中央企业集团，并非上市公司本身，但审计署在开展审计工作时，审计范围并不局限于中央企业本级，而是将包括所属上市公司在内的所有子公司都纳入审计范围。因此，审计署对于中央企业的政府审计工作，将通过母子公司间的股权控制链传导给上市公司。由于中央企业本身不公开发布年度财务报告，基于研究数据的可得性，本节以中央企业控股的上市公司作为研究对象。

审计署对中央企业的审计范围非常广，涉及企业生产、经营的方方面面，如果审计过程中发现企业科技创新方面存在问题，将会在审计报告中予以公告，如对中国海洋石油总公司的审计报告明确指出，中国海油科技在 2011 ~ 2014 年的研发投入占主营业务收入比重在 0.36% ~ 0.55%，远低于监管部门 1.8% 的要求，并且"十二五"规划计划攻关完成的关键核心技术中仍有 11 项未完全掌握。因此，审计署对于中央企业的审计工作涵盖了企业科技创新活动的实施情况，能有效督促中央企业及其下属子公司积极开展科技创新活动，保障科技创新税收优惠政策在企业生产经营活动中得到有效执行，发挥其应有的科技创新激励作用。在这个过程中，政府审计主要通过如下三个方面发挥其外部监督作用。

第一，政府审计部门受到的外界干扰因素较少。与事务所审计相比，政府审计部门作为政府机关的组成部分，依法独立履行审计监督职能，国家制定一系列法律法规保障审计程序的顺利实施。政府审计部门的行政经费由国家财政予以保障，与被审计单位之间不存在任何业务资金往来，政府审计人员作为国家公务员，在企业审计过程中处于一定的超然地位，其审计判断不容易受到外界因素干扰。因此，政府审计部门在审计过程中，如果发现企业在科技创新方面存在弄虚作假，或将税收优惠政策作为避税的"税盾"而未真正实施有效的科技创新活动，那么相关信息必然会在审计报告中披露，这也是政府审计工作人员自我保护的必然选择。

第二，政府审计结果公告具有较强的威慑作用。与事务所审计相比，政府审计由政府审计部门执行，其行政身份使审计结果公告更容易引起社会公众的注意。李小波和吴溪（2013）、褚剑和方军雄（2017）等研究表明，政府审计结果公告对企业股价波动、股价崩盘风险有较大影响。对于国有控股上市公司的管理层而言，实现国有资产的保值增值是其重要的政治使命，而政府审计结果公告带来的负面影响经过资本市场放大以后，可能会给企业带来难以预料的不利影响。因此，当政府审计结果公告中披露企业科技创新方面问题时，将会立刻引起企业管理层的极大关注，进而对科技创新税收优惠政策实施过程中存在的问题进行反思。

第三，政府审计结果的运用有制度保障。政府审计不仅是要发现问题，更是要解决问题，与事务所审计相比，政府审计结果公告中披露的问题更容易引起企业监管部门的重视。《关于完善审计制度若干重大问题的框架意见》（2015）明确提出：建立健全审计与组织人事、纪检监察、公安、检察以及其他有关主管单位的工作协调机制，把审计监督与党管干部、纪律检查、追责问责结合起来，把审计结果及整改情况作为考核、任免、奖惩领导干部的重要依据。因此，一旦政府审计人员在审计过程中发现中央企业在科技创新税收优惠政策实施过程中存在问题，可以通过后续的纠错制度纠正政策实施过程中的偏差，从而有效发挥税收优惠政策的激励作用。

因此，基于上述制度背景和理论分析，本节提出如下研究假设：我国科技创新税收优惠政策能够促进国有企业开展科技创新活动，并且政府审计能够进一步提升税收优惠政策的激励效果。

四、研究设计与数据来源

（一）研究设计

为了验证上述研究假设，本节构造如下计量模型进行实证研究：

$$
\begin{aligned}
Innovation = &\ \alpha + \beta_1 Dtaxpre + \beta_2 Audit + \beta_3 Dtaxpre \times Audit \\
&+ \beta_4 Ln\_asset + \beta_5 Ln\_asset^2 + \beta_6 Duality + \beta_7 Lev \\
&+ \beta_8 Grow + \beta_9 Concent + \gamma \sum Trade + \delta \Sigma Year + \varepsilon
\end{aligned} \tag{4.6}
$$

在上述计量模型中，被解释变量 *Innovation* 是企业的科技创新投入，参照潘孝珍（2017）等文献，使用开发支出 *Develop* 和研发支出 *Research* 作为 *Innovation* 的衡量指标。其中，*Develop* 由资产负债表中开发支出金额除以营业总收入计算得到，反映企业当年度积累的能够资本化的科技创新投入水平；

Research 由年报附注中本期研发支出增加额除以营业收入计算得到，反映企业当年度开展科技创新活动而投入的研发资金水平。

本节关注的解释变量包括：所得税税收优惠 *Dtaxpre*，当企业所得税名义税率低于 25% 时，*Dtaxpre* 取值为 1，否则取值为 0，是反映企业是否享受所得税名义税率优惠的哑变量，系数 β_1 符号预期为正。政府审计 *Audit*，对于政府审计的衡量实际上存在三个时间节点，如 2015 年审计署网站上公开的是审计署在 2014 年对被审计中央企业 2013 年财务收支情况的审计结果。由于审计署选派审计人员入驻被审计中央企业是开展政府审计工作的实质性内容，因此本节选择以审计署的审计时间作为政府审计的衡量指标，即上例中 *Audit* 在 2014 年及以后年度取值为 1，以前年度取值为 0，系数 β_2 符号预期为正。*Dtaxpre* × *Audit* 是 *Dtaxpre* 和 *Audit* 的交互项，其系数 β_3 反映了政府审计 *Audit* 对所得税税收优惠 *Dtaxpre* 的科技创新激励效应所存在的调节效应，符号预期为正。

参照李维安等（2016）、Freitas 等（2017）文献，本节选择如下控制变量：资产规模 ln_*Asset* 及其二次项 ln_*Asset*^{2}，由年末资产总额取对数得到；两职合一 *Duality*，如果董事长和总经理由一人担任，则 *Duality* 取值为 1，否则取值为 0；资产负债率 *Lev*，为负债总额占年末资产总额的比重；成长机会 *Grow*，由营业收入增长率进行衡量；股权集中度 *Concent*，由第一大股东的持股比例进行衡量。此外，模型中还加入了行业哑变量 $\sum Trade$ 和年度哑变量 $\sum Year$，用以控制行业效应和年度效应。

（二）数据来源

本节以 2008~2016 年沪深 A 股国有上市公司作为研究样本，并剔除了金融行业上市公司样本，剔除了企业所得税名义税率高于法定税率、营业总收入为负、负债总额为负等指标异常样本。所得税税收优惠 *Dtaxpre* 和研发支出 *Research* 根据企业年报附注信息手工整理得到，政府审计 *Audit* 根据审计署网站公布的中央企业财务收支审计公告手工整理获得。由于审计署审计的对象是国资委所属的中央企业集团，参照李小波和吴溪（2013）、褚剑和方军雄（2016）等文献的做法，根据上市公司的实际控制人名称，将上市公司与被审计的中央企业进行匹配。除政府审计数据外，其他变量数据均来自国泰安 CSMAR 数据库。为了避免微观数据可能存在较为严重的异常值问题，对所有连续型变量都进行了临界值为 0.025 的 winsor 缩尾处理。表 4-6 报告了

2008～2016 年实施政府审计的国有企业样本分布情况，表 4 - 7 报告了变量的描述性统计结果。

表 4 - 6　　　　　　政府审计的国有企业样本分布情况　　　　　单位：家

审计公告年度	审计实施年度	财务报告年度	被审计中央企业数	被审计国有上市公司数	国有上市公司总数
2009	2008	2007	0	0	974
2010	2009	2008	9	14	988
2011	2010	2009	19	30	1027
2012	2011	2010	16	63	1026
2013	2012	2011	13	16	1031
2014	2013	2012	14	25	1020
2015	2014	2013	17	22	1023
2016	2015	2014	15	21	1023
2017	2016	2015	20	21	1048

从表 4 - 6 可以看到，在实施政府审计的 2008～2016 年，我国国有上市公司的数量大致保持在 1000 家左右，而被审计的中央企业数则每年都不一样，除了 2008 年无被审计中央企业外，其他年度维持在 9～20 家，且在被审计对象的具体选择上并无明显规律，一定程度上避免了样本选择问题可能导致的研究结果偏差。由于不同中央企业控股的国有上市公司数量并不一致，每年被审计的国有上市公司数存在较大差异，如 2012 年被审计的 16 家中央企业共控股上市公司 63 家，而 2017 年被审计的 20 家中央企业共控股上市公司 21 家。

从表 4 - 7 可以看到，开发支出 *Develop* 和研发支出 *Research* 的平均值分别只有 0.17% 和 0.39%，最小值都为 0，但最大值分别达到了 2.88% 和 5.17%，可见我国国有上市公司在科技创新投入上的个体差异非常大。所得税税收优惠 *Dtaxpre* 的平均值为 0.58，表明有 58% 的国有上市公司享受了各种所得税名义税率优惠政策，在我国国有上市公司的覆盖面较广。政府审计 *Audit* 的平均值为 0.10，表明 10% 的样本公司是接受过政府审计的国有上市公司。其他控制变量的描述性统计指标也表明，国有上市公司在各类指标上的个体差异较大。

表 4 - 7 变量的描述性统计

变量	解释	平均值	中位数	最小值	最大值	标准差
Develop	开发支出（%）	0.17	0.00	0.00	2.88	0.56
Research	研发支出（%）	0.39	0.00	0.00	5.17	1.13
Dtaxpre	所得税税收优惠（哑变量）	0.58	1.00	0.00	1.00	0.49
Audit	政府审计（哑变量）	0.10	0.00	0.00	1.00	0.30
ln_*Asset*	资产规模（对数值）	22.39	22.21	20.06	25.65	1.33
Duality	两职合一（哑变量）	0.11	0.00	0.00	1.00	0.32
Lev	资产负债率（%）	52.53	53.69	12.15	90.91	20.18
Grow	成长机会（%）	0.12	0.08	-0.41	1.27	0.32
Concent	股权集中度（%）	39.24	38.63	13.3	72.04	15.27

五、实证结果分析

（一）基准模型分析

为了考察政府审计对科技创新税收优惠政策实施效果的影响，本节首先使用 2008 ~ 2016 年全样本数据进行基准模型分析，表 4 - 8 报告了模型估计结果。其中，模型 1 ~ 模型 3 的被解释变量为开发支出 *Develop*，模型 4 ~ 模型 6 的被解释变量为研发支出 *Research*。为了观察政府审计 *Audit* 对所得税税收优惠 *Dtaxpre* 估计结果的影响，采用逐步增加 *Audit* 及其交互项 *Dtaxpre* × *Audit* 的建模方法。同时，由于微观企业个体差异较大，为了避免异方差的不利影响，在控制行业效应和年度效应的同时，使用异方差稳健标准误进行系数的假设检验。

表 4 - 8 基准模型估计结果

变量	模型 1	模型 2	模型 3	模型 4	模型 5	模型 6
	Develop	*Develop*	*Develop*	*Research*	*Research*	*Research*
Dtaxpre	0.096 ***	0.092 ***	0.081 ***	0.252 ***	0.243 ***	0.203 ***
	(7.33)	(7.08)	(6.29)	(9.95)	(9.64)	(7.98)
Audit	—	0.163 ***	0.095 ***	—	0.384 ***	0.142 **
	—	(5.26)	(2.70)	—	(6.46)	(2.17)
Dtaxpre × *Audit*	—	—	0.110 **	—	—	0.391 ***
	—	—	(2.00)	—	—	(3.76)
ln_*Asset*	0.233 *	0.361 ***	0.319 **	0.116	0.424	0.279
	(1.86)	(2.79)	(2.45)	(0.44)	(1.58)	(1.03)

续表

变量	模型 1	模型 2	模型 3	模型 4	模型 5	模型 6
	Develop	*Develop*	*Develop*	*Research*	*Research*	*Research*
$\ln\_Asset^2$	− 0. 005 *	− 0. 008 ***	− 0. 007 **	− 0. 002	− 0. 009	− 0. 006
	(− 1. 85)	(− 2. 81)	(− 2. 45)	(− 0. 42)	(− 1. 59)	(− 1. 02)
Duality	− 0. 011	− 0. 003	− 0. 002	− 0. 127 ***	− 0. 109 ***	− 0. 108 ***
	(− 0. 52)	(− 0. 13)	(− 0. 12)	(− 3. 31)	(− 2. 87)	(− 2. 88)
Lev	− 0. 001 ***	− 0. 001 ***	− 0. 001 ***	− 0. 004 ***	− 0. 004 ***	− 0. 004 ***
	(− 3. 34)	(− 3. 16)	(− 3. 23)	(− 5. 85)	(− 5. 68)	(− 5. 79)
Grow	0. 024	0. 025	0. 024	0. 049	0. 052	0. 049
	(1. 23)	(1. 29)	(1. 25)	(1. 26)	(1. 33)	(1. 26)
Concent	− 0. 001 ***	− 0. 002 ***	− 0. 002 ***	− 0. 003 ***	− 0. 003 ***	− 0. 003 ***
	(− 3. 15)	(− 3. 43)	(− 3. 50)	(− 3. 32)	(− 3. 68)	(− 3. 79)
C	− 2. 574 *	− 3. 982 ***	− 3. 515 **	0. 021	− 3. 438	− 1. 850
	(− 1. 80)	(− 2. 70)	(− 2. 37)	(0. 01)	(− 1. 13)	(− 0. 60)
行业效应	YES	YES	YES	YES	YES	YES
年度效应	YES	YES	YES	YES	YES	YES
样本量	6534	6534	6534	6479	6479	6479
Adj_R^2	0. 099	0. 106	0. 107	0. 149	0. 159	0. 161
F	21. 266 ***	20. 755 ***	20. 248 ***	30. 978 ***	30. 858 ***	30. 189 ***

注: *** 、** 、* 分别表示系数在 0. 01、0. 05、0. 1 的显著性水平上显著。

从表 4 − 8 可以看到，模型 1 和模型 4 中 *Dtaxpre* 的系数分别为 0. 096 和 0. 252，且分别在 1% 的显著性水平上显著，表明所得税名义税率优惠政策有效提高了企业的科技创新水平。模型 2 和模型 5 在增加 *Audit* 作为解释变量后，*Dtaxpre* 的系数依然显著为正，但系数值与前模型相比略有下降，*Audit* 的系数分别为 0. 163 和 0. 384，表明政府审计对国有企业科技创新具有显著的促进作用。并且，从系数值上可以看出，*Audit* 对企业科技创新水平的激励作用要高于 *Dtaxpre*，可能的原因是 *Audit* 所具有的调节效应并未被分离出来。模型 3 和模型 6 在前模型的基础上，进一步加入交互项 *Dtaxpre × Audit* 作为解释变量，其系数分别达到 0. 110 和 0. 391，表明 *Audit* 对税收优惠的科技创新激励效应具有较强的调节作用：当 *Audit* = 0，即国有上市公司未接受政府审计时，*Dtaxpre* 对 *Develop* 和 *Research* 的边际效应分别为 0. 081 和 0. 203；当

Audit = 1，即国有上市公司接受政府审计时，*Dtaxpre* 对 *Develop* 和 *Research* 的边际效应分别提高到 0.191（0.081 + 0.110）和 0.594（0.203 + 0.391）。可见，根据表 4 - 8 的实证研究结果，政府审计有效提高了企业所得税名义税率优惠的科技创新激励效应。

（二）基于法律制度环境的进一步研究

我国地域辽阔，各省份之间的法律制度环境有着较大差异。总体来看，东部沿海省份的法律制度环境要好于西部地区，而政府审计的上述调节效应需要在完善的法律制度环境下才能有效发挥，否则即使政府审计发现了政策实施过程中存在的问题，也可能由于企业所在地区法律制度环境较差，导致后续整改环节落实不到位，难以真正发挥政府审计对企业行为的治理效应。本节使用王小鲁等（2017）编制的中国市场化指数中的"市场中介组织的发育和法律制度环境评分"对各省份进行排序，取评分排序前 10 位的作为较好法律制度环境的省份，取评分排序后 10 位的作为较差法律制度环境的省份，再根据国有上市公司的注册地信息将企业与地区法律制度环境数据相匹配，得到较好法律制度环境和较差法律制度环境两组子样本，进而基于这两组子样本，分析不同法律制度环境下政府审计对科技创新税收优惠政策所具有的调节效应。表 4 - 9 和表 4 - 10 分别报告了基于较好和较差法律制度环境子样本的实证研究结果。

表 4 - 9   **基于较好法律制度环境子样本的实证研究结果**

变量	模型 7 *Develop*	模型 8 *Develop*	模型 9 *Develop*	模型 10 *Research*	模型 11 *Research*	模型 12 *Research*
Dtaxpre	0.098 *** (5.23)	0.095 *** (5.12)	0.065 *** (3.60)	0.268 *** (7.59)	0.263 *** (7.50)	0.209 *** (5.85)
Audit	— —	0.262 *** (5.70)	0.100 ** (2.12)	— —	0.426 *** (5.28)	0.128 (1.53)
Dtaxpre × *Audit*	— —	— —	0.284 *** (3.52)	— —	— —	0.515 *** (3.68)
控制变量	略	略	略	略	略	略
行业效应	YES	YES	YES	YES	YES	YES
年度效应	YES	YES	YES	YES	YES	YES

续表

变量	模型 7	模型 8	模型 9	模型 10	模型 11	模型 12
	Develop	*Develop*	*Develop*	*Research*	*Research*	*Research*
样本量	3649	3649	3649	3605	3605	3605
Adj_R^2	0.107	0.125	0.131	0.160	0.172	0.176
F	13.289***	12.952***	12.753***	19.425***	19.383***	19.046***

注：***、**、*分别表示系数在 0.01、0.05、0.1 的显著性水平上显著。

从表 4 - 9 可以看到，在较好的法律制度环境下，模型 7 ~ 模型 12 中 *Dtaxpre*、*Audit* 和 *Dtaxpre* × *Audit* 三个关键解释变量的系数都为正，且基本上都在 1% 的显著性水平显著。同时，与表 4 - 8 中模型 1 ~ 模型 6 的结果对比可以发现，表 4 - 9 中关键解释变量的系数值基本上都要大于表 4 - 8，表明较好的法律制度环境能够有效提升所得税税收优惠、政府审计对于企业科技创新的激励作用，同时也能有效提升政府审计对科技创新税收优惠政策实施效果的调节作用。

从表 4 - 10 可以看到，在较差的法律制度环境下，模型 13 ~ 模型 18 中 *Dtaxpre* 的系数尽管同样也显著为正，但都要小于表 4 - 8 中模型 1 ~ 模型 6、表 4 - 9 中模型 7 ~ 模型 12 所对应的系数值，表明较差的法律制度环境将在一定程度上降低所得税税收优惠政策的科技创新激励作用。*Audit* 在模型 14 和模型 15 中显著为负，在模型 17 和模型 18 中未通过显著性检验，表明较差的法律制度环境下，政府审计不仅无法促进企业科技创新，甚至反而有可能降低企业的科技创新水平。*Dtaxpre* × *Audit* 在模型 15 和模型 18 中都未通过显著性检验，表明在较差的法律制度环境下，政府审计无法发挥对科技创新税收优惠政策实施效果的调节作用。通过表 4 - 8、表 4 - 9 和表 4 - 10 的模型估计结果对比可以看到，法律制度环境在政府审计及其科技创新税收优惠政策的调节效应上，发挥着非常关键的作用。

（三）稳健性测试

为了进一步验证研究结果的可靠性，本节对上述计量模型进行如下稳健性测试：

1. 使用政府审计的一阶滞后项作为政府审计的衡量指标，并构造相应的交互项，原因是审计署在 T 年度开展审计，在 T + 1 年度公布审计结果公告，审计过程中发现各种问题的后期整改工作，以及审计结果被新闻媒体广泛关

表 4 – 10   基于较差法律制度环境子样本的实证研究结果

变量	模型 13 Develop	模型 14 Develop	模型 15 Develop	模型 16 Research	模型 17 Research	模型 18 Research
Dtaxpre	0.080 *** (3.52)	0.080 *** (3.53)	0.082 *** (3.55)	0.158 *** (3.33)	0.157 *** (3.31)	0.122 ** (2.55)
Audit	— —	– 0.077 ** (– 2.16)	– 0.074 ** (– 2.13)	— —	0.102 (0.74)	– 0.119 (– 0.82)
Dtaxpre × Audit	— —	— —	– 0.001 (– 1.15)	— —	— —	0.338 (1.40)
控制变量	略	略	略	略	略	略
行业效应	YES	YES	YES	YES	YES	YES
年度效应	YES	YES	YES	YES	YES	YES
样本量	908	908	908	905	905	905
Adj_R^2	0.059	0.061	0.061	0.185	0.185	0.187
F	2.696 ***	2.666 ***	2.623 ***	3.834 ***	3.766 ***	3.584 ***

注：***、**、*分别表示系数在0.01、0.05、0.1的显著性水平上显著。

注等，都发生在 T + 1 年度，因此政府审计的企业治理效应也可能在 T + 1 年度最为明显。

2. 使用政府审计的一阶前推项作为政府审计的衡量指标，并构造相应的交互项，原因是审计署在 T 年度审计的是 T – 1 年度的财务收支情况，审计计划安排也是在 T – 1 年度做出，企业可能在 T – 1 年度就获得审计署的审计计划，并提早做好准备工作，从而使政府审计的企业治理效应在开展审计前就已经产生。

3. 以企业真实享受的所得税实际名义税率优惠 *Ntaxpre* 作为税收优惠的衡量指标，其指标构造方法是 "*Ntaxpre* = 法定名义税率 – 实际名义税率"，我国当前的企业所得税法定名义税率是 25%，实际名义税率是企业年报附注中公布的所得税名义税率，测试模型估计结果对关键解释变量衡量方法变动的敏感性。表 4 – 11 ~ 表 4 – 13 报告了上述稳健性测试的结果。

表 4 – 11   基于政府审计一阶滞后项的实证研究结果

变量	模型 19	模型 20	模型 21	模型 22	模型 23	模型 24
	Develop	*Develop*	*Develop*	*Research*	*Research*	*Research*
Dtaxpre	0. 096 ***	0. 093 ***	0. 080 ***	0. 252 ***	0. 245 ***	0. 215 ***
	(7. 33)	(7. 16)	(6. 15)	(9. 95)	(9. 72)	(8. 47)
L. Audit	—	0. 163 ***	0. 063 *	—	0. 376 ***	0. 146 *
	—	(4. 62)	(1. 74)	—	(5. 55)	(1. 95)
Dtaxpre × L. Audit	—	—	0. 166 ***	—	—	0. 377 ***
	—	—	(2. 69)	—	—	(3. 17)
控制变量	略	略	略	略	略	略
行业效应	YES	YES	YES	YES	YES	YES
年度效应	YES	YES	YES	YES	YES	YES
样本量	6534	6534	6534	6479	6479	6479
Adj_R^2	0. 099	0. 104	0. 106	0. 149	0. 156	0. 158
F	21. 266 ***	20. 717 ***	20. 213 ***	30. 978 ***	30. 697 ***	29. 960 ***

注：***、**、*分别表示系数在 0.01、0.05、0.1 的显著性水平上显著。

从表 4 – 11 中可以看到，当使用政府审计一阶滞后项作为衡量指标时，模型 19 ~ 模型 24 中 *Dtaxpre*、*L. Audit* 和 *Dtaxpre × L. Audit* 三个关键解释变量的系数都显著为正，表明政府审计不仅在当年度，同时也在下一年度，对科技创新税收优惠政策的激励效果都具有正向调节作用，政府审计的企业治理效应在时间上具有连续性。

表 4 – 12   基于政府审计一阶前推项的实证研究结果

变量	模型 25	模型 26	模型 27	模型 28	模型 29	模型 30
	Develop	*Develop*	*Develop*	*Research*	*Research*	*Research*
Dtaxpre	0. 096 ***	0. 091 ***	0. 083 ***	0. 252 ***	0. 221 ***	0. 181 ***
	(7. 33)	(7. 19)	(6. 72)	(9. 95)	(8. 88)	(7. 15)
F. Audit	—	0. 155 ***	0. 116 ***	—	0. 373 ***	0. 167 ***
	—	(5. 50)	(3. 43)	—	(6. 78)	(2. 75)
Dtaxpre × F. Audit	—	—	0. 064	—	—	0. 336 ***
	—	—	(1. 27)	—	—	(3. 47)
控制变量	略	略	略	略	略	略

续表

变量	模型 25	模型 26	模型 27	模型 28	模型 29	模型 30
	Develop	*Develop*	*Develop*	*Research*	*Research*	*Research*
行业效应	YES	YES	YES	YES	YES	YES
年度效应	YES	YES	YES	YES	YES	YES
样本量	6534	6068	6068	6479	5980	5980
Adj_R^2	0.099	0.071	0.071	0.149	0.115	0.117
F	21.266***	16.203***	15.792***	30.978***	23.394***	22.869***

注：***、**、*分别表示系数在0.01、0.05、0.1的显著性水平上显著。

从表4-12中可以看到，当使用政府审计一阶前推项作为衡量指标时，模型25到模型30中 *Dtaxpre* 和 *F.Audit* 的系数都显著为正，*Dtaxpre* × *F.Audit* 在模型30中显著为正，但在模型27中未通过显著性检验。上述结果表明，在审计署实施政府审计前一年，中央企业就可能已经获得将要被审计的信息，提前改变企业行为策略，使政府审计的企业治理效应在政府审计实际实施前就已经产生。

表4-13 基于所得税实际名义税率优惠的实证研究结果

变量	模型 31	模型 32	模型 33	模型 34	模型 35	模型 36
	Develop	*Develop*	*Develop*	*Research*	*Research*	*Research*
Ntaxpre	0.012***	0.012***	0.010***	0.031***	0.030***	0.026***
	(7.47)	(7.28)	(6.42)	(9.20)	(8.98)	(7.77)
Audit	—	0.162***	0.099***	—	0.384***	0.232***
	—	(5.25)	(2.86)	—	(6.45)	(3.46)
Ntaxpre × *Audit*	—	—	0.013*	—	—	0.030**
	—	—	(1.93)	—	—	(2.47)
控制变量	略	略	略	略	略	略
行业效应	YES	YES	YES	YES	YES	YES
年度效应	YES	YES	YES	YES	YES	YES
样本量	6534	6534	6534	6479	6479	6479
Adj_R^2	0.101	0.108	0.108	0.151	0.160	0.162
F	21.326***	20.886***	20.364***	31.086***	30.985***	30.170***

注：***、**、*分别表示系数在0.01、0.05、0.1的显著性水平上显著。

从表 4 – 13 可以看到，即使以所得税实际名义税率优惠作为税收优惠的衡量指标，*Ntaxpre*、*Audit* 和 *Ntaxpre* × *Audit* 三个关键解释变量的系数依然显著为正，实证研究结论与表 4 – 8 报告的基准模型估计结果一致，表明本节研究结论具有较强的稳健性。

六、研究结论与政策建议

提高国有企业的科技创新水平是完善我国社会主义公有制经济体系的重要路径，本节基于审计署央企审计事件的实证研究表明，我国科技创新税收优惠政策能够激励国有企业开展科技创新活动，并且政府审计能够进一步提升税收优惠政策的激励效果。进一步研究表明，政府审计对于科技创新税收优惠政策实施效果的调节效应，受到地区法律制度环境的影响。只有在法律制度较好的地区，政府审计才能有效提升科技创新税收优惠政策的实施效果，而在法律制度较差的地区，政府审计对于科技创新税收优惠政策的实施效果无任何提升作用。同时，在调整政府审计或税收优惠衡量指标的稳健性测试中，本节的基本研究结论依然成立，具有较强的稳健性。基于上述研究结论，本节的政策建议：

1. 确保政府审计对象选择的随机性。由于我国中央企业数量较多，且下属子公司规模庞大，政府审计成本往往比较高昂，每年只能选择部分中央企业予以审计。因此，政府审计的目的并不在于发现科技创新税收优惠政策实施过程中存在哪些问题，而在于发挥政府审计对完善中央企业治理所具有的潜在威慑力。一个重要的途径就是确保政府审计对象选择的随机性，并在企业年度财务报告公开后再公布当年度的政府审计计划，使企业不存在提前准备应对政府审计的时间窗口。

2. 建立政府审计结果运用的长效机制。对于政府审计过程中发现的包括科技创新税收优惠政策实施在内的各种问题，除了真实、全面地在审计结果公告中向全社会公开外，还应督促企业全面整改，按时提交整改报告。同时，建立审计部门对于审计结果运用的监督机制，审计结果与责任人员的考核、任免、奖惩相挂钩，涉及违法犯罪的及时移交相关执法部门，而审计部门依法对审计结果开展后续跟踪监督。

3. 提升我国各地区的法律制度环境。法律制度环境不仅包括各级权力机关制定的法律法规制度体系，也包括法律法规在实施过程中是否得到有效执行，以及是否内化于心所形成的法律制度软环境。政府审计对于科技创新税收优惠政策的激励效应高度依赖于企业所处的法律制度环境，需要各级权力机关加强立法的同时，各级政府全面推进依法治国，促进国家治理体系和治理能力的现代化。

（原载《审计研究》2018 年第 6 期）

第五章 税收优惠政策的经济后果分析

第一节 税收优惠与企业投资决策

一、引言

投资一直以来被认为是拉动经济增长的"三驾马车"之一，政府投资在宏观经济遇到困难时往往成为宏观调控政策的主要载体，因此也就更容易受到学术界的关注（张卫国等，2011），相比较而言，企业投资受到的关注相对较少。政府投资可以直接通过财政拨款实现，企业投资则不同，绝大多数企业都不可能直接获得政府的财政拨款，因此政府要促进企业投资，需要依靠一系列经济政策对企业行为进行引导和激励，其中税收优惠就是一项重要的政策工具。本节主要研究我国政府的税收优惠政策在促进企业投资规模上的有效性，以 2008～2014 年沪深 A 股上市公司为样本，就税收优惠政策对我国企业投资决策的影响进行了实证分析。袁宏伟（2010）基于对我国上市公司有效税率的测度，分析了企业税收优惠水平与投资结构的关系，认为企业可以通过改变自身有形投资和无形投资的结构，来调整自身承受的有效税率；潘孝珍（2012）就税收优惠、市场机遇对企业投资决策的影响进行了实证分析。但是，现有文献关于税收优惠与企业投资决策微观层面的研究，普遍存在的缺陷是对企业税收优惠指标的衡量方法并不科学。

二、分析框架

（一）税收优惠水平的衡量

现有文献一般都是通过名义税率和实际税率这两个指标来衡量企业的税

收优惠水平。名义税率是以上市公司年报附录中公布的本企业所得税名义税率作为企业享受税收优惠水平的衡量指标，企业的名义税率越低则表明企业享受的税收优惠水平越高，如吴联生（2009）、李增福（2010）等的文献。Wilkie（1988）、陈涛和吕万革（2004）、袁宏伟（2010）、潘孝珍（2012）等的文献则以企业所得税实际税率水平作为享受税收优惠水平的衡量指标。此外，也有个别文献通过"应纳税所得额乘以法定税率，减当期所得税"的方法估算企业的"税费返还额"，作为税收优惠水平的衡量指标，如王素荣和刘宁（2012）。

尽管上述方法作为企业税收优惠水平的衡量指标有一定合理性，但存在的严重问题是，无论以名义税率还是实际税率作为衡量指标，其数值大小都与税收优惠水平呈反比例关系，在相关实证研究中所体现的经济含义并不直观，而"税费返还额"作为一个绝对数额，不能剔除企业利润水平的影响。因此本节提出，将企业的税收优惠水平通过名义税收优惠和实际税收优惠两个指标进行衡量，它们的计算公式为：

$$名义税收优惠 = 法定税率 - 名义税率 \qquad (5.1)$$

$$实际税收优惠 = 法定税率 - 实际税率 \qquad (5.2)$$

可以看出，这两个指标数值越高的企业，所享受的税收优惠水平也越高，指标数值与企业的税收优惠水平成正比例关系。

（二）研究假设

税收优惠政策作为政府宏观调控的重要手段，从我国当前出台的具体政策内容来看，对我国企业的内部投资和外部投资有着不同的理论效应。名义税收优惠是政府为企业提供的税收优惠水平在名义上的表现，从而给企业的投资决策带来一定的预期。相比较而言，我国当前出台的各类税收优惠政策大多以激励企业内部投资为主，而激励企业外部投资的税收优惠政策相对较少。因此，本节提出假设1：名义税收优惠与企业的内部投资规模成正比，但与企业的外部投资规模关系不确定。实际税收优惠体现的是，由于税收优惠政策的存在，企业最终享受到的税收优惠水平，它是国家实施税收优惠政策的微观结果。企业享受到的实际税收优惠水平有利于促进企业投资活动，包括企业内部投资和外部投资，因此，本节提出假设2：实际税收优惠与企业的内部投资规模和外部投资规模都成正比。表5-1总结了本节提出的研究假设。

表 5 - 1   税收优惠水平与企业投资规模的研究假设

假设	变量	企业内部投资	企业外部投资
假设 1	名义税收优惠	正比	不确定
假设 2	实际税收优惠	正比	正比

（三）模型设定

为了验证上述理论假设，本节构建如下计量模型：

$$Invest = c + \beta Taxpre + \gamma Control + \varepsilon \qquad (5.3)$$

其中，被解释变量 $Invest$ 是企业投资规模，包括内部投资规模 $Ininvest$ 和外部投资规模 $Outinvest$。内部投资规模由企业购建固定资产、无形资产和其他长期资产支付的现金除以资产总额计算得到；外部投资规模由交易性金融资产、可供出售金融资产、持有至到期金融资产和长期股权投资的总额除以资产总额计算得到。本节关注的解释变量是税收优惠水平 $Taxpre$，它包括名义税收优惠 $Ntaxpre$ 和实际税收优惠 $Rtaxpre$，在其计算公式中，法定税率为 25%，名义税率通过查阅上市公司年报附录中企业适用的所得税税率计算得到，实际税率由企业当年度所得税费用除以利润总额计算得到。

本节的控制变量包括：企业规模 $\ln\_Size$，由企业资产总额取对数得到，预期它与 $Ininvest$ 和 $Outinvest$ 成正比。财务杠杆 Fil，由负债总额除以资产总额得到，其符号预期不确定。资本密集度 $Capit$，由固定资产净额除以资产总额得到，预期 $Capit$ 与 $Ininvest$ 成正比，与 $Outinvest$ 成反比。盈利能力 Prl，用企业息税前利润除以资产总额表示，预期变量 Prl 的符号为正。国有股权 $State$，由国有股股数占所有股股数的比重计算得到，管理层持股 $Pexshare$，由管理层持股股数占所有股股数的比重计算得到，引入这两个控制变量的原因是，国有股权和管理层持股可能在投资决策特征上与普通股权有很大差异。

三、实证分析

（一）样本选择说明

本节以 2008 ~ 2014 年我国沪深 A 股上市公司为样本，并删除数据缺失或指标异常的样本，共得到 12082 个有效样本，表 5 - 2 给出了变量的描述性统计结果。

表 5 - 2　　　　　　　　　　　变量的描述性统计

变量名称	解释	平均值	中位数	最大值	最小值	标准差
Ininvest	内部投资（%）	6.03	4.43	54.53	0.00	5.74
Outinvest	外部投资（%）	4.89	1.24	95.97	0.00	9.29
Ntaxpre	名义税收优惠（%）	5.36	5.00	25.00	0.00	4.51
Rtaxpre	实际税收优惠（%）	5.21	8.12	25.00	-74.25	12.70
ln_*Size*	企业规模（对数值）	21.80	21.65	28.51	13.08	1.26
Fil	财务杠杆（%）	42.96	42.83	99.95	0.71	21.70
Capit	资本密集度（%）	22.46	18.81	97.09	0.00	17.09
Prl	盈利能力（%）	6.28	5.17	98.86	0.01	5.37
State	国有股权（%）	7.80	0.00	97.12	0.00	17.34
Pexshare	管理层持股（%）	10.00	0.00	99.45	0.00	19.11

从表 5 - 2 可以看出，我国上市公司内部投资的平均值和中位数都要高于外部投资，且企业间的个体差异相对较大。我国企业享受名义税收优惠的平均值为 5.36%、中位数为 5.00%，实际税收优惠的平均值为 5.21%、中位数为 8.12%。由于后者存在负数的情况，因此从更能反映真实状况的中位数来看，我国企业享受的实际税收优惠水平要高于名义税收优惠水平。

（二）实证结果分析

1. 内部投资模型的估计结果分析。表 5 - 3 显示的是当被解释变量为内部投资规模时的模型估计结果，其中，模型 1 ~ 模型 3 的核心解释变量为名义税收优惠，模型 4 ~ 模型 5 的核心解释变量为实际税收优惠。在模型选择上：对模型 1 ~ 模型 3 的 F 检验值为 4.11（P 值为 0.00），Hausman 检验值为 837.97（P 值为 0.00），应选择固定效应模型即模型 2 进行解说；对模型 4 ~ 模型 6 的 F 检验值为 4.18（P 值为 0.00），Hausman 检验值为 804.52（P 值为 0.00），应选择固定效应模型即模型 5 进行解说。

表 5 - 3 内部投资模型的估计结果

变量	模型 1	模型 2	模型 3	模型 4	模型 5	模型 6
Ntaxpre	0.158 ***	0.079 ***	0.118 ***	—	—	—
	(13.57)	(5.01)	(8.77)	—	—	—
Rtaxpre	—	—	—	0.030 ***	0.016 ***	0.024 ***
	—	—	—	(7.53)	(3.15)	(5.22)
ln_Size	0.105 **	-0.605 ***	-0.003	0.111 ***	-0.566 ***	0.014
	(2.37)	(-3.57)	(-0.04)	(2.49)	(-3.35)	(0.20)
Fil	-0.014 ***	0.013 *	-0.013 ***	-0.018 ***	0.013 *	-0.015 ***
	(-4.82)	(1.71)	(-3.12)	(-6.00)	(1.79)	(-3.52)
Capit	0.106 ***	-0.090 ***	0.048 ***	0.105 ***	-0.090 ***	0.046 ***
	(32.87)	(-7.16)	(7.96)	(32.12)	(-7.16)	(7.46)
Prl	0.060 ***	0.040 ***	0.051 ***	0.045 ***	0.032 **	0.039 ***
	(6.07)	(2.64)	(4.12)	(4.52)	(2.12)	(3.16)
State	0.001	0.016 ***	0.010 ***	-0.001	0.015 ***	0.008 **
	(0.25)	(3.79)	(2.93)	(-0.48)	(3.58)	(2.45)
Pexshare	0.030 ***	-0.017 *	0.016 ***	0.037 ***	-0.016	0.021 ***
	(9.85)	(-1.66)	(3.44)	(12.05)	(-1.55)	(4.33)
C	0.451 ***	20.053 ***	4.446 ***	1.238	19.558 ***	4.781 ***
	(0.49)	(5.46)	(3.05)	(1.33)	(5.35)	(3.26)
观测值	12082	12082	12082	12082	12082	12082
R^2	0.125	0.055	0.113	0.116	0.069	0.104
估计方法	OLS+稳健标准差	固定效应+稳健标准差	随机效应+稳健标准差	OLS+稳健标准差	固定效应+稳健标准差	随机效应+稳健标准差

注: *** 、 ** 、 * 分别表示系数在 0.01、0.05、0.1 的显著性水平上显著。

从表 5 - 3 中可以看出,名义税收优惠 *Ntaxpre* 在模型 2 中的系数为正,且在 0.01 的显著性水平上显著,实际税收优惠 *Rtaxpre* 在模型 5 中的系数也为正,且在 0.01 的显著性水平上显著,这表明名义税收优惠和实际税收优惠都与企业的内部投资规模正相关。同时, *Ntaxpre* 和 *Rtaxpre* 在其他模型中的系数也都显著为正,这也进一步验证了模型估计结果的稳健性。此外,盈利能力 *Prl*、国有股权 *State* 与企业的内部投资、外部投资都成正比,这表明盈利能力越强、国有股权越高的企业具有较高的内部投资和外部投资倾向。其他控制变量的估计结果在不同模型中并不一致,表明它们的估计结果可能并不稳健。

2. 外部投资模型的估计结果分析。表 5-4 显示的是当被解释变量为外部投资规模时的模型估计结果,其中,模型 7~模型 9 的核心解释变量为名义税收优惠,模型 10~模型 12 的核心解释变量为实际税收优惠。在模型选择上,对模型 7~模型 9 的 F 检验值为 18.70(P 值为 0.00),Hausman 检验值为 208.35(P 值为 0.00),应选择固定效应模型即模型 8 进行解说;对模型 10~模型 12 的 F 检验值为 18.94(P 值为 0.00),Hausman 检验值为 179.29(P 值为 0.00),应选择固定效应模型即模型 11 进行解说。

表 5-4 外部投资模型的估计结果

变量	模型 7	模型 8	模型 9	模型 10	模型 11	模型 12
Ntaxpre	-0.270 *** (-13.12)	-0.035 ** (-2.10)	-0.076 *** (-4.54)	— —	— —	— —
Rtaxpre	— —	— —	— —	0.058 *** (7.35)	0.016 ** (2.53)	0.019 *** (3.20)
ln_*Size*	0.666 *** (7.28)	-0.547 (-1.41)	-0.091 (-0.32)	0.698 *** (7.63)	-0.536 (-1.40)	-0.086 (-0.30)
Fil	-0.072 *** (-11.40)	-0.033 ** (-2.27)	-0.031 *** (-2.73)	-0.053 *** (-8.89)	-0.031 ** (-2.19)	-0.028 ** (-2.48)
Capit	-0.066 *** (-14.55)	-0.039 *** (-3.91)	-0.042 *** (-5.44)	-0.067 *** (-14.68)	-0.039 *** (-3.90)	-0.041 *** (-5.39)
Prl	-0.082 *** (-4.09)	-0.044 (-1.44)	-0.041 (-1.47)	-0.087 *** (-4.32)	-0.051 (-1.63)	-0.048 * (-1.69)
State	-0.016 *** (-3.43)	-0.015 *** (-3.39)	-0.010 *** (-2.68)	-0.015 *** (-3.21)	-0.015 *** (-3.40)	-0.010 *** (-2.61)
Pexshare	-0.100 *** (-24.97)	-0.004 (-0.46)	-0.050 *** (-7.55)	-0.116 *** (-26.37)	-0.004 (-0.48)	-0.053 *** (-7.76)
C	-1.995 (-1.06)	19.692 ** (2.38)	10.216 * (1.71)	-5.024 *** (-2.70)	19.178 ** (2.35)	9.451 (1.60)
观测值	12082	12082	12082	12082	12082	12082
R^2	0.075	0.001	0.057	0.066	0.0006	0.048
估计方法	OLS+稳健标准差	固定效应+稳健标准差	随机效应+稳健标准差	OLS+稳健标准差	固定效应+稳健标准差	随机效应+稳健标准差

注:***、**、*分别表示系数在 0.01、0.05、0.1 的显著性水平上显著。

　　从表 5 - 4 可以看到，名义税收优惠 *Ntaxpre* 在模型 8 中显著为负，表明名义税收优惠与外部投资具有显著的负相关关系，这验证了我国激励企业外部投资税收优惠政策较少的现实状况；实际税收优惠 *Rtaxpre* 在模型 11 中显著为正，表明企业享受的实际税收优惠有效地提高了企业外部投资规模，主要原因在于实际税收优惠相当于政府为企业提供无偿的资金援助，提高了企业的投资能力。此外，财务杠杆 *Fil*、资本密集度 *Capit*、国有股权 *State* 在根据模型检验结果选定的模型 8 和模型 11 中都显著为负，表明它们与企业的外部投资规模显著负相关。

（三）稳健性检验

　　为了考察实证分析结果的稳健性，以 0.1、0.25、0.5、0.75、0.9 五个分位数，对上述模型进行分位数回归，结果如表 5 - 5 所示。

表 5 - 5　　　　　　　税收优惠与企业投资决策的分位数回归结果

被解释变量	核心解释变量	分位数				
		0.1	0.25	0.5	0.75	0.9
Ininvest	*Ntaxpre*	0.068 ***	0.105 ***	0.146 ***	0.193 ***	0.287 ***
		(16.09)	(18.56)	(14.11)	(11.23)	(6.90)
Ininvest	*Rtaxpre*	0.004 ***	0.008 ***	0.020 ***	0.034 ***	0.064 ***
		(3.45)	(5.18)	(6.01)	(6.95)	(5.60)
Outinvest	*Ntaxpre*	- 0.0001 *	- 0.005 ***	- 0.047 ***	- 0.222 ***	- 0.635 ***
		(- 1.76)	(- 4.10)	(- 7.25)	(- 9.93)	(- 14.30)
Outinvest	*Rtaxpre*	- 1.35e - 5	- 0.0003	0.007 ***	0.032 ***	0.114 ***
		(- 0.83)	(0.72)	(3.19)	(5.30)	(11.91)

注：***、**、* 分别表示系数在 0.01、0.05、0.1 的显著性水平上显著。

　　从表 5 - 5 中可以看到，名义税收优惠对内部投资的分位数回归结果中，随着分位数的增加，名义税收优惠的系数值也呈现增加的趋势，这表明对于内部投资规模越大的企业，名义税收优惠促进企业内部投资的激励效果越明显；实际税收优惠对内部投资的分位数回归也是相同的结果。相应地，名义税收优惠和实际税收优惠对企业外部投资的影响也呈现类似的规律性。

四、简要的结论

本节构造名义税收优惠和实际税收优惠作为企业享受税收优惠水平的衡量指标，研究结果表明，名义税收优惠与企业内部投资规模成正比，与外部投资规模成反比，实际税收优惠与企业内部投资规模和外部投资规模都成正比。因此，本节提出的假设1和假设2都得到了经验数据的支持。同时，本节对其他控制变量预期的系数符号也在一定程度上得到了经验数据的支持。此外，在稳健性检验中，分位数回归结果显示，政府税收优惠政策对不同投资规模的企业产生的影响存在较大差异。

本节的政策含义有：（1）我国政府有必要通过税收优惠政策激励企业购建固定资产、无形资产等内部投资活动，从而扩大企业规模，促进企业不断发展壮大；（2）我国政府应适当出台一些有利于企业外部投资的税收优惠政策，拓宽企业投资途径，降低企业经营风险；（3）基于分位数回归的结果，我国可以对当前税收优惠政策进行适当微调，尤其是提高对中小规模企业的税收优惠支持力度，提高税收优惠政策对企业投资决策的激励作用。

（原载《财会月刊》2016年第8期）

第二节　税收优惠政策的环境治理效应

一、引言

中国经济在改革开放以来保持了较高速度的增长，但与此同时环境污染问题却也变得日益严峻，这显然是"以环境换发展，先污染后治理"的经济发展思路所附带的恶果。现阶段，全国各地的环境污染事件常有发生，自然生态环境变得更加脆弱，这些无不凸显了当前控制环境污染物排放，加强环境污染治理的重要性和紧迫性。实际上，中国政府在环境污染治理上的财政资金投入每年都在增加，2014年全国财政安排节能环保支出达3815.64亿元，但环境污染治理的效果却仍然不够显著。关键原因在于，没有大幅降低环境污染物排放量的情况下，政府的环境污染治理资金投入对于总体环境污染治理资金需求来说只是杯水车薪。因此，对于当前的环境污染问题，除了加大污染治理的财政资金投入外，通过各种财政税收政策约束企业的环境污染物排放总量显得尤为重要，而税收优惠政策则是政府可以使用的重要政策工具。

关于税收优惠政策的环境效应，许多国外文献以税收竞争的角度展开分析，如 Wilson（1999）认为，地方政府以税收优惠为主要工具开展税收竞争，以获取本地区在吸引税基上的优势，这将导致本地区生态环境的恶化；Rauscher（2005）也基于相同的视角通过数理模型推导得出类似的结论。Chirinko 和 Wilson（2007）通过对 1969－2004 年美国 48 个州的面板数据模型研究发现，地方政府税收竞争行为对不同类型的环境污染有着差异化的影响。国内学者则侧重分析了地区税负水平对污染物排放量的影响，如崔亚飞和刘小川（2010）研究发现，地区税负水平与工业固体废弃物和废水排放强度负相关，而与工业二氧化硫排放强度正相关；刘洁和李文（2013）的研究表明，地区税负水平与工业污染排放量都呈显著的负相关关系，即降低税负水平将会导致工业废水、工业废气以及工业固体废弃物排放量增加；姚公安（2014）的研究则得出了完全相反的结论，即地方政府的税收收入与地区工业废水、工业废气的排放量显著正相关。可以看出，国内外相关文献主要通过间接的方式对税收优惠政策的环境效应展开研究，且得出的结论并不一致。与现有文献相比，本节直接以税收优惠政策的环境效应作为研究对象，在理论分析的基础上，构造合理的省级税收优惠衡量指标，通过实证分析验证税收优惠政策是改善还是恶化了生态环境。

二、研究设计

（一）税收优惠环境效应的理论分析

首先，税收优惠政策将会改善中国的生态环境。从直接效应来看，中国政府为了控制并降低环境污染水平，积极出台了大量节能环保方面的税收优惠政策。如《企业所得税法》第二十七条明确规定，企业从事符合条件的环境保护、节能节水项目的所得，可以免征、减征企业所得税，并由国务院批准发布了《环境保护节能节水项目企业所得税优惠目录（试行）》予以细化。此外，增值税、消费税等其他主要税种也存在大量的环境保护方面的税收优惠政策，显然实施这些政策将会有效降低各地区的环境污染水平。从间接效应来看，中国政府出台了大量支持企业科技创新的税收优惠政策，如企业所得税中对于新技术、新产品、新工艺发生的研究开发费用实施加计扣除，可以有效地激励企业从事"三新开发"活动，而不管是新技术、新产品还是新工艺，它们的实际应用都能够在一定程度上降低企业环境污染物的排放水平，从而改善中国的生态环境。因此，节能环保方面的税收优惠政策对于生态环境具有直接的改善效应，科技创新方面的税收优惠政策对于生态环境具有间接的改善效应，此时，基于税收优惠政策目标的原因，一个地区的税收优惠水平与其环境污染物排放量正相关。

其次，税收优惠政策也有可能恶化中国的生态环境，周黎安（2007）、姚洋和张牧扬（2013）等研究表明，官员晋升"锦标赛"是促进地区经济增长的重要原因，因此地方政府有极大的动力促进本地区经济的增长。中国改革开放 40 年来的经济增长始终依赖于投资驱动，地方政府为了促进本地区经济增长必然会大力增加本地区资本投资规模，除了加大政府投资，培育辖区内现有资本外，吸引辖区外的资本流入也是重要途径，税收优惠则成了地方政府开展资本竞争的重要政策工具。实际上，税收优惠确实具有吸引资本投资的作用，但是地方政府基于晋升锦标赛的迫切愿望，往往只是关注资本流入数量，却很少关心资本流入质量，最终导致一部分能源消耗较高、污染物排放较严重的企业进入本辖区，从而对本辖区的生态环境产生负面影响。此时，基于地方政府资本竞争的原因，一个地区的税收优惠水平与其环境污染物排放量负相关。

（二）计量模型的建立

从上述理论分析中可以看出，税收优惠对地区环境的影响存在两种截然相反的政策效应，而中国实施税收优惠政策对生态环境的实际效应，则需要通过实证分析进行验证，本节为此提出如下计量模型：

$$Pollutant_{it} = Tax_{it} + Popu_{it} + Pgdp_{it} + Second_{it} + Road_{it}$$
$$+ Patent_{it} + Trade_{it} + u_i + \varepsilon_{it} \tag{5.4}$$

式（5.4）中，被解释变量 *Pollutant* 是环境污染物排放量，从形态上可以分为气态污染物、液态污染物和固态污染物，根据统计数据的可得性，*Pollutant* 由如下三个变量表示：人均二氧化硫排放量 SO_2，由于部分年份废气排放总量数据缺失，而二氧化硫是最主要的废气污染源，因此以人均二氧化硫排放量作为各地区气态污染物排放量的衡量指标；人均废水排放量

Water，它是各地区液态污染物排放量的衡量指标；人均固体废弃物产生量 *Solid*，它是各地区固态污染物排放量的衡量指标。u_i 表示面板数据模型中的个体效应，ε_{it} 为随机扰动项。

本节的解释变量是税收优惠水平 *Tax*，对于各地区税收优惠水平的衡量，由于没有直接的政府统计数据支持，学术界往往通过间接方法进行衡量，如钟炜（2006）等以省份所属的区域位置作为其税收优惠水平的衡量指标，潘孝珍（2014）等通过上市公司企业所得税税负的统计分析来衡量各省份的税收优惠水平，此外还有大量的文献通过地区税负水平作为税收优惠的衡量指标。本节在参考现有文献对税收优惠衡量方法的基础上，进一步提出如下两个指标作为各省份税收优惠的衡量指标：总体税收优惠 *Alltax*，由地区生产总值除以税收收入总额计算得到，它实际上是地区总体税负的倒数，一个地区的税收优惠水平与其总体税负水平成反比，因此 *Alltax* 可以反映一个地区在总体上享受的税收优惠水平。同时，由于企业所得税是中国政府提供税收优惠政策的主体税种，本节引入企业所得税优惠 *Inctax* 作为 *Tax* 的另一个衡量指标，它由地区生产总值除以企业所得税收入总额计算得到。根据上文的理论分析，*Alltax* 和 *Inctax* 的系数符号并不确定。

为了控制其他因素对于环境污染物排放量的影响，本节进一步引入如下变量作为控制变量：人口数 *Popu*，为各地区的年末总人口数，一个地区人口规模的增加有利于在整体上降低环境污染物的人均排放水平，因此预期其符号为负。人均地区生产总值 *Pgdp*，它反映了一个地区的经济发展水平，由于中国产业经济结构的限制，单位产值的能耗较高，因此 *Pgdp* 的符号预期为正。第二产业比重 *Second*，由第二产业产值除以地区生产总值计算得到，第二产业是环境污染物的主要来源，因此预期 *Second* 与污染物排放量成正比。人均公路里程 *Road*，反映一个地区的基础设施水平，一般来说基础设施水平较高的地区经济运行效率也较高，从而有利于降低环境污染物的排放水平，预期 *Road* 的符号为负。人均专利授权数 *Patent*，反映一个地区的科技创新水平，而科技创新水平较高的地区对于自然资源的利用效率也会越高，从而在一定程度上降低污染物的排放水平，预期其符号为负。开放程度 *Trade*，由一个地区的进出口总额除以地区生产总值计算得到，开放程度越高的地区意味着与国外经济的联系越密切，而国际经济交往中往往会附加环境保护条款，从而有利于降低地区环境污染物的排放水平，因此预期其符号为负。

三、描述性统计

本节以中国 2004～2013 年的省级面板数据作为研究样本，数据来源于历年《中国统计年鉴》，其中西藏自治区由于个别年份环境污染数据缺失，在样本中予以剔除。人均地区生产总值以 2004 年作为基期进行价格指数调整，为了使各指标之间具有可比性，表 5 - 6 报告了 2013 年各变量的描述性统计结果。

表 5 - 6   变量的描述性统计结果

变量	解释	平均值	中位数	最大值	最小值	标准差
SO_2	人均二氧化硫排放量（千克/人）	18.18	13.59	59.59	3.62	13.33
Water	人均废水排放量（吨/人）	49.83	45.15	92.32	25.16	16.07
Solid	人均固体废弃物产生量（吨/人）	3.22	1.83	22.11	0.47	4.15
Alltax	总体税收优惠（数值）	12.43	12.17	18.95	5.63	3.26
Inctax	企业所得税优惠（数值）	98.39	99.45	180.82	24.69	35.75
Popu	人口数（万人）	4506.80	3804.50	10644.00	578.00	2727.74
Pgdp	人均地区生产总值（万元/人）	4.79	3.91	9.81	2.31	2.07
Second	第二产业比重（%）	46.78	48.77	55.00	21.68	7.95
Road	人均公路里程（公里/万人）	31.18	27.56	98.79	5.22	17.73
Patent	人均专利授权数（项/万人）	8.05	4.29	36.80	0.87	9.57
Trade	开放程度（数值）	14.17	7.87	69.68	1.19	16.06

从表 5 - 6 可以看到，2013 年中国人均二氧化硫排放量最大值为 59.59 千克/人，最小值为 3.62 千克/人，人均固体废弃物产生量最大值为 22.11 吨/人，最小值为 0.47 吨/人，各省份之间的差距较大；而人均废水排放量最大值为 92.32 吨/人，最小值为 25.16 吨/人，在各省份之间的差距相对较小。同时，废水的人均绝对排放量也要远远超过另外两种污染物的排放量，其原因可能在于废水污染物属于更为常规的污染物类型，大量的工业生产企业都需要排放废水污染物。二氧化硫和固体废弃物的排放则主要集中于某些特定的工业生产企业，而中国各地区的产业体系分布存在较大差异，最终导致各个地区在环境污染排放类型和规模上存在较大的差异。从各省份的税收优惠水平来看，尽管它们的差距并不如环境污染物排放量大，但企业所得税优惠上的差

距要明显大于总体税收优惠差距，其原因正是在于企业所得税是中国税收优惠政策的最主要承载主体。此外，从其他控制变量的描述性统计结果来看，中国不同地区也都存在较大的差异。

四、实证结果分析

（一）以总体税收优惠为解释变量的模型估计结果分析

本节对计量模型进行实证分析，为了使数据更加平滑，对各变量进行取对数处理；为了避免异方差等问题对模型估计结果产生的偏差，采用稳健标准误对系数进行假设检验。表 5 - 7 和表 5 - 8 报告了模型估计结果。表 5 - 7 报告的是以总体税收优惠 *Alltax* 为解释变量的模型估计结果，先以模型 1、模型 3 和模型 5 报告 OLS 回归结果作为基础模型，再通过 Hausman 检验显示这三个被解释变量所对应面板数据模型为固定效应模型，从而模型 2、模型 4 和模型 6 进一步报告其面板数据固定效应模型的估计结果。

表 5 - 7　　　　以总体税收优惠为解释变量的模型估计结果

变量	$\ln\_SO_2$		$\ln\_Water$		$\ln\_Solid$	
	模型 1	模型 2	模型 3	模型 4	模型 5	模型 6
$\ln\_Alltax$	-0.754 *** (-5.95)	-0.618 ** (-2.09)	0.302 *** (4.36)	0.048 (0.25)	-1.259 *** (-11.76)	-0.952 * (-1.99)
$\ln\_Popu$	-0.178 *** (-3.63)	-1.792 *** (-2.87)	-0.145 *** (-4.47)	-0.916 *** (-4.49)	0.165 *** (3.85)	-0.850 (-1.03)
$\ln\_Pgdp$	0.085 (0.70)	-0.047 (-0.32)	0.240 *** (4.23)	0.288 ** (2.69)	1.085 *** (10.68)	0.687 *** (3.50)
$\ln\_Second$	2.361 *** (12.18)	0.393 (1.21)	0.024 (0.28)	-0.218 (-1.36)	2.103 *** (11.85)	0.798 (1.47)
$\ln\_Road$	-0.186 *** (-3.16)	0.006 (0.08)	-0.170 *** (-4.37)	-0.077 (-1.36)	0.094 (1.47)	-0.108 (-1.08)
$\ln\_Patent$	-0.211 *** (-3.24)	-0.162 *** (-5.07)	0.155 *** (5.82)	0.038 (0.83)	-0.612 *** (-11.69)	-0.125 ** (-2.25)
$\ln\_Trade$	-0.186 *** (-4.84)	-0.115 (-1.43)	0.078 *** (3.80)	-0.068 (-1.22)	-0.340 *** (-7.64)	-0.167 (-0.88)

续表

变量	ln_SO₂		ln_Water		ln_Solid	
	模型1	模型2	模型3	模型4	模型5	模型6
C	0.552	20.276***	4.034***	12.005***	-5.847***	6.923
	(0.81)	(3.63)	(14.89)	(6.56)	(-9.46)	(0.96)
样本数	300	300	300	300	300	300
R²	0.512	0.447	0.669	0.592	0.700	0.732
估计方法	OLS + 稳健标准差	FE + 稳健标准差	OLS + 稳健标准差	FE + 稳健标准差	OLS + 稳健标准差	FE + 稳健标准差

注: ***、**、*分别表示系数在0.01、0.05、0.1的显著性水平上显著。

从表5-7可以看到，当被解释变量为SO_2时，模型1和模型2中*Alltax*的系数都为负，且都至少在0.05的显著性水平上显著，表明一个地区的总体税收优惠水平与其二氧化硫排放量显著负相关；当被解释变量为*Water*时，模型3中*Alltax*的系数显著为正，但采用更为可靠的面板数据固定效应的模型4则进一步显示其系数并未通过显著性检验，因此一个地区的总体税收优惠水平对废水排放规模并未有显著的影响；当被解释变量为*Solid*时，模型5和模型6都显示*Alltax*的系数显著为负，从而表明一个地区的总体税收优惠水平与其固体废弃物产生量显著负相关。综上所述，尽管从理论上讲一个地区的税收优惠水平有可能改善也有可能恶化生态环境，但从实证分析的结果来看，总体税收优惠水平可以有效地降低一个地区的二氧化硫排放量和固体废弃物产生量，从而印证了税收优惠政策改善地区生态环境的研究假设。

同时，在面板数据固定效应模型估计结果中可以看到：*Popu*的系数在模型2和模型4中显著为负，*Patent*的系数在模型2和模型6中显著为负，表明一个地区的人口数和人均专利授权数可以有效降低其环境污染物的排放水平。*Pgdp*的系数在模型4和模型6中显著为正，表明一个地区的经济发展水平与其污染物排放水平成正比，这也与理论预期相符合。不过*Second*、*Road*、*Trade*等变量的系数符号虽然在部分OLS回归模型中与理论预期相符，但在面板数据固定效应模型中并不显著，表明其结果并不稳定。

（二）以企业所得税优惠为解释变量的模型估计结果分析

表5-8报告的是以企业所得税优惠*Inctax*为解释变量的模型估计结果，先以模型7、模型9和模型11报告OLS回归结果作为基础模型，再通过

Hausman 检验显示这三个被解释变量所对应面板数据模型为固定效应模型，从而模型 8、模型 10 和模型 12 进一步报告其面板数据固定效应模型估计结果。

表 5 – 8 以企业所得税优惠为解释变量的模型估计结果

变量	$\ln\_SO_2$		$\ln\_Water$		$\ln\_Solid$	
	模型 7	模型 8	模型 9	模型 10	模型 11	模型 12
$\ln\_Inctax$	– 0. 247 ***	– 0. 317 **	0. 179 ***	0. 043	– 0. 623 ***	– 0. 390 **
	(– 2. 86)	(– 2. 63)	(4. 30)	(0. 51)	(– 9. 36)	(– 2. 29)
$\ln\_Popu$	– 0. 266 ***	– 1. 970 ***	– 0. 115 ***	– 0. 888 ***	0. 030	– 1. 047
	(– 5. 90)	(– 3. 09)	(– 3. 90)	(– 4. 67)	(0. 70)	(– 1. 28)
$\ln\_Pgdp$	0. 047	– 0. 090	0. 287 ***	0. 305 **	0. 937 ***	0. 690 ***
	(0. 36)	(– 0. 60)	(4. 71)	(2. 53)	(8. 13)	(3. 67)
$\ln\_Second$	2. 096 ***	0. 335	0. 078	– 0. 215	1. 796 ***	0. 704
	(10. 69)	(1. 15)	(0. 95)	(– 1. 33)	(10. 58)	(1. 39)
$\ln\_Road$	– 0. 148 **	– 0. 017	– 0. 194 ***	– 0. 074	0. 180 ***	– 0. 138
	(– 2. 31)	(– 0. 24)	(– 4. 98)	(– 1. 34)	(2. 59)	(– 1. 45)
$\ln\_Patent$	– 0. 130 **	– 0. 094 **	0. 132 ***	0. 030	– 0. 501 ***	– 0. 036
	(– 2. 01)	(– 2. 59)	(5. 22)	(0. 62)	(– 9. 68)	(– 0. 66)
$\ln\_Trade$	– 0. 179 ***	– 0. 136	0. 078 ***	– 0. 063	– 0. 336 ***	– 0. 183
	(– 4. 23)	(– 1. 68)	(3. 83)	(– 1. 14)	(– 7. 28)	(– 0. 93)
C	1. 293 *	21. 905 ***	3. 584 ***	11. 660 ***	– 4. 206 ***	8. 254
	(1. 87)	(3. 93)	(12. 60)	(6. 84)	(– 7. 05)	(1. 14)
样本数	300	300	300	300	300	300
R^2	0. 475	0. 461	0. 669	0. 593	0. 673	0. 729
估计方法	OLS + 稳健标准差	FE + 稳健标准差	OLS + 稳健标准差	FE + 稳健标准差	OLS + 稳健标准差	FE + 稳健标准差

注：*** 、** 、* 分别表示系数在 0. 01、0. 05、0. 1 的显著性水平上显著。

从表 5 – 8 可以看到，当被解释变量为 SO_2 和 *Solid* 时，企业所得税优惠 *Inctax* 的系数都显著为负，而当被解释变量为 *Water* 时，其系数只在 OLS 回归模型中显著，可见企业所得税优惠 *Inctax* 的系数估计结果与表 5 – 7 中总体税收优惠 *Alltax* 的系数估计结果基本上一致，从而进一步验证了税收优惠对于环境污染的改善效应。不过，对比 *Inctax* 和 *Alltax* 的系数值可以发现，在相同的被解释变量、控制变量以及估计方法前提下，*Inctax* 系数的绝对值要明显小于 *Alltax*，前者约为后者的 50%，其原因在于企业所得税是政府税收优惠政策的主要载体，但除此以外其他各税种也都在一定程度上承担起了激励企业节能环保的政策意图，因此 *Inctax* 所体现的税收优惠力度必然要远小于 *Alltax*，并最终反映在系数估计结果上。此外，可以看到表 5-8 中其他控制变量的估计结果也基本上与表 5-7 一致，显示了模型估计结果的稳健性。

五、研究结论与政策建议

本节使用 2004~2013 年的省级面板数据，对中国税收优惠政策的环境效应进行实证分析，研究结果表明：（1）一个地区的总体税收优惠水平和企业所得税优惠水平可以有效地降低该地区的人均二氧化硫排放量和人均固体废弃物产生量，从而有利于减少本地区气态和固态环境污染物的排放水平，改善本地区的生态环境。（2）一个地区的总体税收优惠水平和企业所得税优惠水平与本地区的废水排放量不存在显著的相关关系，这表明中国的税收优惠政策并未能有效地降低液态污染物的排放水平，其可能的原因在于废水污染物与其他两种污染物相比更为常规，而各地方政府通过提供税收优惠政策来争夺的流入资本也大多集中于排放废水污染物的企业类型，导致税收优惠对于环境污染的改善效应和恶化效应相互抵消，最终表现为对废水污染物的排放水平没有显著影响。（3）不同税种对于环境污染物排放水平的影响存在差异，企业所得税是中国税收优惠政策的主要承载主体，其对环境污染的改善效应达到了全部税种税收优惠政策的 50% 左右。

基于本节的实证分析结果，为了进一步提高中国税收优惠政策对于生态环境的改善效应，降低环境污染物的排放水平，政府税收政策应从如下方面进行调整：（1）进一步强化中国税收优惠政策在节能环保和科技创新上的导向作用，在对现有税收优惠政策实施效果评估的基础上，淘汰政策效果相对较差的税收优惠政策，优化当前激励企业节能环保与科技创新的税收优惠体系。（2）废水污染是中国环境污染的主要污染源，但中国当前税收优惠政策并没有有效降低废水污染物的排放水平，因此中国政府有必要重点考察减少企业废水排放量的税收优惠政策的有效性，并在一定程度上限制地方政府随意使用税收优惠政策开展的资本流入竞争。（3）由于企业所得税以企业经营所得作为课税对象，其税收优惠政策对企业行为的激励效果最为明显，中国政府在环境污染治理过程中应重点关注企业所得税优惠的政策实施效果，并保持其他税种与企业所得税优惠的相互配合。

（原载《财政经济评论》2016 年第 1 期）

第三节 基于税收优惠的所得税竞争研究

一、引言

中国于 1978 年开始实施改革开放，并在此后 30 多年时间里，国内生产总值保持了近 10% 的实际年均增长率，如此长时间、高速度的经济增长在世界历史上都非常罕见。Blanchard 和 Shleifer（2001）、周黎安（2007）的研究认为，中国地方政府为追逐经济增长而开展的竞争，是经济增长的重要动力来源。Tiebout（1956）在七个严格的假设条件下，研究表明辖区居民可以通过"用脚投票"来激励地方政府开展竞争，从而实现地方公共产品供给的帕累托最优。不过，地区间竞争实际上包含两个方面，即地方政府间开展的支出竞争和税收竞争，其中支出竞争主要相对于居民而开展，税收竞争主要相对于企业而开展。居民"用脚投票"的重要前提是，可以自由且低成本地在辖区之间迁徙，但是这个前提条件在中国却难以成立。因此，对中国地方政府而言，地区间竞争更多的是通过相对于企业而开展的税收竞争来实现的。

以发达国家为样本的大量实证研究表明，发达国家普遍存在地方政府间的税收竞争，Ladd（1992）、Case 等（1993）、Besley 和 Case（1995）使用美国州或县级面板数据，研究发现税收竞争反应函数的斜率为正，表明美国地方政府间存在策略互补式税收竞争。Buettner（2001）以德国为样本，Feld 和 Reulier（2009）以瑞士为样本，Lyytikäinen（2012）以芬兰为样本的多项研究，也都分别得出了各国地方政府间存在策略互补式税收竞争的结论。对于中国地方政府间的税收竞争，沈坤荣和付文林（2006）、张宇麟和吕旺弟（2009）等人研究发现，省际间税收竞争反应函数斜率为负，中国地方政府间存在策略替代式税收竞争。然而，李永友和沈坤荣（2008）的研究却表明，中国省际间税收竞争反应函数斜率为正，地方政府间的税收竞争为策略互补式。郭杰和李涛（2009）进一步按照税种进行细化，研究发现中国各省份在增值税、企业所得税、财产税类上的税收竞争表现出空间策略互补的特征，而在营业税、个人所得税上的税收竞争表现出空间策略替代的特征。对于中国地方政府间税收竞争的后果，吴俊培和王宝顺（2012）研究指出，中国地方政府间存在激烈、无序的税收竞争，将会加剧各地区经济发展的不平衡。

从现有关于税收竞争的文献中可以看到，所有文献对于地方政府间是否存在税收竞争以及税收竞争类型的判断方法是相同的，即通过分析面板数据空间滞后模型中税负空间滞后项的系数符号及其显著性，来判断是否存在地区间税收竞争以及税收竞争的具体类型，只是使用不同样本进行实证研究得出的结论却各不相同。并且，除郭杰和李涛（2009）按照不同税种进行税收竞争分析外，绝大部分文献都是以地方政府的全部税收收入作为分析对象，很少关注企业所得税作为地方政府开展税收竞争的主要税种所展开的竞争。实际上，中国地方政府间税收竞争的机理与其他国家相比有着很大差异，本节尝试在对中国式税收竞争的机理进行理论分析的基础上，重点关注地方政府开展的企业所得税优惠竞争，并提出与中国式税收竞争相适应的指标构造方法，使用面板数据空间滞后模型对中国地方政府是否开展企业所得税优惠竞争进行实证分析。

二、研究设计

（一）中国地方政府企业所得税竞争机理的理论分析

沈坤荣和付文林（2006）认为，税收竞争是地方政府通过降低纳税人的税收负担，吸引有价值的社会经济资源流入本地区。一国地方政府开展税收竞争的具体形式，与其国家结构形式有着密切关系，联邦制国家的地方政府享有一定的税收立法权，可以根据本地区的现实社会经济状况，在国家宪法和法律允许范围内开展税收立法工作。因此，这类国家的地方政府可以通过税收立法的形式，实现地区间税收政策的差异化，从而开展地区间税收竞争。

从中国的现实国情来看，由于实行集权式的单一制国家结构形式，中央政府保留了几乎全部的税收立法权，地方政府对于本辖区内的税收立法权限非常有限，进而导致中国各地区的基本税收制度保持高度一致。当前，除了上海和重庆由于房产税改革试点需要，享有一定的房产税立法权限外，绝大多数地方政府只能在诸如娱乐业的营业税税率选择等极小的范围内享有一定的自主权。因此，中国地方政府间的税收竞争空间相对比较狭小。但是，这并不说明中国地方政府间不存在税收竞争，因为地方政府可以通过向中央政府争取税收优惠政策的形式展开税收竞争，而地方政府所能争取到的税收优惠幅度越大、范围越广，则该地区对于外部社会经济资源的吸引力也就越强。

　　尽管增值税、消费税、营业税和企业所得税是构成企业税收负担的主要税种，但增值税、消费税的征收管理权限归国税部门，营业税的纳税主体集中在第三产业，地方政府在这三个税种上所能提供的税收优惠空间非常小。从中国的税收优惠实践来看，企业所得税是地方政府开展税收竞争的主要政策载体，而降低企业所得税税率则是最为直观的税收优惠形式。除此之外，地方政府还通过隐性税收优惠开展税收竞争，主要包括地方政府未经中央政府批准而出台相关税收减免措施，或者在执行经中央政府批准的税收优惠政策时放宽限制条件，给企业提供实质上的税收优惠利益。因此，在中国式税收竞争条件下，各地区存在的税负水平差异并不是完全由税收竞争导致的，如地区经济发展水平、税务机关的税收征管能力等因素，都是影响地区税负水平的重要因素。现有文献通过估计税负空间滞后项的系数符号来判断是否存在税收竞争及其类型，在指标衡量上就存在一定的偏差，因为实际税负水平只能体现地方政府开展税收竞争、经济发展水平、征管能力等多因素影响的最终结果，而不能真实地反映地方政府开展税收竞争的真实状况。

　　本节认为，基于企业所得税优惠是中国地方政府开展税收竞争主要形式的现实状况，构建合理的省级企业所得税优惠水平的衡量指标，进而通过对其空间滞后项进行分析，来判断中国地方政府间的税收竞争类型，才是对中国式税收竞争进行实证分析的恰当方法。

（二）中国各省市企业所得税优惠的衡量指标构建

　　中国尚未建立税式支出预算管理制度，税收优惠统计工作也尚未起步，无法直接获得各省份每年的实际税收优惠规模。因此，本节采取由微观到宏观的指标构造方法，参照潘孝珍（2014）提出的微观层面的企业所得税优惠衡量指标，进一步构造宏观层面的中国省级企业所得税优惠衡量指标。根据上市公司财务报表提供的会计科目，微观层面的企业所得税优惠水平可由如下两个指标衡量：

$$企业所得税名义税收优惠 = 法定税负 - 名义税负 \qquad (5.5)$$

$$企业所得税实际税收优惠 = 法定税负 - 实际税负 \qquad (5.6)$$

企业所得税名义税收优惠指的是企业在名义上享受的企业所得税优惠水平，企业所得税实际税收优惠则是企业在实际上享受的企业所得税优惠水平。其中，2008 年开始实施的《中华人民共和国企业所得税法》明确规定，企业所得税法定税率为 25%，因此式（5.5）和式（5.6）中的法定税负取值即为25%；名义税负是一家企业名义上负担的企业所得税税负水平，可以由这家企业的所得税名义税率表示；实际税负是一家企业实际上负担的企业所得税税负水平，可以通过所得税费用除以利润总额计算得到。中国上市公司财务报表中报告了企业的名义税率、所得税费用、利润总额等科目，因此可以使用沪深 A 股上市公司为样本，通过上述公式计算企业享受的企业所得税名义税收优惠水平和实际税收优惠水平。需要注意的是，一家上市公司可能会适用不同的企业所得税名义税率项，本节对其取平均值处理，如代码为 600125的企业 2013 年适用的企业所得税名义税率为 12.5% 和 25%，那么它 2013 年的名义税负即为 18.75%，其对应的企业所得税名义税收优惠水平是 6.25%。在此基础上，本节根据上市公司注册地所在的省份，统计出中国各省份上市公司企业所得税的平均名义税收优惠水平和实际税收优惠水平，以此作为该省份地方政府为本辖区企业提供企业所得税优惠水平的衡量指标。

（三）面板数据空间滞后模型的建立

在构建省级企业所得税优惠的衡量指标基础上，本节建立如下面板数据空间滞后模型，其特点是在解释变量中加入被解释变量的空间滞后项，进而分析空间滞后项的显著性以及符号方向，来判断中国地方政府间是否存在企业所得税优惠的竞争及其类型。本节建立的面板数据空间滞后模型为：

$$Taxpre_{it} = a + b(W. Ttaxpre_{it}) + cL. Taxpre_{it} + dControl_{it} + p_i + d_t + e_{it} \qquad (5.7)$$

在式（5.7）中，被解释变量 $Taxpre$ 是各省份的企业所得税优惠水平，它包括企业所得税名义税收优惠 $Ntaxpre$ 和企业所得税实际税收优惠 $Rtaxpre$两个指标。本节关注的核心解释变量是企业所得税优惠的空间滞后项 $W \cdot Ttaxpre$，它由空间权重矩阵与被解释变量相乘得到，根据郭杰和李涛（2009）的文献，如果上式中 $W \cdot Ttaxpre$ 的系数 b 不显著，则表明中国地方政府间不存在企业所得税竞争；如果 b 显著为正，则表明地方政府间存在策略互补式企业所得税竞争，即一个省份的企业所得税优惠水平随着竞争省份税收优惠水平的提高而提高；如果 b 显著为负，则表明地方政府间存在策略替代式企业所得税竞争，即一个省份的企业所得税优惠水平随着竞争省份税收优惠水平的提高而降低。同时，为了考察各省份企业所得税优惠水平是否存在时间上的连续性，本节在解释变量中加入被解释变量的时间滞后项 *L. Taxpre*，具体包括企业所得税名义税收优惠的时间滞后项 *L. Ntaxpre* 和企业所得税实际税收优惠的时间滞后项 *L. Rtaxpre*。

式（5.7）中，W 是面板数据空间滞后模型的空间权重矩阵。现有文献主要使用各地区省会城市之间的直线距离，或者各地区之间是否有共同边界来建立空间权重矩阵。本节认为，公路运输是各地区资源流动的主要运输方式，采用各地区省会城市之间的实际公路距离比直线距离更为恰当。因此，本节建立了如下两个空间权重矩阵：（1）通过百度地图计算 i 和 j 地区的省会城市之间的实际公路距离 d_{ij}，将实际公路距离取倒数 d_{ij}^{-1} 并记作 w_{ij}，接着对矩阵进行行标准化，使各行数值之和为 1，将由此得到的距离权重矩阵记为 W_1。（2）判断 i 和 j 地区之间是否存在相连的边界，如果存在相连的边界则 w_{ij} 的取值为 1，否则为 0，接着对矩阵进行行标准化，使各行数值之和为 1，将由此得到的边界权重矩阵记为 W_2。为了使模型的估计结果更加稳健可靠，本节进一步引入一系列控制变量：

首先，是一组与各省份的经济发展水平相关的控制变量，包括人均国内生产总值 *Pergdp*、经济增长率 *Growth*、第一产业比重 *Priind*。其中：一个省份的人均国内生产总值越低、第一产业比重越高，地方政府希望加快本地区经济发展的愿望也会越强烈，从而可能会提供更高的企业所得税优惠水平，因此预期 *Pergdp* 的系数为负、*Priind* 的系数为正。经济增长率越高的省份，地方政府提供企业所得税优惠政策的经济基础越雄厚，预期 *Growth* 的系数为正。

其次，是一组反映各省份宏观经济环境的控制变量，包括开放程度 *Oppen* 和政府规模 *Pfexpend*。其中，开放程度由各省份的进出口总额占 GDP 的比重计算得到，开放程度越高的地区地方政府提供的企业所得税优惠水平也可能越高，因此预期 *Oppen* 的系数为正；政府规模由各省份地方政府预算内财政支出占 GDP 的比重计算得到，政府规模越大的地区越有能力为辖区内企业提供企业所得税优惠，因此预期 *Pfexpend* 的系数为正。

再次，是一组与各省份的人力资源状况相关的控制变量，包括失业率 *Emprate* 和人力资源水平 *Humres*。其中，失业率为城镇登记失业率，失业率越高的省份，地方政府可能更愿意提高企业所得税优惠水平来吸引企业，进而提高本地区的就业率水平，因此预期 *Emprate* 的系数为正；人力资源水平由各省份大专以上学历人口占 6 岁以上人口的比重计算得到，一个地区的人力资源水平越高，表明其经济发展潜力越大，地方政府也更愿意提供更高的企业所得税优惠水平，因此预期 *Humres* 的系数为正。

最后，是一组各省份所在区域的控制变量，由于中国不同地区经济发展水平有着较大差异，不同地区企业所面临的政策环境也各不相同，因此本节按照各省份的地理位置将它们分成东部、东北部、中部、西部四个区域，在模型中引入东部 *East*、东北部 *Northeast* 和中部 *Middle* 三个哑变量，它们的系数估计结果可以反映中国东部、东北部和中部省份的企业所得税优惠水平与西部之间的差异。

三、描述性统计分析

本节使用的样本时间段为 2008 ~ 2013 年，由于青海和西藏个别年度的数据缺失，故将它们从样本中剔除。企业所得税名义税收优惠和实际税收优惠的数据，来源于本节对沪深 A 股上市公司财务报表的统计分析，其他数据则来源于历年《中国统计年鉴》，并对人均国内生产总值以 2008 年为基期作价格指数调整。表 5 - 9 报告了各变量的描述性统计结果。

表 5 - 9 　　　　　　　　变量的描述性统计结果

变量	解释	平均值	最大值	最小值	标准差
Ntaxpre	企业所得税名义税收优惠（%）	5.03	8.47	1.58	1.46
Rtaxpre	企业所得税实际税收优惠（%）	10.89	16.00	7.25	1.57
Pergdp	人均国内生产总值（万元）	3.46	8.58	0.99	1.74
Growth	经济增长率（%）	11.84	17.80	5.40	2.31
Priind	第一产业比重（%）	11.03	29.99	0.60	5.65
Oppen	开放程度（%）	32.87	169.76	4.02	38.89
Pfexpend	政府规模（%）	19.85	37.05	8.74	6.97
Emprate	失业率（%）	3.53	4.57	1.21	0.64
Humres	人力资源水平（%）	10.34	41.21	3.06	6.19
East	东部（哑变量）	0.34	1.00	0.00	0.48
Northeast	东北部（哑变量）	0.10	1.00	0.00	0.31
Middle	中部（哑变量）	0.21	1.00	0.00	0.41

从表 5 - 9 可以看到，企业所得税名义税收优惠的平均值为 5.03%，企业所得税实际税收优惠的平均值为 10.89%，表明中国各省份提供的企业所得税实际税收优惠水平要远高于名义税收优惠水平，其原因在于名义税收优惠体现的是各省份地方政府通过企业所得税名义税率而提供的税收优惠水平，实际税收优惠体现的是各省份地方政府提供的包括名义税率、税收减免等所有企业所得税优惠项目在内的税收优惠水平。可见，中国地方政府间开展企业所得税优惠的竞争，在一定程度上导致了本地区的企业所得税实际税负远远低于名义税负。此外，各省份在人均国内生产总值、经济增长率、第一产业比重、开放程度、政府规模、失业率、人力资源水平等变量上也有着较大差异，东部、东北部、中部三个哑变量的平均值则表明，本节使用的样本省份有 34% 位于东部地区、10% 位于东北部地区、21% 位于中部地区，剩余 35% 位于西部地区。

四、实证结果分析

本节研究的问题是中国各省份是否存在税收竞争及其类型，而税收竞争主要通过各省份地方政府提供企业所得税优惠政策而展开，可以通过对面板数据空间滞后模型的估计，对企业所得税优惠的空间滞后项这一关键变量的估计系数及其显著性进行分析。由于中国的税收立法权限集中在中央，各地区的具体税收制度基本趋同，导致不同省市的企业所得税优惠水平在整体上保持同步变动，因此在回归方程右侧的核心解释变量企业所得税优惠的空间滞后项可能存在内生性问题。此外，企业所得税优惠的时间滞后项也同样可能存在内生性问题。因此，对于模型的估计方法，Heyndels 和 Vuchelen（1998）、沈坤荣和付文林（2006）等提出使用似不相关回归方法对模型进行估计。然而，Madariaga 和 Poncet（2007）、郭杰和李涛（2009）等更多的学者认为，Blundell 和 Bond（1998）提出的系统广义矩估计是解决此类内生性问题最好的估计方法。因此，本节使用系统广义矩估计方法对面板数据空间滞后模型进行估计。

（一）企业所得税名义税收优惠的空间滞后模型估计

表 5 - 10 报告的是被解释变量为企业所得税名义税收优惠的面板数据空间滞后模型的估计结果，模型 1 ~ 模型 3 中企业所得税优惠的空间滞后项所

对应的空间权重矩阵为 W_1，模型4～模型6中企业所得税优惠的空间滞后项所对应的空间权重矩阵为 W_2。从模型检验结果来看：阿雷拉诺－邦德检验（Arellano-bond test）的一阶自相关检验和二阶自相关检验表明，模型1～模型6的扰动项不存在序列相关；萨甘检验（Sargan test）表明，模型1～模型6也都通过了过度识别检验。

表 5－10　　　　企业所得税名义税收优惠的空间滞后模型估计结果

变量	模型 1	模型 2	模型 3	模型 4	模型 5	模型 6
W_1. ln_*ntaxpre*	0.938 *** (37.87)	1.058 *** (25.22)	0.986 *** (20.90)	— —	— —	— —
W_2. ln_*ntaxpre*	— —	— —	— —	0.997 *** (53.28)	0.861 *** (16.16)	0.916 *** (15.63)
L. ln_*ntaxpre*	0.065 *** (4.84)	0.148 *** (5.31)	0.036 (0.71)	0.066 *** (6.02)	−0.003 (−0.08)	−0.043 (−0.87)
ln_*Pergdp*	—	−0.295 *** (−3.06)	−0.135 (−1.09)	—	0.001 (0.01)	−0.016 (−0.14)
ln_*Growth*	—	0.073 * (1.67)	0.034 (0.94)	—	0.121 *** (2.91)	0.002 (0.05)
ln_*Priind*	—	0.055 (0.98)	0.327 (−1.62)	—	−0.054 (−0.96)	−0.166 (−1.01)
ln_*Oppen*	—	0.030 (0.76)	−0.052 (−0.60)	—	−0.237 *** (−5.34)	−0.053 (−0.70)
ln_*Pfexpend*	—	−0.229 * (−1.88)	−0.226 * (−1.72)	—	−0.179 (−0.97)	−0.353 (−0.83)
ln_*Emprate*	—	−0.063 (−1.15)	0.045 (0.84)	—	−0.520 *** (−5.02)	−0.305 ** (−2.49)
ln_*Humres*	—	0.019 (0.47)	−0.009 (−0.22)	—	0.070 *** (2.63)	−0.012 (−0.21)
East	— —	— —	−0.492 ** (−1.96)	— —	— —	−0.353 ** (−2.57)
Northeast	— —	— —	−0.226 (−0.29)	— —	— —	−1.604 (−1.52)

续表

变量	模型 1	模型 2	模型 3	模型 4	模型 5	模型 6
Middle	—	—	-0.712*	—	—	-0.296
	—	—	(-1.79)	—	—	(-0.61)
C	0.010	0.374	1.858***	-0.126*	-1.186***	0.916***
	(0.24)	(0.90)	(2.67)	(-1.65)	(-5.41)	(15.63)
样本数	145	145	145	145	145	145
一阶自相关检验	-2.71	-2.77	-2.56	-2.41	-2.38	-2.37
	(0.01)	(0.01)	(0.01)	(0.02)	(0.02)	(0.02)
二阶自相关检验	0.93	0.95	-0.90	0.95	0.97	0.08
	(0.35)	(0.34)	(0.37)	(0.92)	(0.33)	(0.94)
萨甘检验	27.20	23.18	15.49	28.09	18.28	14.70
	(0.66)	(0.98)	(0.97)	(0.35)	(0.97)	(1.00)
估计方法	系统 GMM	系统 GMM	系统 GMM	系统 GMM	系统 GMM	系统 GMM

注: ***、**、*分别表示系数在0.01、0.05、0.1的显著性水平上显著。

从模型 1～模型 3 的估计结果中可以看到，尽管模型中加入的控制变量有所差异，但以 W_1 为空间权重矩阵的名义税收优惠空间滞后项 $W_1.\ln\_ntaxpre$ 的系数都为正，且都在 0.01 的显著性水平上显著。从模型 4～模型 6 的估计结果中可以看到，尽管模型中加入的控制变量有所差异，但是以 W_2 为空间权重矩阵的名义税收优惠空间滞后项 $W_2.\ln\_ntaxpre$ 的系数也都显著为正。从 $W_1.\ln\_ntaxpre$ 和 $W_2.\ln\_ntaxpre$ 的具体数值来看，在模型 1～模型 6 中的最小值也达到了 0.861，表明如果一个省市的企业所得税名义税收优惠水平提高 1%，该省份将会采取策略互补式税收竞争，导致该省份的企业所得税名义税收优惠水平至少提高 0.861%。对于名义税收优惠时间滞后项 $L.\ln\_ntaxpre$ 的估计系数，可以看到从模型 1～模型 6 中都显著为正，从而表明税收优惠政策在时间上具有连续性，而从具体的系数值来说，一个省份在本期的企业所得税名义税收优惠水平提高 1%，将会导致其下一期的企业所得税名义税收优惠水平至少提高 0.065%。

对于控制变量的估计结果，可以看到人均国内生产总值 $\ln\_Pergdp$ 在模型 2 中显著为负，经济增长率 $\ln\_Growth$ 在模型 2 和模型 5 中显著为正，人力资源水平 $\ln\_Humres$ 在模型 5 中显著为正，它们的系数估计结果与本节的预期相一致。此外，从虚拟变量的估计结果来看，东部 *East* 的系数在模型 3 和模型 6 中显著为负，中部 *Middle* 的系数在模型 3 中显著为负，表明中国东部和中部地区的企业所得税名义税收优惠水平要显著低于西部地区，而东北部地区与西部地区的企业所得税名义税收优惠水平则没有显著差异。

（二）企业所得税实际税收优惠的空间滞后模型估计

表 5-11 报告的是被解释变量为企业所得税实际税收优惠的面板数据空间滞后模型的估计结果，模型 7~模型 9 中税收优惠空间滞后项的空间权重矩阵为 W_1，模型 10~模型 12 中税收优惠空间滞后项的空间权重矩阵为 W_2。模型检验结果表明，阿雷拉诺—邦德检验的一阶自相关检验和二阶自相关检验显示，模型 1~模型 6 的扰动项不存在序列相关；萨甘检验显示，模型 1~模型 6 也都不存在工具变量过度识别的问题。

表 5-11　　　企业所得税实际税收优惠的空间滞后模型估计结果

变量	模型 7	模型 8	模型 9	模型 10	模型 11	模型 12
$W_1 \cdot \ln\_rtaxpre$	1.070*** (59.55)	0.922*** (6.74)	0.818*** (4.95)	—	—	—
$W_2 \cdot \ln\_rtaxpre$	—	—	—	0.852*** (27.34)	0.738*** (9.48)	0.726*** (7.03)
$L.\ln\_rtaxpre$	0.073*** (4.90)	-0.086 (-1.43)	-0.092 (-1.42)	0.035*** (3.23)	-0.034 (-0.54)	-0.038 (-0.62)
$\ln\_Pergdp$	—	-0.083 (-1.17)	-0.067 (-0.86)	—	-0.123** (-1.98)	-0.175** (-2.13)
$\ln\_Growth$	—	0.010 (0.25)	0.079** (2.11)	—	0.046 (1.53)	0.018 (0.41)
$\ln\_Priind$	—	-0.186** (-2.45)	-0.037 (-0.57)	—	-0.156** (-2.26)	0.016 (0.15)
$\ln\_Oppen$	—	0.058 (1.51)	0.030 (0.80)	—	0.011 (0.33)	-0.044 (-0.89)
$\ln\_Pfexpend$	—	0.342*** (6.18)	0.619*** (7.11)	—	-0.041 (-0.25)	-0.320 (-1.17)
$\ln\_Emprate$	—	0.071 (1.13)	-0.072 (-1.13)	—	0.060 (0.86)	-0.272*** (-2.84)

续表

变量	模型 7	模型 8	模型 9	模型 10	模型 11	模型 12
ln_*Humres*	— —	−0.009 (−0.32)	−0.009 (−0.39)	— —	0.041 (1.23)	0.051 (1.60)
East	— —	— —	0.301 ** (2.40)	— —	— —	−0.082 (−0.56)
Northeast	— —	— —	0.499 *** (4.93)	— —	— —	0.593 *** (3.92)
Middle	— —	— —	0.195 (1.48)	— —	— —	0.324 (1.20)
C	−0.333 *** (−5.18)	−0.357 (−0.58)	−1.380 ** (−2.09)	0.271 *** (3.38)	1.013 *** (1.78)	2.050 ** (1.98)
样本数	145	145	145	145	145	145
一阶自相关检验	−3.09 (0.00)	−3.24 (0.00)	−3.16 (0.00)	−3.23 (0.00)	−3.62 (0.00)	−3.31 (0.00)
二阶自相关检验	1.57 (0.12)	1.23 (0.22)	1.24 (0.22)	1.54 (0.12)	1.19 (0.24)	1.63 (0.10)
萨甘检验	27.75 (0.37)	24.20 (0.56)	23.59 (0.43)	27.89 (0.36)	21.03 (0.74)	13.87 (0.93)
估计方法	系统 GMM	系统 GMM	系统 GMM	系统 GMM	系统 GMM	系统 GMM

注：*** 、** 、* 分别表示系数在 0.01、0.05、0.1 的显著性水平上显著。

从表 5–11 可以看到，无论是否考虑控制变量的影响，模型 7～模型 9 的估计结果都显示，以 W_1 为空间权重矩阵的实际税收优惠空间滞后项 $W_1 . \mathrm{ln\_}$ *rtaxpre* 的系数都显著为正。当实际税收优惠空间滞后项以 W_2 为空间权重矩阵时，估计结果显示 $W_2 . \mathrm{ln\_}$*rtaxpre* 在模型 10～模型 12 中都显著为正。因此，从总体上看，中国地方政府在企业所得税实际税收优惠水平上依然存在策略互补式税收竞争，即一个省份的企业所得税实际税收优惠水平会随着竞争省份实际税收优惠水平的提高而提高。不过，从企业所得税实际税收优惠空间滞后项的具体系数来看，它们在数值上要略小于名义税收优惠空间滞后项，表明地方政府在企业所得税实际税收优惠上展开的税收竞争并不如名义税收优惠激烈，其原因可能是由于地方政府自身财力的限制，或者中央政府对地方政府行为在一定程度上存在管制与约束。对于企业所得税实际税收优惠的时间滞后项，可以看到 *L.* ln_*rtaxpre* 在模型 7 和模型 10 中显著为正，但在加入更多控制变量的模型 8、模型 9、模型 11 和模型 12 中不显著，从而表明地方政府税收优惠政策的实际实施效果在时间上也存在连续性，但这种连续性可能并不稳定。

对于控制变量的估计结果，可以看到人均国内生产总值 ln_*Pergdp* 的系数在模型 11 和模型 12 中显著为负，经济增长率 ln_*Growth* 在模型 9 中显著为正，政府规模 ln_*Pfexpend* 在模型 8 和模型 9 中显著为正，它们的实证研究结果与理论预期相一致。此外，需要特别指出的是，尽管东部和中部地区的企业所得税名义税收优惠水平要明显低于西部地区，但是东部和东北部地区提供的企业所得税实际税收优惠水平却要明显高于西部地区。

五、研究结论和建议

中国地方政府没有独立的税收立法权，导致地方政府主要以企业所得税优惠的方式开展税收竞争，这与世界其他国家相比有着较大差异。本节在对中国地方政府企业所得税竞争进行理论分析的基础上，通过由微观到宏观的方法构建省级企业所得税优惠的衡量指标，进而使用面板数据空间滞后模型对中国地方政府间开展的企业所得税竞争进行实证分析。

研究结果表明：中国地方政府间存在非常明显的策略互补式税收竞争，即一个省份的企业所得税优惠水平会随着竞争省份税收优惠水平的提高而提高，而且从接近于 1 的企业所得税优惠的空间滞后项系数值来看，这显然是一种无序的竞争，并有可能导致地区间经济发展的更加不平衡。不过，通过对比可以看到，企业所得税实际税收优惠的空间滞后项系数值要略小于名义税收优惠，表明尽管地方政府在名义上通过提供企业所得税优惠政策而展开的税收竞争较为激烈，但在企业所得税优惠政策的实际实施结果上表现出的税收竞争却相对缓和，其中的原因可能是由于地方政府自身财力的限制，也可能是中央政府对于地方政府在税收竞争上进行一定的管制与约束。此外，从税收优惠时间滞后项的估计结果中可以看到，地方政府提供的企业所得税名义税收优惠政策在时间上具有连续性，其实际实施效果也具有一定的连续性。

本节的政策含义有：（1）综合现有文献和本节的研究结论来看，地方政府间的税收竞争在世界各国普遍存在，即使是没有税收立法权的中国地方政府，依然会通过企业所得税优惠政策积极开展税收竞争。因此，对于中央政府而言，重要的并不是如何禁止地方政府间开展企业所得税竞争，而是如何规范地方政府间的企业所得税竞争行为。（2）中央政府有必要从企业所得税名义税收优惠入手，严格限制地方政府通过游说获得区域性税收优惠政策，并保证已出台的相关税收优惠政策被严格执行，以降低地方政府在企业所得税名义税收优惠上的竞争，而实际税收优惠作为税收优惠政策的实施结果，将会随着名义税收优惠竞争的缓和而进一步缓和。（3）地方政府的企业所得税优惠政策在时间上具有连续性，其实际实施效果也具有一定的连续性，中央政府在规范地方政府企业所得税竞争行为的同时，也应该注重保持政府税收优惠政策及其实施效果的连续性，在整体上保证企业所得税优惠政策对于社会经济资源引导作用的发挥。

（原载《经济理论与经济管理》2015 年第 5 期）

第六章 基于税制结构调整的税制改革展望

第一节 我国结构性减税效果评价

为了应对国际金融危机的影响，我国从 2008 年底开始实施扩张性财政政策，当年度的中央经济工作会议明确提出要实施结构性减税，并相继出台了一系列结构性减税措施。我国的结构性减税政策已经完整实施了三个年度，并且当前的税制改革还将继续推进和完善结构性减税政策，因此，有必要对我国结构性减税政策的绩效进行评价，以考察实施该政策以来我国总体税负水平和政府收入结构的变化趋势。

一、结构性减税概念新解

结构性减税的概念最早出现在孙良辰（1987）一文，作者认为结构性减税是把减税政策微观化，分行业、分生产发展阶段、分税种、分产品进行调节生产，以促进产业结构的合理化。由于当时经济发展阶段的限制，作者只是把结构性减税政策定位于优化产业结构的工具，这和当前学术界的主流观点有较大差异。如高培勇（2009）认为，结构性减税是纳税人实质税负水平的下降和政府税收收入的减少；路春城、黄志刚（2011）把结构性减税政策的目标定位于刺激经济增长、促进收入分配公平、提升就业水平以及有利于环境保护等；贾康、程瑜（2011）则明确指出，结构性减税既区别于全面大规模的减税，也不同于一般的有增有减的税负调整，而是更注重和强调有选择性地减税，是为达到特定目标而针对特定群体、特定税种来削减税负水平。

尽管不同的学者对结构性减税的理解各不相同，但一个共同点是都从狭义的角度理解结构性减税的范围。我国当前的现实状况是，大量由政府征收的费和基金从本质上来说都是税，如庞凤喜（2008）认为，社会保险费不管称为"费"或"税"，其本质都是税收。因此本节认为，基于我国政府当前存在大量非税收收入的现实国情，有必要从更广义的角度来看待结构性减税，即其范围不仅包括了一般意义上的政府税收收入，还应该包括政府以费、基金等形式征收的全部政府性收入。所以，我国结构性减税的真正内涵应该是：降低政府全部收入占国内生产总值的比重、调整大口径宏观税负各项收入的结构、优化政府税收收入结构。也就是说，结构性减税要减的不是政府税收收入占 GDP 的比重，而是政府全部收入占 GDP 的比重；结构性减税要调整的不仅是政府税收收入的结构，而且也包括政府全部各项收入的结构。

二、我国结构性减税政策回顾

由于我国政府在 2008 年底正式提出结构性减税政策，并且结构性减税政策的范围应该包含对政府全部收入项目的结构性调整，所以这里按照政策目标的不同，对我国 2009 年以来的主要结构性减税措施进行回顾。

（一）促进就业的结构性减税政策

促进就业的结构性减税政策主要包括下岗职工再就业和残疾人就业两个方面，主要措施有：持《再就业优惠证》的个体经营人员，减免当年实际应缴纳的营业税、城市维护建设税、教育费附加和个人所得税；安置残疾人员的企业，按照支付给残疾职工工资的 100% 加计扣除应纳税所得额；残疾人就业人数占在职职工总数的比例高于 25%，且超过 10 人的单位，可减征或免征该年度城镇土地使用税。

（二）促进区域经济发展的结构性减税政策

促进区域经济发展的结构性减税政策主要是针对西部地区出台的，而且许多政策都是实施西部大开发战略以来相关税收优惠政策的延续，如对西部地区 2010 年 12 月 31 日前新办的、可以享受企业所得税"两免三减半"优惠的交通、电力、水利、邮政、广播电视企业，优惠政策继续享受到期满为止；自 2011 年 1 月 1 日至 2020 年 12 月 31 日，对设在西部地区的鼓励类产业企业减按 15% 的税率征收企业所得税。

（三）促进节能减排的结构性减税政策

促进节能减排的结构性减税政策主要包括了车辆购置税、资源税等直接调节能源消耗与污染物排放的税种，也涉及许多间接影响能源消耗与污染物排放的税种，如对 2009 年 1 月 20 日至 12 月 31 日购置的 1.6 升及以下排量乘用车，减按 5% 的税率征收车辆购置税；对 2010 年 1 月 1 日至 12 月 31 日购置的 1.6 升及以下排量乘用车，减按 7.5% 的税率征收车辆购置税；将新疆维吾尔自治区征收的煤炭资源税适用税额提高到每吨 3 元。

（四）促进中小企业与农村经济发展的结构性减税政策

我国历来重视中小企业以及农村经济的发展，也出台了一系列的税收优惠措施，主要有：从 2010 年 1 月 1 日到 2011 年 12 月 31 日，对年应纳税所得额低于 3 万元（含 3 万元）的小型微利企业，其所得减按 50% 计入应纳税所得额，按 20% 的税率缴纳企业所得税；从 2012 年 1 月 1 日到 2015 年 12 月 31 日，对年应纳税所得额低于 6 万元（含 6 万元）的小型微利企业，其所得减按 50% 计入应纳税所得额，按 20% 的税率缴纳企业所得税；从 2009 年 1 月 1 日~2015 年 12 月 31 日，对农村信用社、村镇银行、农村资金互助社、由银行业机构全资发起设立的贷款公司、法人机构所在地在县（含县级市、区、旗）及县以下地区的农村合作银行和农村商业银行的金融保险业收入减按 3% 的税率征收营业税。

（五）促进科技进步的结构性减税政策

促进科技进步的结构性减税措施主要以企业所得税和增值税方面的税收优惠为主，主要措施有：高新技术企业可按 15% 的税率进行所得税预缴申报或享受过渡性税收优惠；增值税一般纳税人销售其自行开发生产的软件产品，按 17% 税率征收增值税后，对其增值税实际税负超过 3% 的部分实行即征即退政策。

（六）基于税负调整目标的结构性减税政策

我国从 2009 年以来除了出台大量具有特定目标的结构性减税政策以外，还出台了一系列基于税负调整目标的结构性减税政策，其中部分政策对我国基本税制产生了非常重要的影响。如 2009 年 1 月 1 日起，我国在全国范围内实现增值税由生产型向消费型转型，对一般纳税人购进机器设备的进项税款允许抵扣；并且从 2012 年 1 月 1 日起，在上海进行增值税 "扩围" 试点，将交通运输业、部分现代服务业等生产性服务业征收的营业税改征增值税，并新设置了 11% 和 6% 的低税率；此外，从 2011 年 9 月 1 日起，个人所得税工资薪金所得的费用扣除额提高至 3500 元，最低税率从 5% 降低到 3%，累进税率层级由 9 级减少为 7 级。

三、我国实施结构性减税政策的绩效评价

从对我国 2009 年以来结构性减税政策的回顾中可以看到，我国出台的结构性减税政策全部都是围绕各税种展开，对涉及税收收入以外的其他政府收入形式的结构性减税措施几乎没有。本节认为，结构性减税的范围应该是政府的全部收入项目，政府以费或基金形式获得的收入从本质上来说都是税，所以可以从宏观税负水平、政府收入结构、主要税种收入趋势三个方面对我国结构性减税政策的实施绩效进行评价。由于 2011 年的相关数据尚未公布，本节主要评估 2009 ~ 2010 年的结构性减税政策绩效，同时计算 2007 ~ 2008 年的相同指标作为对比。

（一）我国宏观税负水平的变化趋势分析

宏观税负水平衡量的是政府活动给公民带来的负担水平，根据统计口径的大小不同，宏观税负可以通过小口径、中口径和大口径三个指标进行衡量，其中小口径宏观税负是指政府税收收入占 GDP 的比重，中口径宏观税负是指政府预算内财政收入占 GDP 的比重，大口径宏观税负是指政府全部收入占 GDP 的比重。根据我国的财政预算体制，预算内财政收入包括税收收入和非税收入，政府全部收入包括预算内财政收入、政府性基金收入、国有资本经营收入和社会保险费收入。表 6 - 1 显示了我国 2007 ~ 2010 年的各口径宏观税负水平。

表 6 - 1　　　　　　　　2007 ~ 2010 年我国宏观税负水平　　　　　　　　单位：%

年份	小口径宏观税负	中口径宏观税负	大口径宏观税负
2007	17. 16	19. 31	27. 97
2008	17. 27	19. 53	27. 16
2009	17. 46	20. 10	30. 20
2010	18. 25	20. 71	34. 57

从表 6-1 可以看到，我国小口径宏观税负从 2007～2010 年保持略微上升的趋势，2009 年以来实施的一系列结构性减税措施对税收收入占 GDP 比重的影响非常小，甚至出现结构性减税"越减税负越重"的现象。同时，我国中口径宏观税负也保持着与小口径宏观税负基本相同的变化趋势。我国大口径宏观税负水平要远远高于小口径、中口径宏观税负水平，如 2007～2008 年我国大口径宏观税负比小口径宏观税负要高出 10 个百分点，2010 年更是高出 16 个百分点，这说明我国政府全部收入中有相当大的比重来源于税收以外的费和基金收入。由于我国 2009 年以来实施的各项结构性减税措施基本上都是针对各税种展开的，可以说我国实施的结构性减税政策并没有达到预期的效果，而如果进一步从广义的角度来看待结构性减税，则其实质内涵所要求的降低政府全部收入占 GDP 比重的目标没实现，反而大口径宏观税负在 4 年时间里上升了 6.6 个百分点；其实质内涵所要求的调整政府全部收入结构的目标没有实现，反而政府来自费和基金的收入比重越来越高。

（二）我国政府收入结构的变化趋势分析

结构性减税的实质内涵要求合理调整政府全部收入的结构，表 6-2 显示了政府全部收入中各项目 2007～2010 年的变化趋势，通过对它们的分析可以进一步考察我国 2009 年以来实施结构性减税政策的绩效。

表 6-2   2007～2010 年我国政府收入结构变化趋势

项目	年份	税收收入	非税收入	政府性基金收入	社会保险费	土地出让金	GDP
绝对数（亿元）	2007	45622.0	5699.8	12216.7	10812.3	12216.7	265810.3
	2008	54223.8	7106.6	10259.8	13696.1	10259.8	314045.4
	2009	59521.6	8996.7	18335.0	16115.6	13964.8	340902.8
	2010	73210.8	9890.7	36785.0	18822.8	30108.9	401202.0
增长率（%）	2007	31.08	37.81	51.24	25.10	51.24	22.88
	2008	18.85	24.68	-16.02	26.67	-16.02	18.15
	2009	9.77	26.60	78.71	17.67	36.11	8.55
	2010	23.00	9.94	100.63	16.80	115.61	17.69

表 6-2 显示的各项政府收入以及 GDP 的绝对值数据都是未剔除通货膨胀的名义值，相应地，增长率也是未剔除通货膨胀率的名义增长率。从各项目的横向对比角度来看，我国 GDP 在 2007～2008 年以及 2010 年保持了较高

的增长率水平，而 2009 年由于国际金融危机的影响，我国的 GDP 增长率也达到 8.55％，但我国政府的税收收入、非税收入、政府性基金收入以及社会保险费收入除极个别年份外，大部分年份的增长率都要高于 GDP 的增长率。从各年份的纵向对比角度来看，我国 GDP 在实施结构性减税政策的 2009～2010 年的增长率要低于 2007～2008 年，税收收入的增长率也与 GDP 保持了相似的变化趋势，但是政府性基金收入的增长趋势则完全不同，2009～2010 年的增长率要远远高于 2007～2008 年，也就是说，我国实施结构性减税政策以来，政府全部收入的增长源泉主要来自政府性基金收入，而政府性基金项目主要包含政府以费或基金形式征收的项目，这些项目具有征收形式不规范、收入规模不稳定等特点，很多项目都是我国结构性减税政策本来应该通过费改税进行调整的，如排污费就有必要通过排污税或环境税的形式进行征收，但我国的现状是实施结构性减税以来，政府以费或基金形式征收的收入规模急剧膨胀。

（三）我国主要税种收入的变化趋势分析

结构性减税的实质内涵除了降低政府全部收入占 GDP 比重、调整政府全部收入结构以外，还包括调整政府税收收入的结构，同时我国当前出台的各项结构性减税措施也都是针对各税种而言的，因此表 6－3 列示了我国各主要税种收入的变化趋势，以考察我国当前结构性减税政策的绩效水平。

表 6－3　　　　　　　　　　我国主要税种收入的变化趋势

项目	年份	增值税	消费税	营业税	企业所得税	个人所得税	契税
绝对数（亿元）	2007	15470.2	2206.8	6582.2	8779.3	3185.6	1206.3
	2008	17996.9	2568.3	7626.4	11175.6	3722.3	1307.5
	2009	18481.2	4761.2	9014.0	11536.8	3949.4	1735.1
	2010	21093.5	6071.6	11157.9	12843.5	4837.3	2464.9
增长率（％）	2007	28.19	27.56	37.33	38.80	42.53	41.91
	2008	16.33	16.38	15.86	27.30	16.85	8.40
	2009	2.69	85.39	18.19	3.23	6.10	32.70
	2010	14.13	27.52	23.78	11.33	22.48	42.06
收入占比（％）	2007	33.91	4.84	14.43	19.24	6.98	2.64
	2008	33.19	4.74	14.06	20.61	6.86	2.41
	2009	31.05	8.00	15.14	19.38	6.64	2.91
	2010	28.81	8.29	15.24	17.54	6.61	3.37

从表 6 - 3 中可以看到，除 2009 年由于金融危机影响，部分税种的收入增长率相对较低以外，其他年份我国主要税种的收入增长率都相对较高。从流转税的角度来分析，由于我国 2009 年开始实施增值税从生产型向消费型转型，因此 2009～2010 年增值税占全部税收收入的比重处于下降趋势，但是相应年份的营业税、消费税的比重有了一定程度的上升，所以从总体上看我国 2009～2010 年的流转税占全部税收收入的比重与 2007～2008 年相比并没有明显的下降，我国结构性减税政策调整的只是流转税内部的增值税、营业税与消费税的收入比重。从所得税的角度来讲，我国 2009～2010 年的企业所得税比重与 2007～2008 年相比有了一定程度的降低，个人所得税比重也保持了略微下降的趋势，这种变化趋势与我国当前降低企业与公民税收负担的目标相符，但不利于税收调节收入分配功能的发挥。从这个角度来说，我国的结构性减税政策在调整政府税收收入结构上发挥了一定的作用。

四、完善我国结构性减税政策的税制改革展望

从对我国结构性减税政策的绩效评价中可以看到，我国从 2009 年以来实施的各项结构性减税政策在降低政府全部收入占 GDP 比重、调整政府全部收入结构上没有发挥应有的作用，只在调节税收收入结构上发挥了一定的作用。因此，我国有必要进一步加大税制改革力度，充分发挥结构性减税政策在降低大口径宏观税负、调整政府收入结构上的作用。

(一) 结构性减税的总体要求

我国结构性减税的实质内涵是降低大口径宏观税负水平、合理调整政府全部收入结构，优化税收收入结构，与此相适应，我国结构性减税的总体要求就是实现政府绝大部分收入项目的税收化，并实现各个税收项目的宽税基、低税率、严征管。税收应该成为政府的主要收入来源，而我国政府当前的收入结构中存在大量的费与基金性收入，我国有必要通过费改税的形式规范这部分收入，从而严格控制政府全部收入规模的增长。推进各个税种的宽税基、低税率、严征管改革，可以使名义税率与实际税率更接近，从而提高纳税人的税收遵从度，降低纳税人缴税成本，合理分配不同收入阶层的税收负担。

（二）费改税势在必行

我国的现实状况是把许多本来应该通过税的形式征收的项目却以费的形式征收，因此当前推行的结构性减税政策应该把这部分本该以税的形式征收的项目还原成税收，主要包括社会保险费、排污费、土地出让金等项目。我国有着非常庞大的社会保险费征收规模，如 2010 年我国征收社会保险费 18822.8 亿元，达到当年度税收收入的 25.7%，如此庞大的资金规模却以费的形式征收，带来了资金征缴机构争议、资金欠缴严重、资金被大量挪用等问题，通过社会保险费的税收化，可以有效解决当前社会保险费征缴过程中存在的各种困境，并进一步强化政府的社会保障责任，实现公民的社会保障权利。我国从 1982 年开始征收排污费，而随着我国社会经济的发展，环境污染问题日益突出，但社会公民对环境质量的要求却在逐渐提高，我国有必要推进排污费向环境税的转变，进一步拓宽环境税的适用范围，通过环境税的征收调节企业污染物的排放。土地出让金是地方政府财政收入的重要项目，如 2010 年我国地方政府获得土地出让金收入 30108.93 亿元，几乎与地方政府本级税收收入相当，但世界上几乎没有哪个国家的地方政府收入主要来源于出让土地而不是税收。我国当前迫切需要改变地方政府过度依赖土地出让金的现状，但由于我国土地公有制的现实约束，要将土地出让金完全转化为房产税的可能性几乎不大，比较可行的办法是通过开征房产税，对房产的持有环节进行征税，进而通过市场调节机制降低房地产的价格水平，降低政府的土地出让金收入，同时将房产税界定为地方税，作为地方政府的主体税种。

（三）进一步优化税收收入结构

我国从 2009 年以来实施各项结构性减税政策，这对优化我国税收收入结构发挥了非常重要的作用，为了更好地发挥收入对宏观经济与微观个体的调节作用，我国有必要进一步优化税收收入结构。结构性减税不是单纯地减少税收，而是要针对不同的税种采取减税、调税以及增税的措施，是对政府税收收入结构的优化。需要减税的税种是增值税与营业税，我国当前正在上海试点营业税转增值税，并表示时机成熟时将向全国范围内推广，这将对我国交通运输业、服务业等营业税负担较重的行业产生明显的减税作用。增值税作为价外税，直接表现为推高商品价格，税负的最终承受者是商品的消费者，我国在推行增值税"扩围"改革的同时，有必要进一步降低增值税税率，从而降低商品价格，降低公民生活成本，提高公民生活品质。需要调税的税种是个人所得税、消费税，这两个税种分别从财富的获得和财富的使用两个环节调节居民的收入分配。我国开征这两个税种一方面要防止它们给中、低收入阶层带来沉重税收负担；另一方面又要积极发挥它们调节收入分配的功能。就个人所得税来说，我国的个人所得税制对劳动性收入的边际税率较高，财产性收入的边际税率较低，而中低收入阶层的收入主要来自劳动性收入，高收入阶层的收入有相当比例来自财产性收入。我国有必要在适当降低劳动性收入边际税率的同时，逐步提高财产性收入的边际税率，同时要考虑公民收入来源多样性与家庭负担的差异，实行"综合分类相结合"的个人所得税制。要增的税是遗产税和赠与税，尽管这两个税种很早就被列入政府立法计划，但却一直没能出台。遗产税和赠与税主要从财富的转移环节进行征税来调节公民的收入分配。同时，有必要将遗产税和赠与税界定为指定用途税，税收收入主要用于国家扶贫计划、残疾人援助计划、农村中小学义务教育等项目，提高中低收入阶层的社会福利水平。

（原载《税收经济研究》2012 年第 2 期）

第二节　结构性减税与费改税应成为税制改革主旋律

从 1992 年党的十四大以来，我国的社会主义市场经济体制逐渐确立并得到完善，与此相适应，我国的税收制度改革也在不断深入。1994 年的税制改革是新中国成立以来规模最大、力度最强的工商税制改革，2001 年以来出台的各项税制改革措施也都是对 1994 年建立的基本税收制度的完善。随着社会主义市场经济的蓬勃发展，我国当前的基本税收制度也表现出了一些不适应因素，并带来许多负面影响，结构性减税与费改税应成为当前税制改革的主旋律。

一、我国当前基本税收制度格局存在的问题

（一）税制结构不合理

税制结构主要指的是一国税收收入中不同类型税种的收入比重关系，我国当前税制结构的不合理主要体现在政府的税收收入过分依赖于商品劳务税，

所得税比重过低。以 2010 年为例，我国实现税收收入 73210. 8 亿元。其中，国内增值税 21093. 5 亿元，国内消费税 6071. 6 亿元，进出口货物增值税消费税净收入 3163. 3 亿元、营业税 11157. 9 亿元，这些商品劳务税占政府全部税收收入的 56. 7% ；对于所得税来说，我国 2010 年实现企业所得税 12843. 5 亿元、个人所得税 4837. 3 亿元，所得税仅占政府全部税收收入的 24. 2% 。我国以商品劳务税为主体的税制结构非常不合理，并将带来许多负面影响。

（二）税费结构不合理

税费结构指的是一国财政收入中税收收入与政府性收费收入的比重关系，由于我国政府财政收入中费的比重很高，而且将许多本质为税的收入以费的形式进行征收，因此税费结构不合理的问题实际上也属于基本税收制度格局范畴。我国税费结构不合理的集中表现就是税收收入占全部政府收入的比重低，表 6 – 4 显示了 2010 年我国中央与地方税收收入占比情况。

表 6 – 4　　　　　　　　**2010 年我国中央与地方税收收入占比**

项目	全国	中央政府	地方政府
税收收入（亿元）	73210. 8	40509. 3	32701. 5
全部政府收入（亿元）	145368. 2	49222. 9	96145. 3
税收占比（%）	50. 4	82. 3	34. 0

从表 6 – 4 可以看到，中央政府税收收入占全部政府收入的比重为 82. 3% ，相对比较合理，但地方政府税收收入占全部政府收入的比重仅为 34. 0% ，主要原因在于 2010 年我国地方政府共获得国有土地使用权出让收入 30108. 9 亿元、社会保险费收入 18923. 0 亿元，这两项费的收入占到地方政府全部政府收入的 51. 0% ，从而导致地方政府收入过分地依赖于费。从全国范围来看，中央政府和地方政府的全部税收收入占全部政府收入的比重为 50. 4% ，我国政府有接近一半的财政收入依赖于费的形式进行征收，税费结构非常不合理。

二、当前基本税收制度格局带来的负面影响

（一）税收收入超高速增长、居民收入增长缓慢

一直以来，我国政府税收收入的增长速度都要远高于 GDP 的增长速度，

而居民收入的增长却相对比较缓慢。我国以商品劳务税为主体的税制结构决定了政府税收收入规模与经济增长速度直接相关，而与居民收入增长速度关系较弱。因为政府的税收收入主要依赖于商品劳务的生产规模，限于现实征管能力的约束，商品劳务税更多的是来源于具有较高生产效率的企业，进而导致总体的税收收入增长速度快于总体的国民经济增长速度。对于居民收入来说，以商品劳务税为主体的税制结构意味着政府收入的获得并不依赖于居民收入的获得，即使居民的收入增长缓慢，政府收入增长的速度并不因此受到影响；相反，在国民财富一定的情况下，政府收入与居民收入存在着此消彼长的对应关系，政府税收收入的超高速增长反过来限制了居民收入的增长。

（二）真实税负被掩盖，公民意识薄弱

学术界对我国宏观税负的高低问题有很大的争议，广义的宏观税负指的是政府全部收入占当年度 GDP 的比重，它体现的是政府活动给国民经济带来的负担水平。就 2010 年而言，我国政府取得的所有收入高达 145368.2 亿元，其中各项税收收入总额 73210.8 亿元，社会保险基金收入 18923 亿元，非税收收入 9890.7 亿元，政府性基金收入 36785.0 亿元，国有资本经营收入558.7 亿元，以及未纳入政府财政预算的预算外收费 6000.0 亿元。以政府获得的所有收入计算，我国 2010 年真实的宏观税负高达 36.5%，而单纯以税收收入计算，则我国的宏观税负仅为 18.4%。由于我国税费结构中费的比重非常高，导致了以税收收入衡量的小口径宏观税负水平在数字上表现较低，掩盖了我国当前较高的真实宏观税负水平；此外，我国税制结构中所得税的比重较低，公民感受到的"税痛"并不明显，进一步掩盖了公民所能感受到的真实税负水平，进而导致公民意识薄弱。

（三）政府收入不规范，财政监督难度增加

从理论上讲，税收具有强制性、规范性和非直接偿还性，其中规范性是税区别于费的重要特性，政府全部收入中费的比重越高意味着政府收入的不规范程度越高。我国政府全部收入中，非税收入的比重达到了一半左右，这表明我国当前的政府收入形式非常不规范，从而增加了财政监督难度。以土地出让金收入为例，2010 年我国地方政府实现国有土地使用权出让收入30108.9 亿元，但这部分资金收入与支出的详细信息都不透明，难以实现有效的管理。

三、结构性减税与费改税应成为当前税制改革的主旋律

为了解决我国当前基本税收制度格局带来的各种负面影响，我国有必要将结构性减税与费改税作为当前税制改革的主旋律，从而推动我国逐渐建立商品流转税与所得税双主体的税制结构，并提升税收收入在政府全部收入中的主体地位。

（一）大力推进结构性减税

结构性减税的重点在于对税制结构进行调整，降低商品流转税的比重，提高所得税的比重，在我国建立以商品流转税与所得税为主体的税制结构。具体措施有：（1）全面推进增值税"扩围"改革，将增值税的征税范围扩展到交通运输业、建筑业、金融保险业、娱乐业、服务业等行业，以增值税替代营业税，并相应降低增值税的税率，切实减轻全体公民消费商品、劳务时承担的隐性税收。对于增值税"扩围"造成的中央政府与地方政府收入不均等问题则可以通过增值税分成的方式予以解决。（2）企业所得税与个人所得税改革双管齐下。适当降低小型微利企业的企业所得税税负，促进企业的长远发展，重点加强大型企业特别是大型国有垄断企业的企业所得税征管力度。对于个人所得税，当前较高的边际税率与较低的收入规模之间的矛盾非常突出，最主要的原因在于税务部门的征管能力有限，个人所得税收入主要来源于工薪阶层。我国应该在降低个人所得税边际税率的同时，加强税务部门征管能力建设，提高对高收入阶层个人所得税的征管力度。通过对商品流转税与所得税内部的结构性调整，实现我国税制结构优化的同时，更大程度上促进政府收入与居民收入的联动，从整体上降低宏观税负水平。

（二）加快费改税进程

对我国来说，费改税是一个必然的趋势，因为当前我国政府的收入结构中，费的比重过高，特别是地方政府过度地依赖于费的收入。具体措施有：（1）实现社会保险费改税。在我国当前的社会保障体系中，养老、医疗、失业、工伤、生育保险项目已经较为成熟，应将这几项社会保险费改成税的形式征收。社会保障缴款无论称为"费"或"税"，其本质上都是税收，通过社会保险费改税可以实现对社会保障缴款的规范化管理，解决现实中存在的

社会保障缴款征收机构的争议，同时更好地维护全体公民的社会保障利益。(2) 加强土地出让金的管理，在恰当条件下实现土地出让金从费到税的转变。土地出让金收入是地方政府财政收入的重要来源，甚至很多地方依赖土地出让金维持政府日常运转，在土地出让金与房产税的重复征收、集体土地转换国有土地性质中的利益分割等各种理论与现实问题还没解决前，土地出让金的费改税改革实际上很难有实质性的进展，现阶段最重要的是加强土地出让金的管理工作。

（原载《中国税务报》2012 年 5 月 23 日）

第三节　提升企业"获得感"的减税降费政策研究

一、引言

从 2008 年国际金融危机以来，我国宏观经济一直呈现疲软态势，经济增长速度持续下滑，外贸进出口增速放缓，股市指数不断走低。为了应对来自国内外的经济发展压力，我国政府实施了大量的减税降费政策，以刺激经济回暖。尤其是从 2015 年 11 月，习近平总书记首次提出供给侧结构性改革以来，我国出台了一系列旨在降低企业生产成本的改革措施，其目的正是为了有效提升企业活力，使企业轻装上阵，尽快走出经济下行的困境。尽管政府减税降费的政策在不断出台，但从企业反馈的信息来看，企业对于减税降费的"获得感"并不强烈，也就是说，政府在政策制度设计上明明减税降费了，但企业却感受不到政策实施所带来的税费负担水平的降低。

就当前的企业税费负担而言，刘崇珲和陈佩华（2018）认为，我国宏观税负水平与 OECD 国家相比并不高，但以间接税为主体的税制结构导致近年来微观税负呈现不断上升的趋势。姚林香和林柱旺（2016）则认为，我国宏观税负高于最优税负水平，且在不同区域间的微观税负水平差异较大。刘书明和郭娇（2018）则得出我国地区间税负水平差异正在逐渐缩小的结论。企业对于税费负担水平的感受，学术界往往用税负痛感指数进行衡量，但不同衡量方法得出的结论并不一致。庞凤喜和潘孝珍（2013）、闫伟和宫善栋（2018）等研究表明，中国税负痛感在全球处于中等偏下水平，但与发达国家相比仍存在进一步下降的空间。周强（2015）对我国不同口径的宏观税负和有关税负痛感的经济指标进行统计，并加权得到一种新的税负痛苦指数，指出我国大口径税负处于中等水平，社会福利指数处于中下等水平。实际上，企业对于政府减税降费政策的"获得感"极为重要，李林木和郭存芝（2014）、吴辉航等（2014）、陈诗一和陈登科（2016）等研究表明，降低税费负担水平有助于提升企业生产效率，助推企业成长。

　　因此，本节通过对 2008 年金融危机以来我国政府制定的减税降费政策进行梳理，根据 2004～2017 年基于微观层面的上市公司税费负担水平演变趋势，对我国企业减税降费"获得感"不强的原因进行分析，为我国政府进一步开展减税降费改革提供新的思路。

二、2008 年以来的减税降费政策梳理

　　近年来，我国出台大量减税降费政策，彰显了政府支持企业发展，鼓励企业创新的决心。表 6 - 5 显示了 2008 年以来，我国实施的主要减税降费政策。

表 6 - 5　　　　　　　　2008～2018 年我国主要减税降费政策

年份	政策内容
2008	统一内外资企业所得税，法定税率由 33% 降至 25%
2009	开始实施结构性减税降费措施；全国范围内实施消费型增值税
2010	进一步落实结构性减税降费措施
2011	取消、免征 53 项行政事业性收费
2012	降低 730 多种进口商品关税率；取消 253 项行政事业性收费
2013	交通运输业和现代服务业"营改增"试点在全国范围内展开；取消、免征 347 项行政事业性收费
2014	将铁路运输、邮政业和电信业纳入"营改增"试点范围；针对小微企业制定四项具体减费措施
2015	取消、免征或暂停征收 99 项行政事业性收费
2016	全国范围内全面推开营改增；免征 18 项行政事业性收费
2017	扩大享受减半征收企业所得税优惠的小型微利企业范围；取消、停征或减免 43 项行政事业性收费，降低 7 项收费标准
2018	增值税税率分别从 17% 和 11% 降低到 16% 和 10%

　　从表 6 - 5 可以看到，我国 2008～2009 年主要采取积极财政政策以扩

大内需，以结构性减税为政策框架，主要涉及企业所得税和增值税两大税种。2008年，我国统一内外资企业所得税，法定税率由33%降至25%，使内外资企业的竞争环境更加公平。2009年，在全国范围内全面实施增值税由生产型向消费型转型，并将小规模纳税人的征收率统一降至3%，进一步提高出口退税率。2010年，进一步落实结构性减税降费措施，主要以引导企业扩大投资为目标，尤其是完善了针对小型微利企业的企业所得税优惠政策。

尽管积极财政政策一定程度遏制了我国经济下滑的趋势，但也产生了通货膨胀等不良后果。因此，我国2011年开始实施较为收紧的财政政策，减税降费幅度相对偏小，且不涉及收入规模较大税种的调整。2011年，在对部分小型微利企业继续实施所得税优惠的同时，将个人所得税工资、薪金所得适用的税率由九级超额累进简化为七级超额累进，并将费用扣除标准从2000元/月提高至3500元/月；在降费方面，全面取消31项涉及企业负担的行政事业性收费，并对小型微利企业免征企业注册登记费等22项收费。2012年，降低了730多种进口商品的关税税率，并取消了253项各省市设立的行政事业性收费。

经过2011~2012年的紧缩财政政策之后，2013年我国开始实施新一轮的积极财政政策，将"营改增"试点改革作为这一阶段的工作重点。2013年，交通运输业和部分现代服务业"营改增"在全国范围内展开，并暂免征收部分小微企业的增值税和营业税，全年共计取消、免征347项行政事业性收费。2014年，"营改增"试点范围扩大到铁路运输、邮政业和电信业，增值税税率以11%为主，同时将6%和4%的征收率统一降至3%，并针对小微企业制定四项具体减费举措。

2015年提出的供给侧改革，使政府的减税降费政策更具针对性。2015年，对小微企业免征42项行政事业性收费，取消或暂停征收57项中央级行政事业性收费。2016年，全面推开"营改增"，将企业新增不动产纳入增值税抵扣范围，免征18项行政事业性收费。2017年，继续推进"营改增"，简化增值税税率，进一步扩大享受减半征收企业所得税优惠的小型微利企业范围，取消、停征或减免43项中央行政事业性收费，降低7项收费标准。2018年，将制造业等行业的增值税税率从17%降至16%，将交通运输、建筑、基础电信服务等行业及农产品等货物的增值税税率从11%降至10%。

三、2004～2017 年企业税费负担演变分析

(一) 指标构造与数据来源

实施上述减税降费政策，是否确实降低了企业的税费负担水平？本节使用我国沪深 A 股上市公司的财务报表数据，对上市公司历年来的税费负担水平进行统计分析。根据上市公司财务数据的可得性，本节主要构造如下两个企业税费负担指标：

总体税费负担 =（支付的各项税费 - 收到的税费返还）÷营业总收入

企业所得税负担 = 企业所得税÷营业总收入

其中，"支付的各项税费""收到的税费返还"的数据均来自现金流量表，它们反映企业当年度向政府缴纳的税费总额和从政府处收到的税费返还总额，其差额即为企业向政府缴纳的净税费总额；"企业所得税"的数据来自利润表，表示企业当年度向政府缴纳的企业所得税总额；"营业总收入"的数据来自利润表，表示企业当年度从事生产经营取得的全部收入总额。为了比较减税降费改革前后的企业税负差异，选择 2004～2017 年沪深 A 股上市公司为样本，并剔除了亏损和所得税费用为负的样本。本节数据来自国泰安 CSMAR 数据库，为了消除极端值的影响，对所有连续型变量按照 2.5% 的临界值进行了 winsor 缩尾处理。

(二) 总体税费负担的演变趋势

图 6 - 1 显示了 2004～2017 年我国上市公司总体税费负担的演变趋势。从图 6 - 1 中可以看到，2004～2007 年总体税费负担一直都小于 7%，但是在 2008 年由于国际金融危机的冲击，导致企业营业总收入与之前年度相比有较大幅度下降，尽管我国政府及时出台降低企业所得税税率等减税降费政策，但由于政策实施效果可能存在滞后性，导致企业总体税费负担水平不仅没有下降，反而上升到 7.61% 的最高水平。在 2010～2017 年，除了 2017 年企业总体税费负担有较为明显的降低外，其他年份实际上都在 7% 的水平上下波动，表明在经历一系列的减税降费改革之后，我国企业的总体税费负担水平仅仅是保持稳定，并没有显著下降。至于 2017 年企业总体税费负担出现明显下降的原因，可能是当前中美贸易争端愈演愈烈，我国政府充分意识到扩大

内需在应对国际风险、拉动国内经济增长中的重要地位（施文泼，2018），将主体税种增值税的税率从17%降至16%。需要指出的是，尽管2017年总体税费负担下降至6.65%，但仍然高于2004年的最低值6.5%，这也说明了当前减税降费成果的实效性和阶段性特征明显，减税降费力度有待进一步提升。

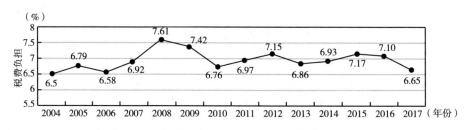

图6-1　2004~2017年企业总体税费负担变化情况

（三）企业所得税负担的演变趋势

图6-2显示了2004~2017年我国上市公司企业所得税负担的演变趋势。从图6-2中可以明显发现，尽管2004~2017年政府密集出台一系列降低企业税费负担的措施，但企业所得税负担不仅没有降低，反而近几年存在波动上升的趋势。企业所得税负担在2007年达到最大值，这也表明当时企业所得税改革的紧迫性和必要性。2008年企业所得税负担有了较大幅度的降低，主要原因是企业所得税法定税率从33%降低到25%，减税效果在当年度较为明显。但是必须指出，企业所得税负担在2008年以后的绝大部分年份里都要高于2007年以前的水平，且高于2.5%的年份占到了所有年份比重的一半以上，最低值出现在2014年的2.34%，也高于2007年未改革前的水平。

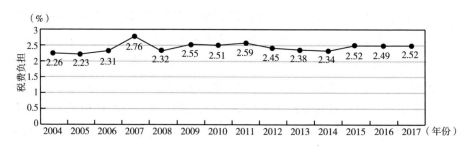

图6-2　2004~2017年企业所得税负担变化情况

四、企业减税降费"获得感"不强的原因分析

(一) 企业实际税费负担并未降低

从广义层面来看,企业负担可以分为四个部分:三项经费(营业费用、管理费用、销售费用)、员工工资和福利、税收负担以及非税收负担(刘蓉等,2017)。其中,由于政府对税收负担和非税收负担的改革仍然不够到位,导致企业税费负担感受依旧明显,企业"获得感"不强。图 6-1 显示 2008 年实施减税降费改革以来,企业总体税费负担基本上都高于平均值,即使 2017 年与往年相比有明显降低,但也只是与改革前的 2004 年保持在同一水平。图 6-2 显示近年来企业所得税税负一直处于高位,即使法定税率在 2008 年从 33% 降至 25%,也没有实质性降低企业所得税税负。因此,不管从企业总体税费负担还是企业所得税税负担来看,我国政府从 2008 年开始相继实施的一系列减税降费政策,并没真正降低企业的税费负担水平,企业对于减税降费没有"获得感",恰恰是企业对自身税费负担水平的真实感受。

(二) 税务机关税收征管能力加强

大数据时代的到来使"互联网+税务"应运而生,新技术革命在缩短企业纳税时间成本、提高纳税效率的同时,也节省了政府行政成本(魏升民,2017)。我国从 1994 年开始发展金税工程,目前已经更新到第三期,对企业偷税漏税等违法行为的打击力度不断增强,使偷逃税款的可能性不断降低。同时,随着税收征管对信息化依赖程度的加深,我国积极推广电子发票,税务部门全面动态掌握企业生产经营全流程信息。而随着国地税合并,社会保障费改由税务部门征收,征收方式由原来的核定征收改为据实征收,企业欠缴社保费等问题不再存在。最后,随着公务员考试制度的完善,税务部门的人员更新加快,整体素质不断提高,业务能力不断加强。因此,上述税收征管制度的完善,都使得我国税务机关的税收征管能力不断加强,企业偷逃税款的难度越来越高,最终使企业实际税率向名义税率逐步靠拢,从而抵消掉了减税降费的政策效应,使企业税费负担并未随着减税降费政策的实施而降低。

（三）企业劳动力成本持续高涨

改革开放以来，由于较低的劳动力、原材料、土地等生产要素成本，我国生产的产品具有较高的国际竞争力（中国财政科学研究院"降成本"课题组，2017）。但是，随着社会经济的高速发展和居民生活水平的不断提高，尤其是伴随着人口老龄化的日趋严重，我国企业的劳动力成本不断高涨，人口红利日渐丧失。为了揭示企业劳动力成本不断上升的事实，本节采用"支付给职工以及为职工支付的现金÷营业总收入"来衡量企业的劳动力成本负担，"支付给职工以及为职工支付的现金"的数据来自现金流量表，反映企业当年度承担的劳动力成本总额。如图 6 - 3 所示，2004 ~ 2017 年我国上市公司的劳动力成本负担逐年上升，尤其在 2010 年以后上升幅度明显加快，使得 2017 年的劳动力成本负担相较于 2004 年几乎翻了一番。显然，劳动力成本负担的高涨给企业带来了较重的经营压力，而企业出于对成本控制的考虑，极有可能将税费负担作为情绪宣泄的窗口，即使部分企业真实享受到了减税降费的政策红利，也可能不会真实表达其减税降费的"获得感"。

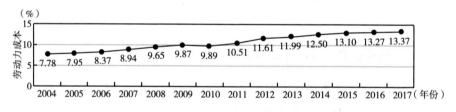

图 6 - 3 2004 ~ 2017 年企业劳动力成本变化情况

（四）以流转税为主体的税制结构

图 6 - 4 显示了 2004 ~ 2017 年我国流转税和企业所得税占政府税收收入比重的变化情况，其中流转税包括由企业缴纳的增值税、营业税和消费税。可以看到，我国政府税收收入中流转税比重从 2004 年的 58.35% 波动降低到 2017 年的 46.13%，企业所得税比重从 2004 年的 16.38% 波动上升至 2017 年的 22.25%。尽管两者的差距在缩小，但前者依然要远远高于后者，我国当前以流转税为主体的税制结构特征依然非常明显。流转税以企业的生产经营流转额作为课税对象，这意味着只要企业开展生产经营活动，不管是否盈利，都要缴纳增值税、消费税等流转税；与此相反，企业所得税以企业的生产经

营所得作为课税对象，这意味着只有当企业获得经营利润时才需要缴纳所得税，亏损时不交税。显然，在当前宏观经济形势不佳的情况下，亏损企业的占比往往较高，从而使社会整体税收负担未能体现量能负担的原则，企业即使亏损也需要缴纳大量的流转税，加重了企业的税费负担感受。

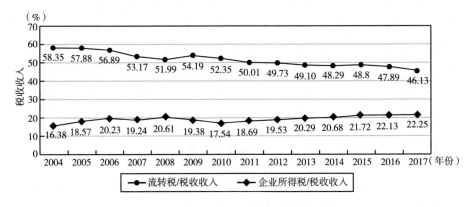

图6-4 2004～2017年税制结构变化情况

五、提升企业"获得感"的减税降费政策建议

（一）降低增值税名义税率，完善中小企业优惠政策

提升企业"获得感"依赖于政府出台更具实质性的减税降费政策，而随着我国"营改增"的全面完成，增值税的主体地位越发巩固，与增值税相关的减税降费改革政策效果更加明显。因此，真正有诚意的减税降费政策应从占政府财政收入大头的增值税入手，现阶段应以简化合并增值税税率为契机，进一步降低增值税法定税率，减轻企业流转税负担。同时，中小企业本身财源有限，对中小企业应采取"蓄水养鱼"的策略，给予中小企业更加广阔的发展空间和时间。就具体政策而言，当前实施的优惠政策尽管已经在一定程度上减轻了企业发展压力，但是惠及面仍然较窄，可以适当放宽享受优惠企业的标准，使更多中小企业享受到政策红利。

（二）减少企业成本支出，加强政府政策扶持

随着社会经济发展和人口老龄化加剧，劳动力成本上涨的趋势不可避免，为了提升企业减税降费"获得感"，从多途径控制企业经营成本势在必行。

如何降低企业的原材料、能源、物流等生产要素成本，成为控制企业生产经营成本的新途径。例如，针对我国企业物流成本高涨的现实困境，应进一步完善成品油价格形成机制，走出成品油价格只涨不跌、多涨少跌的怪圈，并减少高速公路收费里程、降低高速公路收费单价，切实降低企业的物流成本。同时，我国政府应从提升社会公共服务水平入手，加强对企业员工教育、医疗卫生、基础保障设施等方面的制度供给，从而达到降低企业整体成本负担的效果。此外，应鼓励企业加大科技创新投入，吸引创新型人才，实现产业结构转型升级，提升生产经营效率，从自身内部解决成本问题。在这过程中，政府可以制定相应的发展规划，通过财政补贴、金融扶持、创新基金等全方位的政策扶持体系，为企业创造良好的外部政策环境。

（三）着力加强顶层设计，促进税制结构转型升级

企业对于减税降费"获得感"不强的制度背景，在于当前以流转税为主体的税制结构，在总体上未能体现量能负担的原则，亟须加强顶层设计，大力促进税制结构转型。但是，仅仅降低增值税等流转税的收入比重并不可行，因为财政支出具有刚性，政府向社会公众提供公共服务需要以充足的财政收入作为保障。一方面，应加强政府财政支出监管，深化财政预算管理体制改革，提高财政资金使用效率；另一方面，应加强所得税等直接税改革，一定程度上补充流转税收入降低所带来的财政资金短缺问题，并由此推进税制结构转型。对于直接税改革而言，应严格征收个人所得税，明确纳税人的自主申报责任；考虑征收房产税、遗产税、赠与税等税种，但同时应设定合理的免征额，使之成为调节收入分配的有效税种；加强国民税收意识，尤其是督促高收入阶层自主自觉纳税，使政府税制结构体现收入多的多缴税，收入少的少交税的量能负担原则。

（原载《财会研究》2019 年第 4 期）

参 考 文 献

［1］安体富，张斌，李建清. 国际税收竞争与我国税收政策的选择 ［J］. 财贸经济，2004（4）：40 - 46.

［2］安体富. 当前世界减税趋势与中国税收政策取向 ［J］. 经济研究，2002（2）：17 - 22.

［3］蔡春，黄益建，赵莎. 关于审计质量对盈余管理影响的实证研究——基于沪市制造业的经验证据 ［J］. 审计研究，2005（2）：3 - 10.

［4］蔡利，马可哪呐. 政府审计与国企治理效率——基于央企控股上市公司的经验证据 ［J］. 审计研究，2014（6）：48 - 56.

［5］茶洪旺，杜振华. 意大利、韩国支持信息化发展的财税政策 ［J］. 宏观经济管理，2013（4）：88 - 89.

［6］陈丽红，张龙平，朱海燕. 国家审计能发挥反腐败作用吗？［J］. 审计研究，2016（3）：48 - 55.

［7］陈美容，曾繁英. 高新技术企业税收优惠政策及其效应分析——以信息技术业为例 ［J］. 财会月刊，2013（20）：47 - 49.

［8］陈强. 高级计量经济学及 Stata 软件应用 ［M］. 北京：高等教育出版社，2014.

［9］陈诗一，陈登科. 融资约束、企业效率韧性与我国加总全要素生产率研究 ［J］. 经济学报，2016（1）：1 - 31.

［10］陈涛，吕万革. 税收优惠政策的有效性分析——一个新古典分析框架 ［J］. 贵州大学学报（自然科学版），2004（11）：354 - 356.

［11］陈小悦，徐晓东. 股权结构、企业绩效与投资者利益保 ［J］. 经济研究，2001（11）：3 - 11.

［12］陈旭东. 国际比较视角下中国宏观税负水平客观分析 ［J］. 现代财经，2012（3）：28 - 34.

［13］褚剑，方军雄. 政府审计的外部治理效应：基于股价崩盘风险的研

究 [J]. 财经研究, 2017 (4): 133 - 145.

[14] 褚剑, 方军雄. 政府审计能够抑制国有企业高管超额在职消费吗? [J]. 会计研究, 2016 (9): 82 - 89.

[15] 崔亚飞, 刘小川. 中国省级税收竞争与环境污染——基于 1998 - 2006 年面板数据的分析 [J]. 财经研究, 2010, (4): 46 - 55.

[16] 大华股份. 2008~2015 年年度报告 [EB/OL]. http: //www. szse. cn, 2016 - 08 - 05.

[17] 戴晨, 刘怡. 税收优惠与财政补贴对企业 R&D 影响的比较分析 [J]. 经济科学, 2008 (3): 58 - 71.

[18] 丁兆威. 大华股份: 创享新科技, 谱写新篇章 [J]. 中国公共安全, 2013 (23): 164 - 165.

[19] 董艳, 李凤. 管理层持股、股利政策与代理问题 [J]. 经济学 (季刊), 2011 (3): 1015 - 1038.

[20] 高敬忠, 周晓苏. 管理层持股能减轻自愿性披露中的代理冲突吗? ——以我国 A 股上市公司业绩预告数据为例 [J]. 财经研究, 2013 (11): 123 - 133.

[21] 高培勇. 当前若干重大税收问题的分析 [J]. 税务研究, 2008 (11): 3 - 10.

[22] 高培勇. 新一轮税制改革评述: 内容、进程与前瞻 [J]. 财贸经济, 2009 (2): 5 - 12.

[23] 高培勇. 中国税收持续高速增长之谜 [J]. 经济研究, 2006 (12): 13 - 23.

[24] 顾露露, 岑怡, 郭三, 等. 股权结构、价值链属性与技术创新——基于中国信息技术企业的实证分析 [J]. 证券市场导报, 2015 (10): 27 - 35.

[25] 郭杰, 李涛. 中国地方政府间税收竞争研究——基于中国省级面板数据的经验证据 [J]. 管理世界, 2009 (11): 54 - 64, 73.

[26] 郭庆旺, 罗宁. 促进信息技术产业发展的税收思考 [J]. 财经问题研究, 2001 (9): 57 - 63.

[27] 黄慧. 新企业所得税法的税收激励效应 [J]. 财政研究, 2010 (4): 24 - 27.

[28] 黄永明, 何伟. 技术创新的税收激励: 理论与实践 [J]. 财政研究, 2006 (10): 47 - 49.

[29] 贾康, 程瑜. 论"十二五"时期的税制改革——兼谈对结构性减税与结构性增税的认识 [J]. 税务研究, 2011 (1): 3-8.

[30] 江静. 公共政策对企业创新支持的绩效 [J]. 科研管理, 2011 (4): 1-8.

[31] 蒋选, 刘皇, 李秀婷. 创新系统视角下创新政策效应研究——基于中国省级面板数据的分析 [J]. 经济理论与经济管理, 2015 (2): 40-50.

[32] 经庭如, 储德银. 我国电子信息产业发展的税收问题探析 [J]. 经济纵横, 2007 (11): 28-30.

[33] 景卫东. 高新技术企业享受税收优惠与企业年度研发项目的关联性及操作实务 [J]. 财会月刊, 2015 (22): 72-74.

[34] 靖继鹏, 马哲明. 信息经济测度方法分析与评价 [J]. 情报科学, 2003 (8): 785-791.

[35] 孔淑红. 税收优惠对科技创新的政策效果分析 [J]. 财会研究, 2010 (1): 21-23.

[36] 匡小平, 肖建华. 我国自主创新能力培育的税收优惠政策整合 [J]. 财贸经济, 2007 (13): 51-55.

[37] 李波. 宏观税负、产业税负与结构性减税政策 [J]. 税务研究, 2010 (1): 25-29.

[38] 李春涛, 宋敏. 中国制造业企业的创新活动: 所有制和 CEO 激励的作用 [J]. 经济研究, 2010 (5): 55-67.

[39] 李浩研, 崔景华. 税收优惠和直接补贴的协调模式对创新的驱动效应 [J]. 税务研究, 2014 (3): 85-89.

[40] 李江涛, 曾昌礼, 徐慧. 国家审计与国有企业绩效——基于中国工业企业数据的经验证据 [J]. 审计研究, 2015 (4): 47-54.

[41] 李林木, 郭存芝. 巨额减免税是否有效促进中国高新技术产业发展 [J]. 财贸经济, 2014 (5): 14-26.

[42] 李俊杰, 刘渝. 税收优惠政策对民族地区企业经营决策的影响分析 [J]. 青海民族研究, 2011 (7): 54-58.

[43] 李万福, 林斌, 杜静. 中国 R&D 税收优惠政策的激励效应研究 [J]. 管理世界, 2013 (6): 174-175.

[44] 李万福, 杜静. 税收优惠、调整成本与 R&D 投资 [J]. 会计研究, 2016 (12): 58-96.

[45] 李维安，李浩波，李慧聪. 创新激励还是税盾？——高新技术企业税收优惠研究 [J]. 科研管理，2016 (11): 61 - 70.

[46] 李小波，吴溪. 国家审计公告的市场反应：基于中央企业审计结果的初步分析 [J]. 审计研究，2013 (4): 85 - 92.

[47] 李艳艳，王坤. 企业行为约束下技术创新所得税激励政策效应研究 [J]. 科技进步与对策，2016 (4): 102 - 105.

[48] 李永友，沈坤荣. 辖区间竞争、策略性财政政策与 FDI 增长绩效的区域特征 [J]. 经济研究，2008 (5): 58 - 69.

[49] 李勇，郭丽丽. 国有企业的就业拖累效应及其门槛特征 [J]. 财经研究，2015 (2): 135 - 144.

[50] 李增福. 税率调整、税收优惠与新企业所得税法的有效性 [J]. 经济学家，2010 (3): 67 - 72.

[51] 李长江，潘孝珍. 政府财政政策支持企业技术创新的经济学诠释 [J]. 数理统计与管理，2010 (1): 1 - 12.

[52] 李子豪，刘辉煌. FDI 对环境的影响存在门槛效应吗——基于中国 220 个城市的检验 [J]. 财贸经济，2012 (9): 101 - 108.

[53] 梁东黎，刘和东. 税收 - 税率结构对企业部门税负的影响研究 [J]. 东南大学学报 (哲学社会科学版)，2012 (5): 32 - 37.

[54] 梁彤缨，雷鹏，陈修德. 管理层激励对企业研发效率的影响研究——来自中国工业上市公司的经验证据 [J]. 管理评论，2015 (5): 145 - 156.

[55] 林光平，龙志和，吴梅. 我国地区经济收敛的空间计量实证分析：1978 - 2002 年 [J]. 经济学 (季刊)，2005 (S1): 67 - 82.

[56] 林丽萍. 福建省电力公司主动适应增值税转型 [N]. 华东电力报，2008 - 12 - 11.

[57] 刘崇珲，陈佩华. 我国宏观税负和微观税负差异分析 [J]. 税务研究，2018 (4): 101 - 103.

[58] 刘德英. 我国房地产企业税负状况及税金成本管理分析 [J]. 税务研究，2008 (9): 77 - 79.

[59] 刘放，杨筝，杨曦. 制度环境、税收激励与企业创新投入 [J]. 管理评论，2016 (2): 61 - 73.

[60] 刘洁，李文. 中国环境污染与地方政府税收竞争——基于空间面板数据模型的分析 [J]. 中国人口·资源与环境，2013 (4): 81 - 88.

[61] 刘蓉. 税收优惠政策的经济效应与优化思路 [J]. 税务研究, 2005 (11): 11 – 15.

[62] 刘蓉, 寇璇, 周川力. 企业非税费用负担究竟有多重——基于某市企业问卷调查的研究 [J]. 财经科学, 2017 (5): 124 – 132.

[63] 刘书明, 郭姣. 中国宏观税负区域差异变化趋势与影响因素分析 [J]. 统计与决策, 2018 (18): 150 – 153.

[64] 刘孝诚, 王景文. 企业税费负担辨析 [J]. 当代经济研究, 1998 (3): 35 – 38.

[65] 娄贺统, 徐浩萍. 政府推动下的企业技术创新: 税收激励效应的实证研究 [J]. 中国会计评论, 2009 (2): 191 – 206.

[66] 陆铭, 陈钊. 就业体制转轨中的渐进改革措施——国有企业二层次内部劳动力市场的效率改进 [J]. 经济研究, 1998 (11): 43 – 48, 64.

[67] 路春城, 黄志刚. 包容性增长视角下结构性减税政策研究 [J]. 中央财经大学学报, 2011 (2): 7 – 10.

[68] 罗党论, 杨玉萍. 产权、地区环境与新企业所得税法实施效果 [J]. 中山大学学报 (社会科学版), 2011 (5): 200 – 210.

[69] 罗福凯, 王京. 企业所得税、资本结构与研发支出 [J]. 科研管理, 2016 (4): 44 – 52.

[70] 马海涛, 肖鹏. 中国税制改革 30 年回顾与展望 [J]. 税务研究, 2008 (7): 27 – 30.

[71] 马玉琪, 扈瑞鹏, 赵彦云. 税收优惠、财政补贴与中关村企业创新投入——基于倾向得分匹配法的实证研究 [J]. 科技管理研究, 2016 (19): 1 – 6.

[72] 倪霓. 促进信息消费扩大内需的税收政策建议 [J]. 现代管理科学, 2013 (11): 43 – 45.

[73] 潘孝珍, 庞凤喜. 中国地方政府间的企业所得税竞争研究——基于面板数据空间滞后模型的实证分析 [J]. 经济理论与经济管理, 2015 (5): 88 – 97.

[74] 潘孝珍, 王郑颖. 税收优惠与企业科技创新: 基于上市公司的统计与案例分析 [M]. 北京: 经济科学出版社, 2017.

[75] 潘孝珍. 高新技术企业所得税名义税率优惠的科技创新激励效应 [J]. 中南财经政法大学学报, 2017 (6): 103 – 111.

[76] 潘孝珍. 税收优惠对企业市场行为的影响研究 [D]. 中南财经政

法大学, 2014.

[77] 潘孝珍. 税收优惠对企业市场行为的影响研究 [M]. 北京: 中国社会科学出版社, 2016.

[78] 潘孝珍. 中国税收优惠政策的减税效应研究——基于省级面板数据的实证分析 [J]. 税务与经济, 2015 (2): 69 – 76.

[79] 潘孝珍. 税收优惠、市场机遇与企业投资决策 [J]. 财政经济评论, 2012 (上卷): 83 – 94.

[80] 潘孝珍. 税收优惠政策对企业技术创新的影响研究——基于上市公司的微观视角 [J]. 杭州电子科技大学学报 (社会科学版), 2015 (6): 27 – 34.

[81] 潘孝珍. 新企业所得税法与企业税费负担——基于上市公司的微观视角 [J]. 财贸研究, 2013 (5): 113 – 119.

[82] 潘孝珍. 政府税收优惠政策对企业投资决策的影响 [J]. 财会月刊, 2016 (8): 70 – 72.

[83] 潘孝珍. 中国地方政府间的企业所得税竞争研究 [J]. 经济理论与经济管理, 2015 (5): 88 – 97.

[84] 庞凤喜, 潘孝珍. 论税负痛感指数的构建及其运用 [J]. 中南财经政法大学学报, 2013 (2): 71 – 75.

[85] 庞凤喜, 张念明. 结构性减税政策的操作路径解析 [J]. 税务研究, 2013 (2): 3 – 10.

[86] 庞凤喜. 论社会保障缴款的性质 [J]. 中南财经政法大学学报, 2008 (10): 3 – 8.

[87] 庞凤喜. 税收原理与中国税制 [M]. 北京: 中国财政经济出版社, 2006.

[88] 曲华敏, 杨丽莎. 乌家培: 没有信息经济就没有现代经济 [J]. 经济, 2014 (8): 8 – 10.

[89] 邵诚, 王胜光. 我国软件企业税收优惠与研发投入关系的结构方程模型分析 [J]. 工业技术经济, 2010 (1): 64 – 69.

[90] 沈坤荣, 付文林. 税收竞争、地区博弈及其增长绩效 [J]. 经济研究, 2006 (6): 16 – 26.

[91] 施东晖. 股权结构、公司治理与绩效表现 [J]. 世界经济, 2000 (12): 37 – 44.

[92] 施文泼. 降成本视角下的税费制度改革 [J]. 地方财政研究, 2018 (9): 12 - 18.

[93] 水会莉, 韩庆兰, 杨洁辉. 政府压力、税收激励与企业研发投入 [J]. 科学学研究, 2015 (12): 1828 - 1838.

[94] 宋春平. 国有企业所得税总税负归宿的一般均衡分析 [J]. 数量经济技术经济研究, 2011 (2): 89 - 98.

[95] 孙磊. 税收优惠政策微观分析指标体系及方法研究 [J]. 税务与经济, 2011 (6): 71 - 76.

[96] 孙良辰. 需求膨胀与财政政策的选择 [J]. 中央财政金融学院学报, 1987 (2): 64 - 67.

[97] 谭光荣, 黄慧. 新企业所得税法的税收激励效应 [J]. 财政研究, 2010 (4): 24 - 27.

[98] 唐未兵, 傅元海, 王展祥. 技术创新、技术引进与经济增长方式转变 [J]. 经济研究, 2014 (7): 31 - 43.

[99] 王兵, 鲍圣婴, 阚京华. 国家审计能抑制国有企业过度投资吗? [J]. 会计研究, 2017 (9): 83 - 89, 97.

[100] 王春元, 叶伟巍. 税收优惠与企业自主创新: 融资约束的视角 [J]. 科研管理, 2018 (3): 37 - 44.

[101] 王婕敏. 税收优惠政策对企业绩效的影响研究 [D]. 沈阳工业大学, 2007.

[102] 王素荣, 刘宁. 税收优惠政策对行业净利润影响的统计分析 [J]. 北京工商大学学报 (社会科学版), 2012 (3): 97 - 102.

[103] 王玺, 张嘉怡. 税收优惠对企业创新的经济效果评价 [J]. 财政研究, 2015 (1): 58 - 62.

[104] 王小鲁, 樊纲, 余静文. 中国分省份市场化指数报告 (2016) [M]. 北京: 社会科学文献出版社, 2017.

[105] 王燕妮. 高管激励对研发投入的影响研究——基于我国制造业上市公司的实证检验 [J]. 科学学研究, 2011 (7): 1071 - 1078.

[106] 王一舒, 杨晶, 王卫星. 高新技术企业税收优惠政策实施效应及影响因素研究 [J]. 兰州大学学报 (社会科学版), 2013 (6): 120 - 126.

[107] 魏升民, 向景. 从省际比较看我国税务营商环境变化态势——来自我国 ABC 三省的调查数据 [J]. 税务研究, 2017 (11): 21 - 25.

[108] 吴辉航, 刘小兵, 季永宝. 减税能否提高企业生产效率? ——基于西部大开发准自然实验的研究 [J]. 财经研究, 2017 (4): 55 – 67.

[109] 吴俊培, 王宝顺. 我国省际间税收竞争的实证研究 [J]. 当代财经, 2012 (4): 30 – 40.

[110] 吴联生. 国有股权、税收优惠与公司税负 [J]. 经济研究, 2009 (10): 109 – 120.

[111] 吴秋生, 上官泽明. 国家审计本质特征、审计结果公告能力与国家治理能力——基于 81 个国家的经验数据 [J]. 审计与经济研究, 2016 (2): 14 – 22.

[112] 吴文锋, 吴冲锋. 中国上市公司高管的政府背景与税收优惠 [J]. 管理世界, 2009 (3): 134 – 142.

[113] 吴祖光, 万迪昉, 吴卫华. 税收对企业研发投入的影响: 挤出效应与避税激励——来自中国创业板上市公司的经验证据 [J]. 研究与发展管理, 2013 (10): 1 – 11.

[114] 夏力. 税收优惠能否促进技术创新: 基于创业板上市公司的研究 [J]. 中国科技论坛, 2012 (12): 56 – 61.

[115] 夏立军. 盈余管理计量模型在中国股票市场的应用研究 [J]. 中国会计与财务研究, 2003 (2): 94 – 154.

[116] 徐怡哲. 《社会保险法》的实施亟需社会保险 "费改税" [J]. 税务研究, 2011 (3): 87.

[117] 闫坤, 于树一. 论全球金融危机下的中国结构性减税 [J]. 税务研究, 2011 (1): 13 – 20.

[118] 闫龙飞, 张天舒. 西部大开发税收优惠政策实施效果的实证分析 [J]. 税务研究, 2010 (2): 38 – 41.

[119] 闫伟, 宫善栋. 财政幻觉视角下的中国税负痛感指数测算 [J]. 财经问题研究, 2018 (3): 95 – 100.

[120] 杨德伟. 股权结构影响企业技术创新的实证研究——基于我国中小板上市公司的分析 [J]. 财政研究, 2011 (8): 56 – 60.

[121] 杨建君, 盛锁. 股权结构对企业技术创新投入影响的实证研究 [J]. 科学学研究, 2007 (4): 787 – 792.

[122] 杨勇. 电力企业增值税纳税筹划 [J]. 重庆电力高等专科学校学报, 2008 (12): 42 – 45.

[123] 姚公安. 地方税收竞争与辖区工业污染的关系 [J]. 税务与经济, 2014 (6): 83 - 88.

[124] 姚林香, 汪柱旺. 我国最优宏观税负水平实证研究——基于经济增长的视角 [J]. 当代财经, 2016 (3): 33 - 42.

[125] 姚洋, 张牧扬. 官员绩效与晋升锦标赛——来自城市数据的证据 [J]. 经济研究, 2013 (1): 137 - 150.

[126] 叶茂. 我国增值税转型对电力企业影响的思考 [J]. 企业家天地·理论版, 2007 (11): 42 - 43.

[127] 于洪, 张洁, 张美琳. 促进科技创新的税收优惠政策研究 [J]. 地方财政研究, 2016 (5): 23 - 27.

[128] 于雅萍, 姜英兵. 股权激励能够提升企业的自主创新能力吗——以大华股份为例 [J]. 会计之友, 2016 (5): 104 - 108.

[129] 余屈. 企业并购、高管特征与企业绩效 [J]. 浙江金融, 2011 (12): 62 - 65.

[130] 袁宏伟. 企业税收负担与投资结构的关系研究 [J]. 中央财经大学学报, 2010 (10): 7 - 12.

[131] 袁建国, 范文林, 程晨. 税收优惠与企业技术创新——基于中国上市公司的实证研究 [J]. 税务研究, 2016 (10): 28 - 33.

[132] 曾繁英, 谢冰, 杨书想. 技术创新税收优惠政策执行情况分析——基于福建泉州市高新技术企业的调研 [J]. 财会月刊, 2015 (21): 46 - 49.

[133] 张宏亮. 审计质量替代指标有效性检验与筛选 [J]. 审计研究, 2016 (5): 67 - 75.

[134] 张俊瑞, 陈怡欣, 汪方军. 所得税优惠政策对企业创新效率影响评价研究 [J]. 科研管理, 2016 (3): 93 - 100.

[135] 张伦俊, 李淑萍. 规模以上工业企业的行业税负研究 [J]. 统计研究, 2012 (2): 66 - 72.

[136] 张卫国, 任燕燕, 花小安. 地方政府投资行为、地区性行政垄断与经济增长 [J]. 经济研究, 2011 (8): 26 - 37.

[137] 张信东, 贺亚楠, 马小美. R&D 税收优惠政策对企业创新产出的激励效果分析——基于国家级企业技术中心的研究 [J]. 当代财经, 2014 (11): 35 - 45.

[138] 张阳, 胡怡建. 中国企业所得税税负转嫁与归宿的动态分析 [J].

财政研究, 2006 (2): 63 – 64.

[139] 张宇麟, 吕旺弟. 我国省际间税收竞争的实证分析 [J]. 税务研究, 2009 (6): 59 – 61.

[140] 赵笛. 促进企业创新发展的税收优惠政策研究 [J]. 税务研究, 2017 (7): 112 – 115.

[141] 郑春美, 李佩. 政府补助与税收优惠对企业创新绩效的影响——基于创业板高新技术企业的实证研究 [J]. 科技进步与对策, 2015 (8): 83 – 87.

[142] 郑石桥, 梁思源. 国家审计促进公共支出效率的路径与机理——基于中国省级面板数据的实证分析 [J]. 审计与经济研究, 2018 (2): 29 – 38.

[143] 中国财政科学研究院"降成本"课题组. 降成本: 2017 年的调查与分析 [J]. 财政研究, 2017 (10): 2 – 29, 42.

[144] 钟炜. 税收优惠与 FDI 的时空分析——基于税收优惠信号理论的实证研究 [J]. 财经研究, 2006 (8): 124 – 134.

[145] 周黎安. 中国地方官员的晋升锦标赛模式研究 [J]. 经济研究, 2007 (7): 36 – 50.

[146] 周强. 新税负痛苦指数分析及启示——基于中国宏观税负加权 [J]. 人民论坛, 2015 (5): 82 – 85.

[147] 朱磊, 韩雪, 王春燕. 股权结构、管理者过度自信与企业创新绩效——来自中国 A 股高科技企业的经验证据 [J]. 软科学, 2016 (12): 100 – 103.

[148] 朱平芳, 徐伟民. 政府的科技激励政策对大中型工业企业 R&D 投入及其专利产出的影响 [J]. 经济研究, 2003 (6): 45 – 53.

[149] Afonso Ó, Bandeira AM, Magalhães M. Effect of the Tax System on R&D Intensity, Growth, Wages and Consumption Share [J]. Australian Economic Papers. 2017, 56 (4): 271 – 291.

[150] Arellano M., Bond S. Some Tests of Specification for Panel Data: Monte Carlo Evidence and an Application to Employment Equations [J]. Review of Economic Studies, 1991, 58 (2): 277 – 297.

[151] Belloc F. Corporate Governance and Innovation: A Survey [J]. Journal of Economic Surveys, 2012, 26 (5): 835 – 864.

[152] Belloc F. Innovation in State-Owned Enterprises: Reconsidering the Conventional Wisdom [J]. Journal of Economic Issues, 2014, 48 (3): 821 – 848.

[153] Bernard J. , Leroy S. Managers and Productive Investment Decisions: The Impact of Uncertainty and Risk Aversion [J]. Journal of Small Business Management, 2003, 42 (1): 1 - 18.

[154] Bernstein JI. The Effect of Direct and Indirect Tax Incentives on Canadian Industrial R&D Expenditures [J]. Canadian Public Policy. 1986, 12 (3): 438 - 448.

[155] Besley T. , Case A. Incumbent Behavior: Vote Seeking, Tax Setting and Yardstick Competition [J]. American Economic Review, 1995, 85 (1): 25 - 45.

[156] Blanchard O. , Shleifer A. Federalism with and without Political Centralization: China Versus Russia [J]. IMF Staff Papers, Palgrave Macmillan Journals, 2001, 48 (4): 171 - 179.

[157] Bloom N. , Griffith R. , Reenen J. V. Do R&D Tax Credits Work? Evidence from a Panel of Countries 1979 - 1997 [J]. Journal of Public Economics, 2002, 85 (1): 1 - 31.

[158] Blundel R. , Bond S. Initial Conditions and Moment Restrictions in Dynamic Panel Data Models [J]. Journal of Econometrics, 1998, 87 (1): 115 - 143.

[159] Bond E. , Samuelson L. Tax Holidays as Signals [J]. American Economic Review, 1986, 74 (4): 820 - 826.

[160] Buettner T. Local Business Taxation and Competition for Capital: The Choice of the Tax Rate [J]. Regional Science and Urban Economics, 2001, 31 (2): 215 - 245.

[161] Bulan L. , Sanyal P. Incentivizing Managers to Build Innovative Firms [J]. Annals of Finance, 2011, 7 (2): 267 - 283.

[162] Cai. China's Macro Tax Burden Too Heavy: Report [N]. China Daily, 2011 - 05 - 09.

[163] Cameron A. C. , Gelbach J. B. , Miller D. L. Robust Inference with Multiway Clustering [J]. Journal of Business and Economic Statistics, 2011, 29 (2): 238 - 249.

[164] Cappelen A. , Raknerud A. , Rybalka M. The Effects of R&D Tax Credits on Patenting and Innovations [J]. Research Policy, 2012, 41 (2): 334 - 345.

[165] Case C. , Rosen S. , Hines R. Budget Spillovers and Fiscal Policy In-

terdependence: Evidence from the States [J]. Journal of Public Economics, 1993, 52 (3): 285 – 307.

[166] Castellacci F, Lie C. M. Do the Effects of R&D Tax Credits Vary Across Industries? A Meta-Regression Analysis [J]. Research Policy, 2015, 44 (4): 819 – 832.

[167] Chen M. C. , Gupta S. The Incentive Effects of R&D Tax Credits: An Empirical Examination in an Emerging Economy [J]. Journal of Contemporary Accounting and Economics, 2017, 13 (1): 52 – 68.

[168] Chen V. Z. , Li J. , Shapiro D. M. , et al. Ownership Structure and Innovation: An Emerging Market Perspective [J]. Asia Pacific Journal of Management, 2014, 31 (1): 1 – 24.

[169] Chirinko B. , Wilson D. Tax Competition among U. S. States: Racing to the Bottom or Riding on a Seesaw [R]. Federal Reserve Bank of San Francisco working paper, 2007.

[170] Coe D. T. , Helpman E. International R&D Spillovers [J]. European Economic Review, 1995, 39 (5): 859 – 887.

[171] Crespi G. , Giuliodori D. , Giuliodori R. , et al. The Effectiveness of Tax Incentives for R&D in Developing Countries: The Case of Argentina [J]. Research Policy. 2016, 45 (10): 2023 – 2035.

[172] Czarnitzki D. , Hanel P. , Rosa J. M. Evaluating the Impact of R&D Tax Credits on Innovation: A Microeconometric Study on Canadian Firms [J]. Research Policy, 2011, 40 (2): 217 – 229.

[173] Dahlby B. A Framework for Evaluating Provincial R&D Tax Subsidies [J]. Canadian Public Policy. 2005, 31 (1): 45 – 58.

[174] Demsetz H. , Lehn K. The Structure of Corporate Ownership: Causes and Consequences. Journal of Political Economy, 1985, 93 (6): 1155 – 1177.

[175] Demurger S. 地理位置与优惠政策对中国地区经济发展的相关贡献 [J]. 经济研究, 2002 (9): 14 – 23.

[176] Eisner R. , Albert S. H. , Sullivan M. A. The New Incremental Tax Credit for R&D: Incentive or Disincentive [J]. National Tax Journal, 1984, 13 (1): 89 – 111.

[177] Fan J. P. H. , Wong T. J. Do External Auditors Perform a Corporate

Governance Role in Emerging Markets? Evidence from East Asia [J]. Journal of Accounting Research, 2005, 43 (1): 35 – 72.

[178] Feld P. , Reulier E. Strategic Tax Competition in Switzerland: Evidence from a Panel of the Swiss Cantons [J]. German Economic Review, 2009, 10 (1): 91 – 114.

[179] Francis J. , Smith A. Agency Costs and Innovation Some Empirical Evidence [J]. Journal of Accounting and Economics, 1995, 19 (2 – 3): 383 – 409.

[180] Freitas I. B. , Castellacci F. , Fontana R. , et al. Sectors and the Additionality Effects of R&D Tax Credits: A Cross-Country Microeconometric Analysis [J]. Research Policy. 2017, 46 (1): 57 – 72.

[181] Griffith R. , Sandler D. , Reenen J. V. Tax Incentives for R&D [J]. Fiscal Studies, 1995, 16 (2): 21 – 44.

[182] Guellec D. The Impact of Public R&D Expenditure on Business R&D [J]. Economics of Innovation & New Technology, 2003, 12 (3): 225 – 243.

[183] Hall B. H. R&D Tax Policy During the 1980s: Success or Failure [J]. Tax Policy and the Economy, 1993, (7): 1 – 35.

[184] Hall B. , Reenen J. V. How Effective are Fiscal Incentives for R&D? A Review of Evidence [J]. Research Policy, 2000, 29 (4/5): 449 – 469.

[185] Hansen B. E. Sample Splitting and Threshold Estimation [J]. Econometrica, 2010, 68 (3): 575 – 603.

[186] Heyndels B. , Vuchelen J. Tax Mimicking among Belgian Municipalities [J]. National Tax Journal, 1998, 51 (1): 89 – 101.

[187] Hines J. R. No Place Like Home: Tax Incentives and the Location of R&D by American Multinationals [J]. Tax Policy and the Economy, 1994, 8: 65 – 104.

[188] Jensen M. C. , Meckling W. H. Theory of the Firm: Managerial Behavior, Agency Costs and Ownership Structure [J]. Journal of Financial Economics, 1976, 3 (4): 305 – 360.

[189] Jia J. , Ma G. Do R&D Tax Incentives Work? Firm-level Evidence from China [J]. China Economic Review, 2017, 46 (1): 50 – 66.

[190] Kasahara H. , Shimotsu K. , Suzuki M. Does an R&D Tax Credit Affect R&D Expenditure? The Japanese R&D Tax Credit Reform in 2003 [J]. Journal of

the Japanese and International Economies, 2014, 31 (1): 72 – 97.

[191] Kobayashi Y. Effect of R&D Tax Credits for SMEs in Japan: A Micro-econometric Analysis Focused on Liquidity Constraints [J]. Small Business Economics. 2014, 42 (2): 311 – 327.

[192] Koga T. Firm Size and R&D Tax Incentives [J]. Technovation, 2003, 23 (7): 643 – 648.

[193] Ladd H. F. Mimicking of Local Tax Burdens among Neighboring Counties [J]. Public finance review, 1992, 20 (4): 450 – 467.

[194] Lee L. , Yu J. Estimation of Spatial Autoregressive Panel Data Models with Fixed Effects [J]. Journal of Econometrics, 2010, 154 (2): 165 – 185.

[195] Lerner J. , Wulf J. Innovation and Incentives: Evidence from Corporate R&D [J]. The Review of Economics and Statistics, 2007, 89 (4): 634 – 644.

[196] Spengel C. , Li W. , Zinn B. et al. The Computation and Comparison of the Effective Tax Burden in Four Asian Countries [J]. Hitotsubashi Journal of Economics, 2011, 52 (1): 13 – 39.

[197] Lyytikäinen T. Tax Competition among Local Governments: Evidence from a Property Tax Reform in Finland [J]. Journal of Public Economics, 2012, 96 (7): 584 – 595.

[198] Madariaga N. , Poncet S. FDI in Chinese Cities: Spillovers and Impact on Growth [J]. The World Economy, 2007, 30 (5): 837 – 862.

[199] Mansfield E. , Switzer L. How Effective are Canada's Direct Tax Incentives for R&D [J]. Canadian Public Policy, 1985, 11 (2): 241 – 246.

[200] Mansfield E. The R&D Tax Credit and Other Technology Policy Issues [J]. The American Economic Review. 1986, 76 (2): 190 – 194.

[201] Munari F. , Oriani R. Privatization and Economic Returns to R&D Investments [J]. Industrial & Corporate Change, 2005, 14 (1): 61 – 91.

[202] OECD. Science and Technology Policy: Review and Outlook [M]. Paris: OECD Publishing, 1994.

[203] OECD. Tax Incentives for Research and Development: Trends and Issues [EB/OL]. http://www.metutech.metu.edu.tr/download/tax%20incentives%20for%20R&D.pdf, 2002.

[204] O'Sullivan M. The Innovative Enterprise and Corporate Governance

[J]. Cambridge Journal of Economics, 2000, 24 (4): 393 –416.

[205] Porcano T. M. Corporate Tax Rates: Progressive, Proportional, or Regressive [J]. Journal of the American Taxation Association, 1986, 7: 17 –31.

[206] Porta R. L., Florencio L., Shleifer A. Corporate Ownership around the World [J]. The Journal of Finance, 1999, 54 (2): 471 –517.

[207] Rauscher M. Economic Growth and Tax-Competing Leviathans [J]. International Tax & Public Finance, 2005, 12 (4): 457 –474.

[208] Rosenbaum P. R., Rubin D. B. The Central Role of the Propoensity Score in Observational Studies for Causal Effects [J]. Biometrika, 1983, 70 (1): 41 –55.

[209] Shevlin T. Taxes and Off-Balance-Sheet Financing: Research and Development Limited Partnerships [J]. The Accounting Review, 1987, 62 (3): 480 – 509.

[210] Shleifer A., Vishny R. W. A Survey of Corporate Governance [J]. The Journal of Finance, 1997, 52 (2): 737 –783.

[211] Shleifer A., Vishny R. W. Large Shareholders and Corporate Control [J]. Journal of Political Economy, 1986, 94 (3): 461 –488.

[212] Siegfried J. J. Effective Average U. S. Corporation Income Tax Rates [J]. National Tax Journal, 1974, 27 (2): 245 –259.

[213] Sterlacchini A. Energy R&D in Private and State-owned Utilities: An Analysis of the Major World Electric Companies [J]. Energy Policy, 2012, 41: 494 – 506.

[214] Stickney C. P. McGee V. E. Effective Corporate Tax Rates the Effect of Size, Capital Intensity, Leverage, and other Factors [J]. Journal of Accounting and Public Policy, 1982, 1 (2): 125 –152.

[215] Tiebout C. M. A Pure Theory of Local Expenditures [J]. The Journal of Political Economy, 1956, 64 (5): 416 –424.

[216] Warda J. Measuring the Value of R&D Tax Treatment in OECD Countries [J]. STI Review, 2001, 27: 185 –211.

[217] Wilkie P. J. Corporate Average Effective Tax Rates and Inferences about Relative Tax Preferences [J]. Journal of the American Taxation Association, 1988, 10 (1): 75 –88.

［218］Wilson J. D. Theories of Tax Competition ［J］. National Tax Journal, 1999, 52 (2): 269 - 304.

［219］Wu L. , Wang Y. , Luo W. State Ownership, Tax Status and Size Effect of Effective Tax Rate in China ［J］. Accounting and Business Research, 2012, 42 (2): 97 - 114.

［220］Yang C. , Huang C. , Hou T. C. Tax Incentives and R&D Activity: Firm-Level Evidence from Taiwan ［J］. Research Policy. 2012, 41 (9) : 1578 - 1588.

［221］Zhang G. Ownership Concentration, Risk Aversion and the Effect of Financial Structure on Investment Decisions ［J］. European Economic Review, 1998, 42 (9): 1751 - 1778.